Renate Zimmer

Handbuch der Sinneswahrnehmung

Renate Zimmer

Handbuch der Sinneswahrnehmung

Grundlagen einer ganzheitlichen Bildung und Erziehung

HERDER
FREIBURG · BASEL · WIEN

7. Ausgabe der überarbeiteten Neuausgabe
(18. Gesamtauflage)

Gedruckt auf umweltfreundlichem, chlorfrei gebleichtem Papier
Umschlaggestaltung: R·M·E Roland Eschlbeck/Rosemarie Kreuzer
Fotos im Innenteil: S. 11, 168, 199 Lisa Volkamer; Renate Zimmer
(alle anderen)
Zeichnungen (Sinnessysteme): Ursula Licher-Rüschen
Vignetten: Kerstin Tieste

www.herder.de
Konzept und Layout: Reckels & Schneider-Reckels, Wiesbaden
Satz: Barbara Herrmann, Freiburg
Druck und Bindung: fgb · freiburger graphische betriebe 2009
www.fgb.de
ISBN 978-3-451-28820-3

Inhalt

»Ob der echt ist?«

Einleitung

Kinder sind eigensinnig, können mit ihrem Frohsinn anstecken und manchmal auch leichtsinnig sein, erkennen scharfsinnig, lieben den Blödsinn und sind für jeden Unsinn zu haben. Wo Kinder sind, da sind auch die Sinne im Spiel!

Kinder sind sinnenreiche Wesen. Sie haben Spaß am Einsatz all ihrer Sinne, und noch haben sie eine Antenne für alles, was ihre elementaren Sinneswahrnehmungen betrifft. Auf den ersten Blick scheinbar sinnloses Tun kann zugleich sehr sinnvoll sein, wenn man sich als Erwachsener auf die Erlebnisebene der Kinder einlässt.

Aber – Kinder wachsen in einer sinnesfeindlichen Umwelt auf. In unserer »verkopften« Gesellschaft verschwindet das körperlich-sinnliche Erleben immer mehr, und so besteht schon bei Kindern die Gefahr, dass ihre sinnliche Wahrnehmung sich vorwiegend auf das Sehen und Hören reduziert. Körpernahe Wahrnehmungen geraten dagegen immer mehr in den Hintergrund. *Alle* Sinnesorgane brauchen jedoch Anregung, um zu funktionieren. Sie brauchen Training, um sich weiterentwickeln zu können. Sie müssen benutzt werden, um nicht zu verkümmern. Selbst das Sehen und Hören bleibt diffus, wenn nicht auch andere – körpernähere – Systeme an der Informationsgewinnung beteiligt sind. Die Sinne sind in Gefahr, aus der Übung zu kommen, und je weniger sie im Alltag gebraucht werden, umso mehr Aufmerksamkeit müssen ihnen die Einrichtungen widmen, die sich für die Erziehung von Kindern verantwortlich fühlen.

Diesem Anliegen widmet sich das vorliegende Buch. Es will auf die Missachtung der Sinnlichkeit und der körperlichen Betätigungsbedürfnisse von Kindern in unserer – von den Erwachsenen bestimmten – Welt aufmerksam machen. Es will Wege aufzeigen, wie der Kindergarten und auch die Grundschule zu Stätten sinnlicher Wahrnehmung, lust- und sinnvollen Spielens und Lernens werden können.

Widersprüche

Es ist ein Widerspruch an sich, ein Buch über die Vielfalt sinnlicher Wahrnehmung zu schreiben. Ein Buch, das man nur über die Augen aufnehmen, im Kopf verarbeiten und eben nicht mit allen Sinnen erfassen kann. Bereits das Schreiben des Buches ist ein einseitiger Akt.

Wie viel geht an Sinnlichkeit verloren, wenn sinnliche Erfahrungen beschrieben, analysiert, systematisiert, korrigiert, gesetzt, gedruckt und gebunden worden sind? Wenn in die Welt der Worte gedrängt ist, was doch aus der Welt des Erlebens, Fühlens, Spürens kommt? Wenn die Sinne erst verwissenschaftlicht, kategorisiert, auf ihre Funktion hin analysiert worden sind? Sie werden zu einer Sache, zu einem Organ, zu Rezeptoren und Sensoren, verloren geht der Sinn.

Diesen Widerspruch aufzulösen gelingt nur, wenn das hier Geschriebene als Hilfe für das Verstehen von Zusammenhängen, vor allem aber als Impuls für das Selbertun verstanden wird. Es soll *Ein-sichten* ermöglichen, *An-stöße* geben, damit Erzieher und Erzieherinnen, Lehrer- und Lehrerinnen und auch Eltern die Lebenswelt ihrer Kinder in neuen Zusammenhängen wahrnehmen.

Ein weiterer Widerspruch liegt in der *Aufspaltung einzelner Sinnesbereiche*. Wahrnehmung ist ein ganzheitlicher Prozess – schließt dies nicht von vornherein aus, die Vorgänge des Sehens, Hörens, Tastens oder Sichbewegens getrennt zu beschreiben, ihre Funktionsfähigkeit einzeln zu erläutern?

Für das Verständnis der Sinnessysteme ist es notwendig, die Besonderheiten der jeweiligen Wahrnehmungsvorgänge zu betrachten, um dann auch ihr Zusammenwirken besser nachvollziehen zu können. Die Entwicklung der kindlichen Wahrnehmung kann als Prozess zunehmender Differenzierung der Sinnesleistungen beschrieben werden, der einhergeht mit ihrer gleichzeitigen Integration. Der gleiche Weg soll auch in diesem Buch gegangen werden,

Vom wilden Spaß, die Sinne zu verschaukeln

indem neben der Darstellung der jeweiligen Sinnessysteme immer auch auf ihr Zusammenspiel hingewiesen wird.

Schließlich kann auch die Frage gestellt werden, ob Kinder überhaupt eine »Schulung« der Sinne brauchen.

Sind angeleitete Spiele, vorbereitete Spielsituationen, Tastpfade und Riechsäckchen notwendig, um Kindern sinnliche Erfahrungen zu vermitteln?

Hierzu gilt ganz allgemein: Je mehr Entdeckungsräume den Kindern im Alltagsleben zur Verfügung stehen, umso weniger bedarf es der angeleiteten Beschäftigung. Gehen die Anregungen für vielseitige Sinneserfahrungen bereits von der räumlichen Gestaltung der Umwelt, von den »Dingen« selber aus, sind weniger Impulse durch die Erwachsenen notwendig, um Kindern ein Erproben ihrer Sinnestätigkeiten zu ermöglichen. Da in der heutigen Lebenswelt diese Voraussetzungen jedoch meist nicht mehr vorhanden sind, ist es wichtig, das »Training« der Sinne anzuregen und damit das Ideenrepertoire der Kinder und der Erwachsenen zu erweitern.

Bei alledem ist es jedoch auch wichtig, den Kindern Freiraum für eigene Entdeckungen zu lassen und ihnen die Möglichkeit zu geben, eigene Erfahrungen zu sammeln. So können Erwachsene am ehesten den Bedürfnissen der Kinder gerecht werden, ihre Umgebung mit allen Sinnen in sich aufzunehmen, sie zu er-fassen und zu be-greifen.

Anliegen

Scheinbare Widersprüche aufzulösen, Gegensätze zu vereinen, gehört zu den Anliegen dieses Buches. Es verfolgt das Ziel:

- ➔ die Bedeutung der sinnlichen Wahrnehmung für die kindliche Entwicklung darzustellen und die Leistungen der Sinne für die Erfahrung der Welt und der Wirklichkeit zu verdeutlichen;
- ➔ die Grundlagen der Verarbeitung von Erfahrungen zu erläutern und damit Einsicht in die Bedeutung der in der frühen Kindheit erworbenen sensorischen Erfahrungen für das Lernen zu geben;
- ➔ in verständlicher Form in die Funktionsweise der Sinnesorgane, die Entwicklung der Wahrnehmung und des Zusammenspiels der Sinne einzuführen;
- ➔ auf Gelegenheiten hinzuweisen, wie im Alltag sinnliches Erleben und ein Lernen mit allen Sinnen möglich ist;
- ➔ Orte und Anlässe im Rahmen institutionalisierter Erziehung (Krippe, Kindergarten, Grundschule, Hort) zu beschreiben, in denen das Entdecken, Erweitern und Bewusstwerden sinnlicher Wahrnehmungsprozesse möglich wird;
- ➔ zu ungewohnten Sichtweisen, Hörerlebnissen, Tastwahrnehmungen und Körpererfahrungen herauszufordern;

- ➔ auf die mit Wahrnehmungsstörungen verbundenen Probleme hinzuweisen, ihrer Entstehung vorzubeugen und Wege aufzuzeigen, wie den betroffenen Kindern geholfen werden kann;
- ➔ und schließlich die Beschäftigung mit den Sinnen zu einem freudvollen, sinnvollen Tun werden zu lassen, bei dem auch Erzieherinnen und Erzieher, Lehrerinnen und Lehrer in ihrem eigenen Erleben angesprochen werden.

Anregungen geben und zum Mitmachen herausfordern

Das Buch soll Anregungen geben und zum Mitmachen herausfordern.

Zwar gibt es eine Vielzahl von Literatur zur Sinnesbildung und zur Förderung der sinnlichen Wahrnehmung. Meist handelt es sich hierbei allerdings um rein praktische Anleitungen und Spielesammlungen, bei denen die theoretische Grundlegung (meist bewusst) außer Acht gelassen wird und auch der pädagogische Zusammenhang nicht ausdrücklich Erwähnung findet.

Auf der anderen Seite gibt es natürlich auch eine Reihe meist psychologischer oder medizinischer Nachschlagewerke, die den Aufbau und die Funktionsweise der Sinnesorgane detailliert beschreiben und den Ablauf der Wahrnehmungsprozesse erklären. Für den Laien ist diese Art der Beschreibung jedoch schwer verständlich, sie zeigt auch keinerlei praktische Konsequenzen für die Einbindung der theoretischen Erkenntnisse in eine pädagogisch angeleitete Situation oder in bestimmte Erziehungskonzepte auf.

Hier versucht das vorliegende Buch eine Lücke zu schließen: Die Bedeutung der Sinne und der Prozess der Sinneswahrnehmung werden in verständlicher Sprache (in vereinfachter Form) aufgezeigt, gleichzeitig ermöglichen konkrete Beispiele ein Sicheinlassen auf das »Reich der Sinne«.

Die praktischen Beispiele reichen von einfachen Spielvorschlägen, die im Kindergarten- und Schulalltag leicht zu verwirklichen sind, über Übungsbeispiele, die eine gezielte Förderung spezifischer Sinnesbereiche ermöglichen, bis hin zu größeren Projekten, die auch in Zusammenarbeit mit Eltern durchgeführt werden können.

Die meisten Spielvorschläge sind für Kinder im Kindergarten- oder Grundschulalter gedacht. Mit einigen Abwandlungen können jedoch auch noch ältere begeistert werden, sich auf die Experimente und Spiele »mit allen Sinnen« einzulassen. Ebenso können Erwachsene ihre Sinne neu entdecken und dabei vielleicht sogar ganz ungewohnte Erfahrungen machen.

Die in diesem Buch enthaltenen Spielideen können problemlos in den pädagogischen Alltag eingebaut werden – entweder geplant und vorbereitet oder aber sich einfach aus dem alltäglichen Spiel entwickelnd.

Keinesfalls sollen sie zum Programm, zum täglichen Muss werden (nach dem Motto: sich ein Mal täglich für eine halbe Stunde durch den Kükelhaus-Pfad arbeiten, und schon haben die Sinne ihr Soll erfüllt!).

Sie sollten vielmehr dazu beitragen, dass Kinder sich spielerisch in der sinnlichen Wahrnehmung üben. Es geht auch darum, neue Möglichkeiten vor allem dort zu schaffen, wo ihr Lebensalltag keine entsprechenden Gelegenheiten mehr bereithält. Durch die Einbindung der Spielideen in größere Zusammenhänge (Schattenspiele etc.) soll den Kindern darüber hinaus aber auch *sinnvolles Handeln* ermöglicht werden.

Kinder sind von ihrem ersten Lebenstag an aktiv und wollen ihre Umwelt erkunden. Erwachsene können sie dabei begleiten und unterstützend wirken, indem sie eine entsprechende Umgebung schaffen. Sinneserfahrungen zulassen und ihnen damit Chancen für ein Leben und Lernen mit allen Sinnen geben.

Wichtig ist, dass bei allem Üben und Ausprobieren der Spaß im Vordergrund bleibt, denn nur dann werden die Sinne wirklich geweckt, und nur dann wird aus dem sinnreichen Tun auch ein sinnvolles Spiel.

Mit allen Sinnen die Welt erfahren und genießen – dies könnte der Leitspruch sein, der diesem Buch zu Grunde liegt.

Die Praxisbeispiele sind in vorliegendem Buch in die theoretischen Zusammenhänge integriert. Symbole sollen das Lesen erleichtern. So begleitet jeweils ein »wahrnehmendes« Kind die praktischen Anregungen, während nebenstehendes Symbol darauf aufmerksam macht, dass an dieser Stelle aus der Theorie wichtige Überlegungen für die Förderung sinnlicher Wahrnehmung bei Kindern abgeleitet werden.

1. Sinnliche Erfahrungen – die Grundlage kindlichen Handelns

Die Sinne sind unsere Antennen, über die wir mit der Umwelt kommunizieren. Durch sie nehmen wir Kontakt mit der Umwelt auf, über die Sinne lassen wir die Umwelt in uns hinein. Sie sind die Nahtstelle zwischen innen und außen, zwischen dem Menschen und der Welt. Durch die Sinne nehmen wir unsere Umwelt wahr und können gleichzeitig auf sie einwirken, sie – in bestimmten Grenzen – gestalten.

Für Kinder stellt die sinnliche Wahrnehmung den Zugang zur Welt dar. Sie ist die Wurzel jeder Erfahrung, durch die sie die Welt jeweils für sich wieder neu aufbauen und verstehen können.

Im folgenden Kapitel soll die Bedeutung sinnlicher Erfahrungen als Grundlage kindlichen Handelns diskutiert werden. Sinneserfahrungen galten bereits in der Antike als Basis jeglichen Lernens, ein Blick in die historischen Quellen gibt Hinweise auf die lange Tradition des Themas. Seine besondere Aktualität zeigt sich jedoch erst bei der Betrachtung der Lebensbedingungen, unter denen Kinder heute aufwachsen. Sie sollen der Ausgangspunkt für Überlegungen sein, die Forderung nach einem *Leben und Lernen mit allen Sinnen* zum Ansatzpunkt eines didaktischen Konzeptes in Kindergarten und Grundschule zu machen.

1.1. Zur Bedeutung sinnlicher Wahrnehmung

Wahrnehmen ist ein aktiver Prozess, bei dem sich das Kind mit allen Sinnen seine Umwelt aneignet und sich mit ihren Gegebenheiten auseinander setzt. Durch die Sinne begegnet es den Lebewesen und Dingen, es kann sie sehen, hören, befühlen und anfassen, kann sie schmecken und riechen, sich mit ihnen bewegen. Die Sinne liefern dem Kind viele Eindrücke über seine Umwelt und über sich

Mit allen Sinnen die Welt erfahren

selbst in Zusammenhang mit ihr. Das Greifen ist immer auch ein Begreifen, das Fassen ein Erfassen. Das Kind gewinnt – bevor es sich sprachlich mitteilen kann – bereits ein Wissen über räumliche Beziehungen, und es besitzt dieses Wissen auf Grund seiner Erfahrungen durch Wahrnehmung und Bewegung, durch die sich diese Zusammenhänge erschließen.

Um solche Erfahrungsprozesse zu ermöglichen, brauchen Kinder eine Umwelt, die ihrem Bedürfnis nach Aktivität und selbstständigem Handeln entgegenkommt. Sie brauchen vielfältige Möglichkeiten für den Einsatz und die Erprobung ihrer Sinne.

Kinder wollen ihre Umwelt mit allen Sinnen in sich aufnehmen, auf sie einwirken, sie sich einverleiben, sie wollen selbst tätig sein:

➔ sie wollen hören, was in der Umwelt vor sich geht, sie wollen Geräusche machen, schreien, stampfen, Krach machen. Hin und wieder wollen sie jedoch auch Ruhe haben, jemand anderem zuhören, den Geräuschen der Natur oder der Stimme des Erwachsenen lauschen;
➔ sie wollen sehen: Farben, Formen, Dinge, die sich unterscheiden und die sich gleichen;
➔ sie wollen fühlen: Dinge berühren, sie anfassen, empfinden, ob sie warm oder kalt, glatt oder rau, weich oder hart sind. Sie wollen jedoch auch berührt werden, zärtlich gestreichelt und fest gedrückt, warm gehalten und vertrauensvoll umarmt;
➔ sie wollen riechen und schmecken, lieben den Geruch von Weihnachtsgebäck oder Mandarinen, schütteln sich, wenn sie auf dem Fischmarkt sind oder auf den Wiesen Jauche ausgefahren wird. Ihr Geschmack hat schon früh Vorlieben: Süßes, manchmal auch Salziges;
➔ sie wollen sich bewegen, ihre Kraft spüren, ihre Geschicklichkeit auf die Probe stellen: klettern und springen, balancieren und rutschen, sich verstecken, weglaufen und gefangen werden.

Sinnlich wahrnehmbare Welterfahrungen

Kinder brauchen den konkreten Umgang mit den Dingen, damit sie aus dem Tun innere Bilder aufbauen können. Sie wollen ihre Umgebung und die Dinge nicht einfach nur ansehen, sondern sie möglichst genau erforschen.

Sie brauchen sinnlich wahrnehmbare Welterfahrungen, Gelegenheiten zum Staunen, Suchen, Zweifeln, Ausprobieren und Erleben.

Für Kinder ist es eben noch nicht selbstverständlich, dass aus einer Wasserpfütze über Nacht eine spiegelglatte Eisfläche wird. Das Eis muss sinnlich erfasst, auf vielfältige Weise be-griffen werden: vorsichtiges Betasten, drauftreten, rutschen, stampfen, um die Festigkeit zu ergründen ... Und da Kinder nichts wirklich glauben, was sie nicht auch nachvollziehen können, stellen sie am Abend ein Gefäß mit Wasser vor die Tür oder schütten in ein Rinnsal eine neue Pfütze, um sich am Morgen zu vergewissern, ob sich das flüssige Wasser tatsächlich in eine harte, kalte Eisfläche verwandelt hat.

Zusammenhänge selber entdecken

Eisplatten aus dem Fluss – oder dem Eimer – werden vorsichtig nach Hause transportiert, eingepackt, aufgehoben, vielleicht sogar geschmeckt – und welche Enttäuschung, wenn sie am nächsten Tag einfach verschwunden sind und nichts als eine Wasserlache zurückgelassen haben! Die nächste Eisplatte kommt in die Gefriertruhe und soll mindestens bis in den Sommer halten.

Die Wirklichkeit muss gespürt, Ereignisse nachvollzogen, Zusammenhänge selbst entdeckt werden, denn nur so können Kinder die Welt verstehen und ihren Aufbau für sich selbst rekonstruieren. Sie schaffen sich damit die Welt jeweils für sich wieder neu.

Sinnlich und sinnvoll

Das leib-sinnliche Sicheinlassen mit der Welt ist für die Kinder immer auch eine sinnvolle Handlung – für den Erwachsenen ist der Sinn jedoch nicht immer erkennbar bzw. verstehbar. So ist das Matschen in einer Pfütze nicht nur ein sinnliches Vergnügen, sondern auch mit elementaren Fragen verbunden: Was ist unter dem Wasser? Sinkt der Fuß immer tiefer und tiefer in die matschige Schlammschicht,

Dem Matsch auf den Grund gehen

oder kommt er irgendwann auf festen Grund? Wenn man die Pfütze mit Erde auffüllt, verschwindet dann das Wasser, oder vertreibt man es? Wie tief kann man in die Pfütze hineinwaten, ohne dass Wasser in die Stiefel hineinläuft – und was passiert, wenn das Wasser »überläuft«? Ist die Pfütze jetzt im Stiefel? Wie viel Wasser bleibt drin, wie viel draußen?

Erfahrungen sammeln durch Erproben und Experimentieren

Solche Fragen entstehen beim Spiel, sie lassen sich nur beantworten, wenn man ausprobiert und experimentiert. Erwachsene würden hierbei nur stören, denn ihnen wäre der Sinn des Spiels mit Wasser, Erde und Schlamm nicht einsichtig. Sie interessieren weniger die beim Experimentieren gewonnenen Erfahrungen und Erkenntnisse, ihre Sinne sind vielmehr auf die Wahrnehmung der Hygiene, der Sauberkeit, der möglichen Gefahren durch Bakterien, Kälte und Nässe ausgerichtet.

Wahrnehmung ist also durchaus subjektiv, und jeder an einer Begebenheit Beteiligte nimmt die Situation oft aus einer anderen Perspektive, mit einer unterschiedlichen Bewertung wahr.

Erfahrungen werden zu Erkenntnissen

Je anregender die Umgebung für die Sinne des Kindes ist, umso stärker wird es zur Aktivität, zum Handeln herausgefordert. Seine Neugierde – der Motor der Entwicklung – wird geweckt. Es möchte mit den Dingen seiner Umwelt umgehen, sie begreifen und kennen lernen. Aus diesen Tätigkeiten ergeben sich Erfahrungen, die für die Entwicklung der kindlichen Persönlichkeit von Bedeutung sind. Intensive, vielfältige Eindrücke werden über die Sinne aufgenommen, gespeichert, verarbeitet und entwickeln sich so zu Erfahrungen und Erkenntnissen, auf die das Kind in späteren Situationen wieder zurückgreifen kann.

Sinnliche Wahrnehmung ist Besinnung

Wie stark die Sinne auch in uns Erwachsenen verankert sind, merken wir, wenn wir uns an Begebenheiten unserer Kindheit erinnern: Ereignisse werden am deutlichsten wach, wenn sie mit Sinnesempfindungen verbunden sind. Barfuß durch den weichen, aber eisigen Schnee laufen, den Duft von frischem Heu in sich aufnehmen, zischendes Brausepulver auf der Zunge spüren, dem Rufen des Kuckucks lauschen – was die Sinne intensiv anspricht, hat oft etwas mit sinnlich Erlebten aus Kindheitstagen zu tun. Lange war es überlagert, schlummerte im Unterbewusstsein und wird – plötzlich, durch die Sinne – wieder hervorgerufen. Das Wahrnehmen solcher Situationen führt einen zurück zu sich selbst, zumeist in ferne Erlebnisse und Erinnerungen. »Sinnliche Erfahrungen ist in dieser Sicht, sich mit dem Bestand der eigenen Erfahrungen verbinden zu können. Sinnliche Vergegenwärtigung schafft Erinnerungen aus der eigenen Lebensgeschichte« (Homfeldt 1993, 7).

Erinnerungen aus der eigenen Kindheit

Mit allen Sinnen wahrnehmen heißt deswegen auch Besinnen – sich besinnen auf frühe Erlebnisse, auf intuitiv Erfahrenes.

Die Sinne brauchen Übung

Die Sinne brauchen Übung, um sensibel wahrzunehmen. Wenn sie nicht benutzt werden, stumpfen sie ab. An den erstaunlichen Sinnesleistungen gehörloser, blinder und gliedmaßenamputierter Menschen ist erkennbar, wie flexibel die Entwicklung der Sinne ist. Dabei sind nicht die Sinnesorgane in dem Bereich, der nicht geschädigt ist, besser ausgebildet, sondern die betroffenen Menschen nehmen durch vermehrtes Üben der verbleibenden Sinnesfunktionen oftmals sensibler und feiner wahr.

Kükelhaus (1991, 16) berichtet von Versuchen, die in den USA in Zusammenhang mit Experimenten für Astronauten durchgeführt wurden. Man wollte herausfinden, wie die Organe auf Nichtbeanspruchung (d. h. Lahmlegung) ihrer Funktionen reagieren. Unter der Erdoberfläche war ein erschütterungsfreies Bassin angelegt worden, gefüllt mit Wasser, das die gleiche Temperatur hatte wie das Blut der Testperson. Der Körper war in Watte gepackt, um alle Hautempfindungen zu unterbinden. Hinzu kam absolute Licht- und Lautlosigkeit. Monitore verzeichneten die Reaktionen aller lebenswichtigen Organe.

Experimente zur Nichtbeanspruchung der Sinnesorgane

Die Versuche mussten bereits nach einer Viertelstunde abgebrochen werden, da sich bei den Testpersonen schon nach wenigen Minuten beklemmende Halluzinationen einstellten und ein Verlust der raum-zeitlichen Maßstäbe registriert wurde. Nach ca. 10 bis 15 Minuten begann durch Störungen des Zwischenhirns die Versorgung des Nervensystems mit Hormonen zu versagen. Die weißen Blutkörperchen vermehrten sich sehr schnell, und die Tests mussten beendet werden, um die Versuchspersonen vor lebensbedrohlichen Schäden zu bewahren. In Ermangelung der Auseinandersetzung mit einer herausfordernden Außenwelt wären die Beteiligten zu Grunde gegangen, ihre Organfunktionen hätten sich nach der Darstellung von Kükelhaus gegen sie selbst gerichtet.

1.2. Ein Blick in die Geschichte: Lernen mit Kopf, Herz und Hand

Wahrnehmungserfahrungen – erste Bausteine des Erkennens

Dass vielfältige Sinneserfahrungen die Grundlage jeglichen Lernens bilden, ist keine neue Erkenntnis von Lernpsychologen oder fortschrittlichen Pädagogen. Schon in der Antike sind bei Aristoteles Hinweise auf die Bedeutung sinnlicher Wahrnehmungen zu finden. Auch eine ganz aktuelle didaktische Forderung wird aufgestellt: »Die beste Methode dürfte ... sein, dass man die Gegenstände verfolgt, wie sie sich von Anfang an entwickeln« (1998, 64).

Johann Amos Comenius (1592–1670) wies darauf hin, dass jedes Wissen von der Sinneswahrnehmung ausgeht. »Daher ist die goldene Regel für alle Lehrenden: Alles soll wo immer möglich den Sinnen vorgeführt werden, was sichtbar dem Gesicht, was hörbar dem Gehör, was riechbar dem Geruch, was schmeckbar dem Geschmack, was fühlbar dem Tastsinn ...« (zit. nach Merkle 1991, 56).

Der Philosoph John Locke (1632–1704), der Hauptbegründer der Erfahrungsphilosophie, prägte den Grundsatz: »Nichts ist im Verstand, was nicht vorher in den Sinnen war.« Danach sollte alle Erkenntnis ihren Ursprung in den Wahrnehmungen der einzelnen Sinne haben. Diese als »Sensualismus« bezeichnete Richtung ging allerdings von einer Zweiteilung des Menschen in sinnliche und geistige Fähigkeiten aus.

Jean Jacques Rousseau (1712–1778) sieht ebenfalls die geistige Entwicklung im Zusammenhang mit der sinnlichen Wahrnehmung. Wahrnehmungserfahrungen betrachtet er als erste Bausteine der Erkenntnis. »Das Kind will alles berühren, alles anfassen. Verhindert diese Unruhe nicht. Sie vermittelt ihm eine sehr notwendige Lehre. Es lernt Wärme, Kälte, Härte, Weichheit, Schwere, Leichtigkeit der Körper kennen und Größe und Gestalt und alle anderen Eigenschaften beurteilen, indem es sie betrachtet, befühlt, belauscht; indem es Gesichts- und Tasteindrücke vergleicht; indem es das Auge lehrt, abzuschätzen, welchen Eindruck die Körper unter den Fingern erzeugen.« (1978, 40) Rousseau hält ein Training der Sinne für notwendig. Der »Übung der Organe und Sinne« widmet er einen ganzen Abschnitt seines pädagogischen Hauptwerkes »Emile«, mit folgender Begründung: »Die Sinne sind die ersten Fähigkeiten, die sich in uns ausbilden und vervollkommnen. Sie sollten also am meisten gepflegt werden ... Die Sinne üben heißt nicht nur sie gebrauchen, sondern lernen, mit ihrer Hilfe richtig zu urteilen, ja sogar zu fühlen, denn wir können weder tasten noch sehen oder hören, wenn wir es nicht gelernt haben.« (1978, 119)

Von Johann Heinrich Pestalozzi (1746–1827) stammt die heute noch häufig zitierte Forderung nach einem »Lernen mit Kopf, Herz und Hand«.

Sinnesschulung hat in diesen historischen Quellen allerdings eben den Charakter eines Trainings, sie wird als »Schärfung« der Sinnesorgane gesehen, von Spaß oder Lust an der sinnlichen Betätigung ist nichts zu spüren. Ziel war vielmehr die Funktionstüchtigkeit der einzelnen Sinnesorgane zum Zwecke einer besseren Erkenntnis durch den Verstand.

Einheit von Vernunft und Sinnlichkeit

Fortgesetzt werden die Versuche einer Veranschaulichung des Lernens vor allem durch die Reformpädagogen. Sie werfen der Erziehung »Verkopfung« vor und prangern eine einseitige Forderung des Verstandes und damit einhergehende Vernachlässigung der sinnlichen und emotionalen Kräfte des Kindes an. Dabei werden auch hier Rationalität/Vernunft einerseits und Sinnlichkeit/Emotionalität andererseits als weitgehend unvereinbare Gegensätze gesehen (vgl. Aissen-Crewett 1990, 61).

Zwar ist es als großes Verdienst der reformpädagogischen Bestrebungen zu werten, dass die Bedeutung der Sinne wieder in Erinnerung gebracht wurde, allerdings muss auch bedacht werden, dass sinnliche Erfahrungen und geistige Erkenntnis nicht als zwei unterschiedliche

Vorgänge betrachtet werden dürfen. Sinnlichkeit und Vernunft, Sinne und Verstand sind vielmehr als aufeinander angewiesene Bestandteile einer Einheit zu verstehen, die gleichermaßen in der Erziehung und Bildung von Kindern berücksichtigt werden sollten.

1.3. Die Bildung der Sinne in einer unsinnigen Zeit

Auch wenn schon vor Jahrhunderten bekannte Philosophen und Pädagogen die Bedeutung sinnlicher Wahrnehmung hervorgehoben und in ihren Schriften vielfach belegt haben, hat dies dennoch nicht zu einer nachhaltigen, entscheidenden Veränderung der Erziehungs- und Bildungseinrichtungen geführt.

So war es denn auch noch nie so wichtig wie in heutiger Zeit, auf den zunehmenden Verlust an unmittelbaren körperlich-sinnlichen Erfahrungen bei Kindern hinzuweisen und die daraus entstehenden Gefahrenquellen aufzuzeigen.

Zwar wird auch heute die sinnliche Erfahrung als grundlegende Erkenntnisform menschlicher Existenz allgemein anerkannt, das reibungslose Funktionieren der Sinne wird jedoch als selbstverständlich betrachtet.

Sinnliche Wahrnehmungsfähigkeit wird als gegeben vorausgesetzt

Die sinnliche Wahrnehmung wird weder bewusst geübt noch erweitert noch verändert, da sie als gegeben vorausgesetzt wird. Der Gestaltpsychologe Rudolf Arnheim behauptet sogar, dass uns schon als Kind die Anschaulichkeit der Welt ausgetrieben wird. Sinnliche Erfahrungen würden mehr und mehr von Funktionalität und Rationalität beherrscht, eine verkopfte Kultur, die sich in die Welt der Worte zurückziehe, sei die Folge: »Unsere Sinne leiden an einer Mangelkrankheit – Auswirkungen einer Verarmung der sinnlichen Erfahrungen.« (1979, 23)

Das Kind, das zur Erfassung seiner alltäglichen Welt des Einsatzes möglichst vieler Sinne bedarf, wird heute oft mit einer Überflutung durch optische und akustische Reizeinwirkungen konfrontiert. In seinem Bedürfnis nach ganzheitlichem Erfassen, nach körperlich-sinnlicher Aneignung, wird es immer mehr eingeschränkt.

Rumpf (1981, 43) beschreibt das Heranwachsen des Kindes als einen Kurs in einer besonderen körperlichen Askese:

»Es muss lernen, seine sinnlichen Welt-Resonanzen auf bestimmte Kanäle zu reduzieren und dort zu kontrollieren.«

Veränderungen der Lebensbedingungen

Ein Grund für die Notwendigkeit, die sinnliche Wahrnehmung stärker zum Ausgangspunkt des Lebens und Lernens in Kindergarten und Schule zu machen, liegt in der Veränderung der kindlichen Lebensbedingungen.

Lebensbedingungen von Kindern heute

Kinder wachsen heute auf

- ➔ *in einer mediatisierten Welt,* in der Erfahrungen vorwiegend aus zweiter Hand gewonnen werden. Passives Konsumieren steht vor aktivem Tun. Eine Bilderwelt, die sich durch schnelle Bildfolgen auszeichnet, lässt kaum Zeit zum Verarbeiten der Informationen, zum Erinnern und Verknüpfen;
- ➔ *in einer technisierten und motorisierten Welt,* in der es immer schwieriger wird, Zusammenhänge wirklich zu begreifen und den Dingen auf den Grund zu gehen. Türen öffnen sich, ohne dass man sie berührt, Automaten lassen aus derselben Öffnung Kaffee, Kakao und Fleischbrühe fließen, je nachdem, welche Taste man gedrückt hat. Ursachen und Wirkungen können nicht mehr unterschieden werden, die Einwirkungsmöglichkeiten der Kinder werden auf einen Knopfdruck reduziert;

Lernen = Sitzen?

- ➔ *in einer körper- und leibfeindlichen Welt,* in der Bewegung nicht als Ausdruck kindlicher Lebensfreude, sondern als Störung empfunden wird. Schule gilt gemeinhin als Ort der Disziplinierung körperlicher Bedürfnisse, Lernen scheint untrennbar mit Sitzen verbunden zu sein und Konzentration von körperlicher Unbeweglichkeit abzuhängen; auch im Kindergarten beherrschen Sitzmöbel und Tische die Einrichtung des Gruppenraumes – für Kinder, die am liebsten am Boden spielen, herumlaufen, Bewegungsraum brauchen;

Körpernahe – körperferne Sinneserfahrungen

- ➔ *in einer Welt voller einseitiger Sinneserfahrungen,* in der sie einer Überflutung mit optischen und akustischen Reizeinwirkungen ausgesetzt sind. Mit der Zunahme des Medienkonsums bereits bei Kindern im vorschulischen Alter erleben sie ein Überangebot in spezifischen Sinnesbereichen, das mit ihrer erfahrungsbezogenen Verarbeitung oft nicht im geringsten Schritt hält. Demgegenüber erleben sie in elementaren, körpernahen Sinnesbreichen ein Unterangebot.

Veränderte Lebensbedingungen engen die Erfahrungsspielräume der Kinder ein. Einem scheinbar größeren Anregungspotenzial – durch Medien, technisches und elektronisches Spielzeug – steht eine Reduzierung an unmittelbarem Tätigsein gegenüber. Gerade die Zivilisation und Technik führen zu einer Verarmung an Reizen, die den Kindern unmittelbare, nachvollziehbare Erfahrungen ermöglichen. Der Kuchen kommt fix und fertig aus der Kühltruhe auf den Tisch, sie erleben nicht mehr den Prozess des Teigknetens, Ausrollens, den Duft des Backens, des langen Wartens, bis er endlich abgekühlt ist und angeschnitten werden kann. In der Gefriertruhe sind alle Kuchen bereits fertig, sie werden nach Abbild gekauft und bedürfen nicht der langandauernden, viele Sinne ansprechenden Vorbereitung.

Verlust an Eigentätigkeit

Besonders auffällig ist bei Kindern heute der Verlust an Eigentätigkeit. Auch bei Computerspielen ist Aktivität möglich, sie beschränkt sich jedoch auf eine Grundaktion: Mithilfe der Steuertaste kann in vorgegebene Bilder eingegriffen und die Aktion der Spielfiguren umgelenkt werden. In fast allen Spielsituationen geht es um das Besiegen von vermeintlichen Angreifern (andere Kommunikationsstrukturen scheinen die Hersteller von Computerspielen kaum zu kennen). Die Motivation zum Weiterspielen wird dadurch erhöht, dass man in verschiedenen Schwierigkeitsstufen (levels) spielen kann und der Erfolg auf einer Stufe gleichzeitig auch den Einstieg in die nächsthöhere Stufe ermöglicht – ein nie endendes Spiel von Siegen und Besiegtwerden.

Folgen der unausgewogenen »Sinneskost«

Stress-Symptome bei Kindern

Die Zahl der Kinder, die von Erzieherinnen, Lehrern und Lehrerinnen und auch von den Eltern als unruhig, hyperaktiv bezeichnet werden, wächst von Jahr zu Jahr. Immer mehr Kinder scheinen mit der Überflutung von Reizen – speziell aus der Welt des Sehens und des Hörens – nicht zurechtzukommen. Flüchtige Eindrücke, unverarbeitete

Erlebnisse führen zu einer Art Stress-Symptom, das sich bei Kindern häufig in Bewegungsunruhe, Nervosität und Konzentrationsmangel äußert.

Die Kinder werden einerseits überschwemmt von einer Vielzahl von Eindrücken, Informationen und Anforderungen, andererseits haben sie kaum Gelegenheit, diese Masse an Informationen auch zu verarbeiten – und zwar auf einer Ebene, die ihrer Erkenntnisgewinnung und ihrer Entwicklung angemessen ist: mit ihrem Körper, im eigenen Tun – durch selbstständiges Handeln.

Montags-Syndrom

Viele Erzieherinnen und Lehrer klagen über das so genannte Montags-Syndrom: Nach einem Wochenende voller unverarbeiteter Erlebnisse (durch stundenlangen Fernsehkonsum, lange Autofahrten, aber auch Belastungen in der Familie) brauchen Kinder zunächst einmal ein Ventil, um den aufgestauten Bewegungsdrang loszuwerden.

Den meisten Kindern fehlt heute eine ausgewogene Stimulierung und Entwicklung aller Sinnesbereiche. Sie leben in einer reizintensiven und sensationsreichen Umwelt, ohne die Zeit und Gelegenheit zu haben, die Vielzahl der Reize auch zu verkraften. Andererseits wachsen sie in einer hinsichtlich ihrer körperlich-sinnlichen Erfahrung verarmten Lebenswelt auf, die ihnen viele Anregungen und Erfahrungen vorenthält bzw. verschließt. Dies ist auch ein Grund für eine Vielzahl von Wahrnehmungsstörungen.

1.4. Kinder nehmen ganzheitlich wahr

Kinder balancieren über einen Baumstamm. Um darauf gehen zu können, müssen sie – über den Gleichgewichtssinn hinaus – Informationen von vielen anderen Sinnen aufnehmen: Die im Körper liegenden Sinnessysteme sagen ihnen, wie stark ihre Muskeln angespannt sind und wie die Arme zur Seite gestreckt werden. Der Tastsinn erfühlt, ob die Baumrinde glatt oder rau ist, der Bewegungssinn registriert, welche Stellen rutschig sind und wie die Füße festen Halt haben. Das Ohr registriert Geräusche in der Umgebung. Die Augen geben Hinweise, wenn der Baumstamm uneben ist, wie breit die Auflagefläche für die Füße ist, indem der Stamm schmaler wird und wann er zu Ende ist.

Das Zusammenspiel der Sinne – der Augen, des Gehörs, des Tastsinnes, des Bewegungssinnes und des Gleichgewichtssinnes – ermöglicht es, dass das Kind über den schmalen Baumstamm ebenso sicher wie über den Boden geht, dass es Unebenheiten übersteigen und Unsicherheiten ausgleichen kann. So wird das Balancieren erschwert, indem das Kind z. B. rückwärts geht.

Wechselspiel der Sinne

Das Wechselspiel der Sinne beherrschen Kinder sehr viel besser als die Erwachsenen: Wenn das einfache Balancieren zu langweilig wird oder wenn der Gleichgewichtssinn zu wenig zu tun hat, dann schließen sie z. B. das Sehen aus. Und schon müssen andere Sinne stärkere Leistungen zur Orientierung einbringen: Das Tasten wird vorsichtiger, mit den Füßen wird erst vorgefühlt, ob der nächste Schritt in die richtige Richtung geht, die Arme werden zum Ausbalancieren des Gewichts genutzt.

Sinnliche Wahrnehmung ist mehr als die Summe der Leistungen einzelner Sinnesorgane

Sinnliche Wahrnehmung spricht alle Sinne an. Sie ist mehr als die Addition einzelner Leistungen der Sinnesorgane. So wie eine Melodie nicht die Summe einzelner Töne ist und ein Wort nicht als das Zusammentragen von Buchstaben beschrieben werden kann, so ist ein Wahrnehmungsprozess immer ein ganzheitlicher Vorgang, bei dem mehrere Sinne zu einer Gesamtsinnesempfindung zusammenwirken. Ein Stuhl ist keine Holzplatte mit vier Beinen, sondern eben ein Stuhl. Auch unsere Sprache bedient sich bei der Beschreibung von Dingen der Kombination mehrerer Sinnesempfindungen. So sprechen wir z. B. von einem »kalten Blau« und einem »schreienden Rot«. Die Verschmelzung mehrerer Eindrücke zu einer Gesamtsinnesempfindung wird als »Synästhesie« (= Zusammen-Wahrnehmung) bezeichnet.

Wie selbst das Sehen als ganzheitliche Leistung aufgefasst werden kann, beschreibt Höhnke (1994). Er berichtet über Trainingsformen zur Verbesserung der Sehfähigkeit und macht deutlich, dass diese nicht nur von der Leistung der Netzhaut und dem Bauplan des Auges abhängt, sondern insbesondere auch von der trainierbaren Entspannungsfähigkeit der Muskulatur (1994, 14).

Wahrnehmen ist mit emotionalen Bewertungen und persönlichen Erfahrungen verknüpft

Sinnliche Wahrnehmung lässt sich auch nicht von Gefühlen, Erinnerungen und Wünschen trennen. Zwar erwecken Physiologie und Wahrnehmungspsychologie den

Eindruck, als könne man die Sinne in einzelne Organe einteilen und als funktionierten diese Organe auch völlig unabhängig voneinander. Aber spätestens bei der Verfolgung der neurophysiologischen Verarbeitungsprozesse im Gehirn wird deutlich, das Wahrnehmen immer ein ganzheitlicher Vorgang ist, der mit bisher gespeicherten Erfahrungen verknüpft wird und bei dem auch emotionale Bewertungen und persönliche Einstellungen eine Rolle spielen.

Wir nehmen unsere Umwelt nicht mit einzelnen Sinnesorganen wahr, sondern mit unserer ganzen Person, zu der auch Gefühle, Erwartungen, Erfahrungen und Erinnertes gehören.

1.5. Leben und Lernen mit allen Sinnen – Ansatzpunkte für ein didaktisches Konzept

In einer Zeit, in der die Wirklichkeit nicht mehr konkret (mit Leib und Sinnen) erfahrbar ist, sondern sich auf Bildschirmen, in Gameboys und Comics abspielt, und in der Ereignisse mit dem Joystick, der Maus, der Steuertaste hervorgerufen und beeinflusst werden, sind authentische Erfahrungen, die Kinder mit ihrer gesamten Person machen können, besonders wichtig. Wo körperlicher Ausdruck sich nur noch in Gewalt und Streitigkeiten auf Schulhöfen und auf der Straße äußern kann, brauchen Kinder und Jugendliche mehr denn je Gelegenheiten für einen freudvollen Umgang mit ihrem eigenen Körper und ihren Sinnen. Dies schließt auch die Achtung vor der Person des anderen ein.

Authentische Erfahrungen

In einer Welt, in der es von Ersatzstoffen wimmelt, in der künstliche Geschmacksstoffe die Natur verdrängt haben, in der Plastikgegenstände das Spiel beherrschen, brauchen wir Anlässe und Gelegenheiten, die die Wachheit unserer Sinne erhalten (bzw. sie wiederherstellen). Nur ein »waches Auge« und ein »empfindsames Ohr« können uns vor der Überfrachtung mit künstlichen Produkten warnen (vgl. Lindenberg 2004).

Lernen mit allen Sinnen muss zur didaktischen Forderung für alle Institutionen werden, die sich die Bildung und Erziehung von Kindern zur Auflage machen (vgl. Schäfer 2003, Zimmer 2004b).

Beck versteht diese Forderung als Kritik an der derzeitigen institutionellen Bildung. »Ein Lernen, das ohne begreifen, anschauen, handhaben, umgehen, wahrnehmen, hinhören, einfühlen und gestalten auskommen soll, wäre in der Tat sinn(en)los und geschmacklos.« (1992, 91)

In der Schule kann die körperlich-sinnliche Aneignung als fachübergreifendes Lernprinzip betrachtet werden, das im Zusammenhang mit einer handlungsorientierten Unterrichtsmethode auch abstrakte Lerninhalte »begreifbar«, »erfassbar« und damit nachvollziehbar macht.

Raumwahrnehmung und Körpererfahrung

So ist die Raumwahrnehmung und -vorstellung die Voraussetzung für das Schreiben- und Lesenlernen und auch für einfache mathematische Operationen. Ob es sich bei einem Buchstaben um ein b oder d, q oder p handelt, kann man nur über seine Lage im Raum erkennen. Kinder benötigen hierfür eine differenzierte Raumwahrnehmung, die sich insbesondere über die Körpererfahrung und Körperwahrnehmung aufbaut.

Erfahrungen sind umso unmittelbarer und nachhaltiger, je mehr sie aus der Lebenswirklichkeit der Kinder stammen und je »körpernaher« sie sind. Je mehr der eigene Körper Mittler der Erfahrungsgewinnung ist und je mehr Erkenntnisse nicht nur auf der kognitiven Ebene, sondern mithilfe mehrer Sinne erworben werden, umso stärker empfinden Kinder sie als unmittelbar zu ihnen selbst gehörend, selbst gesteuert und auch selbst bestimmt.

Wissen sollte aus seinen sinnlichen Ursprüngen abgeleitet werden

Kindergarten und Schule müssen sich an den derzeitigen Lebensverhältnissen der Kinder orientieren – und diese sind einem gravierenden Wandel unterworfen und erfordern daher nicht nur neue Inhalte, sondern vor allem auch neue Vermittlungsformen. Wissensvermittlung sollte nicht einseitig auf rationalem Weg erfolgen, sondern aus ihren sinnlichen Ursprüngen abgeleitet werden. Das Wissen sollte über die Sinne erfahren, erfasst und durchdrungen werden (Bannmüller 1992, 102). Eigentätigkeit ist dabei die intensivste Form der Aneignung von Erfahrungen. Sie spricht alle Sinne an und unterscheidet sich so von der mehr konsumierenden Aneignung – wie sie z. B. über die Medien erfolgt. Der menschliche Organismus muss also als Ganzes stärker in die Lernvorgänge einbezogen werden.

Eigentätige Aneignung

Die moderne Lernforschung hat vielfach propagiert, dass der Gewinn dauerhafter Erkenntnisse vor allem von der Art ihrer Darbietung abhängt. Lernen braucht eben mehr als Auge und Ohr.

Je mehr unterschiedliche Formen der Darbietung des Lernstoffes angeboten werden, je mehr Kanäle der Wahrnehmung genutzt werden können, umso besser und langfristiger wird Wissen gespeichert, desto fester wird es verankert.

»Je mehr Wahrnehmungsfelder im Gehirn beteiligt sind, desto mehr Assoziationsmöglichkeiten für das tiefere Verständnis werden vorgefunden, desto größer werden Aufmerksamkeit und Lernmotivation.« (Vester 1998, 142)

Lück (2003) weist z. B. auf die Bedeutung sinnlicher Erfahrung bei der Erfassung naturwissenschaftlicher Phänomene hin: »Wenn Kinder experimentieren, sind sinnliche Erfahrungen unmittelbar gegeben. Sie erfassen die chemischen und physikalischen Prozesse durch Sehen, Riechen, Schmecken, Hören, Anfassen und immer in Verbindung mit eigenaktivem Handeln. Insofern ist das Experimentieren mit Kindern eine ganzheitliche Sinnesschulung. Die sinnliche Wahrnehmung aktiviert Denkprozesse, die Eindrücke müssen erfasst, geordnet und mit dem bisherigen Wissen verknüpft werden.« (Lück 2003, 95)

Ziel der Sinnesschulung ist es vor allem, sensibler und einfühlsamer zu werden im Umgang mit sich selbst, mit anderen und der Umwelt, eine Balance zwischen dem Menschen und seiner sozialen und materialen Umwelt herzustellen.

2. Entwicklung und Verlauf der Wahrnehmung

Definition Wahrnehmung

Unter Wahrnehmung versteht man den Prozess der Informationsaufnahme aus Umwelt- und Körperreizen (äußere und innere Wahrnehmung) und der Weiterleitung, Koordination und Verarbeitung dieser Reize im Gehirn. In diesen Prozess gehen individuelle Erfahrungen, Erlebnisse und subjektive Bewertungen ein. In der Regel folgen der Aufnahme und Verarbeitung von Informationen Reaktionen in der Motorik oder im Verhalten eines Menschen, die wiederum zu neuen Wahrnehmungen führen.

Objektive Sinnesphysiologie → Funktionsweise der Sinnesorgane

Der Prozess der Wahrnehmung umfasst also einen objektiven Teil – die Aufnahme und Verarbeitung eines Reizes über die Sinnesorgane und die Rezeptoren bis zur Weiterleitung ans Gehirn – und einen subjektiven Teil – die Verarbeitung der Sinneseindrücke zu Empfindungen und individuell verschieden bewerteten Wahrnehmungen. Der erste Teil wird als »objektive Sinnesphysiologie«, der zweite Teil als »subjektive Sinnesphysiologie« bezeichnet. Die objektive Sinnesphysiologie macht Aussagen über den Bau und die Funktionsweise der Sinnessysteme. Die subjektive Sinnesphysiologie beschäftigt sich dagegen mehr mit dem subjektiven Erleben des Menschen.

Subjektive Sinnesphysiologie → Erleben des Menschen

Bevor in Kapitel 3 die einzelnen Sinnessysteme erläutert und in ihrer Bedeutung und Arbeitsweise beschrieben und Beispiele für eine kindgerechte Wahrnehmungsförderung gegeben werden, sollen zunächst einige Grundannahmen über die am Prozess der Wahrnehmung beteiligten Systeme vorgestellt werden. Hierzu gehört insbesondere ein Überblick über die Funktionen des Zentralnervensystems, in dem alle Wahrnehmungen verarbeitet werden. Gleichzeitig wird das Gehirn in seiner Entwicklung und Ausdifferenzierung erheblich von den Sinnesreizen beeinflusst.

Zum Verständnis des Wahrnehmungsprozesses ist es außerdem hilfreich, einige wichtige allgemeine Prinzipien hinsichtlich der Entwicklung und des Verlaufes der Sinneswahrnehmung zu klären.

2.1. Das Zentralnervensystem

Die Sinnesorgane nehmen Reize und Informationen aus der Außenwelt auf und führen sie zu der zentralen Schalt- und Steuerstelle des Menschen, dem Zentralnervensystem (ZNS). Dort werden sie sortiert, eingeordnet, gespeichert, und von dort kommen auch die Befehle an die Muskulatur oder andere Reaktionen.

Zentrale Steuerungs- und Überwachungsstelle

Das Zentralnervensystem, zu dem das Gehirn und das Rückenmark gehören, stellt also die Steuerungs- und Überwachungsinstanz für unser gesamtes Lernen und Verhalten dar. Sensorische Nerven übermitteln Nachrichten von den Sinnesorganen. Motorische Nerven leiten z. B. Befehle vom Gehirn zu den Muskeln. Im Rückenmark werden die aufsteigenden (afferenten) und die absteigenden (efferenten) Nervenbahnen zusammengefasst. Sie stellen die Verbindung zwischen dem Gehirn und der Körperperipherie her.

2.1.1. Funktion und Aufbau des Gehirns

»Motorische« und »sensorische« Zentren des Gehirns

Das Gehirn – der wichtigste Teil des Zentralnervensystems – befindet sich im Schädel. Es ist umgeben von Gehirnflüssigkeit und wird so vor Beschädigungen durch Druck und Stoßeinflüsse geschützt. Das Gehirn setzt sich aus unterschiedlichen Gebieten zusammen, denen ganz bestimmte Funktionen zugeordnet werden können. Es hat »motorische Zentren«, mithilfe derer alle Bewegungen wie Gehen, Greifen etc. gesteuert werden, und »sensorische Zentren«, in denen wir die Berührungsreize der Haut und die Stellungsreize aus den Gelenken und der Muskulatur wahrnehmen. Außerdem gibt es Sehzentren und Hörzentren. Jeweils bestimmte Körperregionen der linken und rechten Seite sind den entsprechenden Gehirnbezirken kreuzweise zugeordnet. Mit zunehmendem Alter entwickelt das Gehirn aber eine Art Arbeitsteilung zwischen den Hirnhälften: So liegt z. B. bei 90–95 % aller Menschen das »aktive« Sprachzentrum in der linken Hemisphäre, während das passive, das gesprochene Worte aufnimmt, rechts lokalisiert ist (Vester 1998).

Zwar ist eine Zuordnung verschiedener Eingangskanäle mit unterschiedlichen Wahrnehmungsfeldern im Gehirn möglich, dabei muss jedoch auch bedacht werden, dass die ankommenden Impulse lediglich über diese Bezirke aufgenommen und weitergeleitet werden. Durch vielfache Verknüpfungen werden sie dann über das ganze Gehirn verstreut gespeichert.

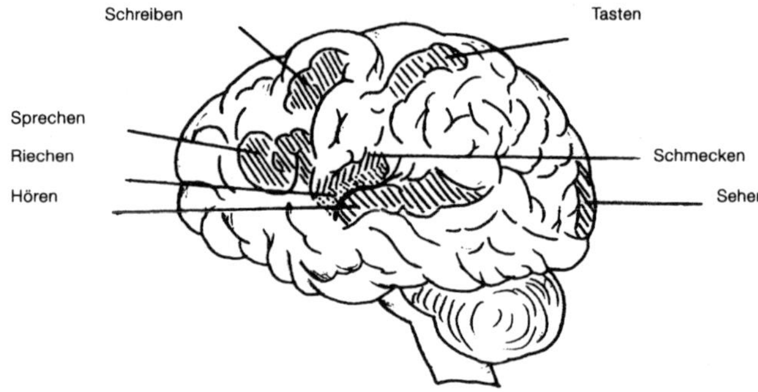

Abb. 1
Wahrnehmungsfelder im Hirn

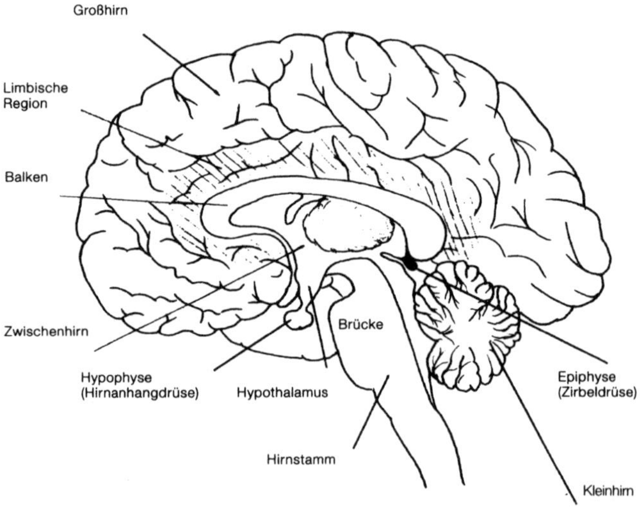

Abb. 2
Schematische Darstellung des Gehirns

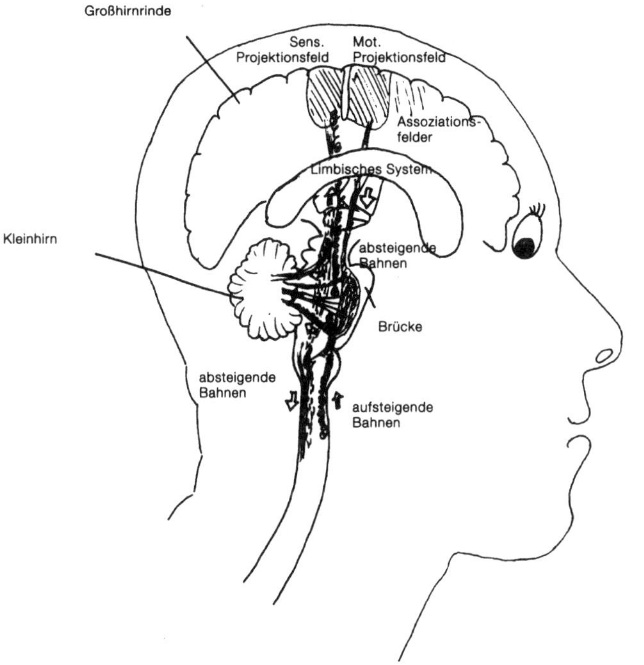

Abb. 3 Vereinfachter Querschnitt

Zu den wichtigsten funktionellen Einheiten des Gehirns zählen:

- ➔ der Hirnstamm,
- ➔ das Zwischenhirn (mit dem Limbischen System, dem Thalamus und dem Hypothalamus etc.),
- ➔ das Kleinhirn,
- ➔ das Großhirn (vgl. Abb. 2 und 3).

Der *Hirnstamm* regelt wichtige Funktionen wie Atmung, Kreislauf und Verdauung; er ist für die Steuerung der einfachen Halte- und Stellreflexe und für die Kontrolle der Körperstellung im Raum verantwortlich (vgl. Schmidt/ Schaible 2001).

Verknüpfung der Informationen aus allen Sinnesbereichen

Die mitten im Hirnstamm gelegene »Formatio reticularis« (eine netzförmige Nervenmasse, die sich vom verlängerten Rücken bis zum Zwischenhirn zieht) enthält sensorische Informationen aus allen Sinnesbereichen, verknüpft sie miteinander und stellt damit ein wichtiges Zentrum zur

Integration aller hier eingehenden Informationen dar. Ihre Hauptaufgabe besteht darin, die Großhirnrinde »zu wecken«. »Über aufsteigende Impulse steuert sie den Wachheitszustand und den Grad der Aufmerksamkeit des Zentralnervensystems. Eine weitere Funktion der Formatio reticularis ist die Hemmung oder Verstärkung von sensorischen Reizen auf dem Weg der Übertragung zur Großhirnrinde. Durch ihre Fähigkeit, einen sensorischen Reiz durch die Hemmung anderer hervorzuheben, schützt sie das Gehirn vor Reizüberflutung.« (Kesper/Hottinger 2002, 15)

Zentrum für die Koordination der Bewegung

Das *Kleinhirn* befindet sich in der hinteren Region des Kopfes. Es ist das Zentrum für die Koordination aller Bewegungen. Alle Nachrichten aus den Sinnesorganen und die Befehle, die von der Großhirnrinde an die Muskeln gegeben werden, laufen über das Kleinhirn. Dort werden sie einander zugeordnet und aufeinander abgestimmt. Hier werden also die Voraussetzungen für gut koordinierte Bewegungsabläufe geschaffen.

Gefühle

Im *Zwischenhirn* liegen der Thalamus, der Hypothalamus und das Limbische System. Alle Sinne – mit Ausnahme des Riechsinns – senden ihre Informationen über den zentral gelegenen Thalamus zum Großhirn. Der Hypothalamus reguliert das Hormonsystem. Eng verbunden sind diese Bereiche mit dem so genannten *limbischen System,* das für die Entstehung der Gefühle und gefühlsbegleiteter Verhaltensweisen verantwortlich ist. Ankommende Sinneswahrnehmungen werden hier mit Gefühlen wie Freude, Lust, Angst verbunden und damit »emotional eingefärbt«. Hier werden auch die Informationen aus den verschiedenen Bereichen des Großhirns mit früheren Erfahrungen verglichen, gewertet und dann in andere Bereiche übergeleitet (vgl. Vester 1998).

»Gerüche der Kindheit«
vgl. Kap. 3.6

Außerdem wirkt das limbische System bei der Gedächtnisspeicherung und beim Lernen mit. Ursprünglich galt es als das so genannte »Riech-Hirn«, da es mit dem Geruchssinn (der Riechbahn) in enger Verbindung steht. Dies erklärt auch die Erinnerungswirkung von bestimmten Gerüchen, sie können wichtige Ereignisse und Erlebnisse aus der Kindheit wachrufen.

Die *Großhirnrinde* ist eine dünne, stark gefaltete Nervengewebsschicht, deren Oberfläche nach Faller/Schünke

(2004, 602) ca. 2200 cm² beträgt. Durch sie werden das Bewusstsein, das Denken, die Sprache und das Körpergefühl gesteuert. Darüber hinaus steht sie in direkter Beziehung zu spezifischen Sinnesbereichen und kann bestimmte Muskelgruppen aktivieren.

»Homunculus« = kleiner Mensch

Abb. 5 zeigt, wie der Körper innerhalb der Hirnrinde repräsentiert ist. Diese schematische Darstellung der relativen Ausdehnung der Repräsentation verschiedener Körperteile auf der Hirnrinde erhielt die Bezeichnung »Homunculus« (lat. = kleiner Mensch). Die überdimensionale Größe der Hände und der Mundregion beim »motorischen Homunculus« verdeutlicht das Ausmaß der Feinsteuerung, die für deren Bewegung notwendig ist. Dagegen erscheinen Ohren und Füße winzig.

Im Vergleich hierzu ist auch der so genannte »sensorische Homunculus« abgebildet (Abb. 4). Hier wird deutlich, wie überproportional z. B. die Tastleitungen der Lippen und der Hand auf der Hirnrinde repräsentiert sind. Die dunklen Linien hinter den einzelnen Körperteilen weisen darauf hin, in welchem Maße sie sich in der Großrinde abzeichnen.

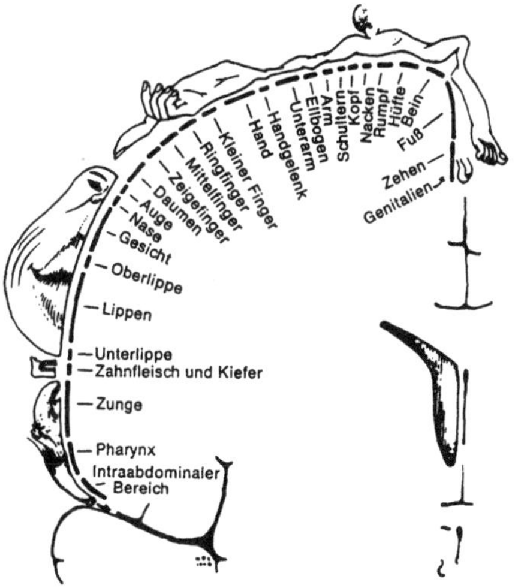

Abb. 4 Sensorischer Homunculus
(aus: Montagu 2004, 12)

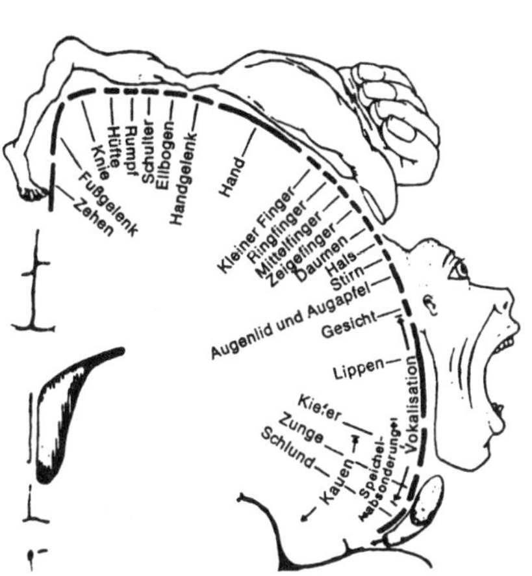

Abb. 5 Motorischer Homunculus
(aus: Montagu 2004, 13)

Hirnhälften

Die beiden Hälften (Hemisphären) der Großhirnrinde sind darüber hinaus unterschiedlich spezialisiert: In der *linken* Hälfte befindet sich in der Regel das Sprachzentrum. Die hier gelegenen Zentren analysieren logische Zusammenhänge, erfassen Einzelheiten und führen Rechenoperationen durch. Die *rechte* Hirnhälfte ist dagegen für nicht-verbale Leistungen und die räumliche Wahrnehmung verantwortlich. Mit ihrer Hilfe wird der Gesamtzusammenhang einer Sache erfasst, und in ihr scheinen schöpferische und künstlerische Fähigkeiten angesiedelt zu sein. Menschen, die eher »linksdominant« veranlagt sind, fällt es leicht, mit abstrakten Zahlen und Symbolen umzugehen, während »rechtsdominante« Menschen besser lernen, wenn sie auf bildhafte Vorstellungen zurückgreifen können. In der Schule wird meist die linke Hirnhälfte angesprochen, sodass Kinder, die für das Lernen andere Voraussetzungen bräuchten, häufig schlechtere Leistungen bringen.

Beide Hirnhälften müssen beim Lernen angesprochen werden

Um optimal arbeiten zu können, müssen jedoch beide Gehirnhälften angesprochen werden; der Lernstoff muss so aufbereitet werden, dass unterschiedliche Lerntypen gleichermaßen damit zurechtkommen. Beispiele hierzu werden u. a. auch im folgenden Kapitel gegeben (vgl. auch Vester 1998).

Nur wenn beide Hirnhälften gut ausgebildet sind, ist auch eine Zusammenarbeit zwischen ihnen möglich; viele komplexere Leistungen sind auf die Zusammenarbeit beider Hirnhälften angewiesen.

Obwohl das Gehirn in unterschiedliche Funktionsbereiche aufgeteilt werden kann, arbeitet es doch immer als Ganzes. Zwischen den jeweiligen Bezirken besteht eine wechselseitige Abhängigkeit; kein Bereich könnte alleine für sich arbeiten, sondern ist nur in Kombination mit den anderen voll funktionsfähig.

Vester (1998) sieht die Verknüpfung der Gehirnareale, z. B. die Verbindung mit dem limbischen System, als Ursache dafür an, dass das Erlernen eines Sachverhalts oder eines Stoffs eng verbunden ist mit bestimmten Gefühlen.

2.1.2. Die Nervenzellen und ihre Verbindungen

Die wichtigsten Bausteine des Zentralnervensystems sind die *Nervenzellen oder Neuronen.* Das menschliche Gehirn besitzt nach Schätzungen der Gehirnforscher zwischen tausend Milliarden und hunderttausend Milliarden Neuronen (Singer 1992, 174). Würde man diese Zellen insgesamt aneinander legen, könnte die entstandene Kette die Erde einige tausend Mal umwickeln. Diese Zahlen verdeutlichen, wie kompliziert die Struktur des Gehirns sein muss.

Die Übermittlung von Nachrichten von einer Zelle zur anderen geschieht fast immer in chemischer Form. Die wichtigsten chemischen Stoffe sind die so genannten Neurotransmitter, sie bewirken eine Signalübertragung zwischen den Neuronen.

Jede Nervenzelle verfügt über zahlreiche Fortsätze, die sich entsprechend ihrer Lage und Verzweigung, vor allem aber nach ihrer Funktion, in 2 Typen untereilen lassen:

Die *Axone* haben nur wenige Verzweigungen und stellen die Verbindungen zu anderen Nervenzellen her. Über das Axon verlassen Informationen die Nervenzelle und werden an andere weitergeleitet.

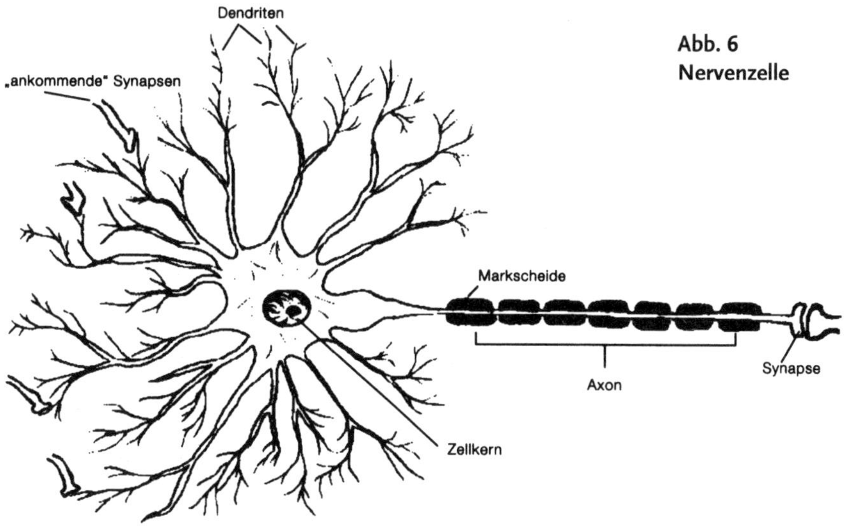

Abb. 6
Nervenzelle

Die andere Art wird als *Dendriten* bezeichnet. Sie sind meistens weit verzweigt, sodass sie die Vorstellung eines Baumes wecken, dessen Zweige immer feinere Verästelungen aufweisen. Diese Verästelungen stellen die immer differenzierter werdenden Verschaltungsmuster dar. Die Dendriten stellen selbst keine aktiven Verbindungen zu anderen Zellen her, sondern nehmen Informationen auf, die von den Axonen anderer Neurone weitergegeben werden.

Synapsen geben Nachrichten weiter

Die Kontaktstellen eines Axons mit einer anderen Zelle heißen *Synapsen*. Durch die Synapsen werden Nachrichten weitergegeben, umgelenkt oder gestoppt.

Übung stärkt die Funktionsfähigkeit

Die Übermittlung von Nachrichten funktioniert aber nur in ausreichender Genauigkeit und Schnelligkeit, wenn die Synapse in Übung ist, d. h., wenn sie ständig benutzt wird. Je häufiger eine Synapse gebraucht wird, umso schneller kann eine Verbindung durch sie hergestellt werden (vgl. Ayres 2002). Wenn z. B. durch Reizentzug die Hirntätigkeit reduziert wird, tritt ein Schwund der Kontakte zwischen den Nervenzellen und Gehirnregionen bzw. -funktionen ein. Damit wird der Informationsfluss im Gehirn gestört, die Zusammenarbeit der einzelnen Nervenzellen erschwert. Bei einem Kind, das z. B. nicht genügend Reize erfährt, können sich die weiterleitenden Nervenschaltungen, also neue Synapsenbildungen, nicht entwickeln (vgl. auch Zimmer 2004 c).

2.1.3. Die Entwicklung des Gehirns

Die Entwicklung des Gehirns setzt sehr früh im Leben des Embryos ein. Schon am Ende des 2. Schwangerschaftsmonats, wenn der Embryo ca. 30 Millimeter lang ist, sind die Hauptabschnitte des Gehirns und die Augen deutlich erkennbar.

Zwar kommt der Mensch mit fast allen Nervenzellen zur Welt, die Gehirnmasse eines Säuglings beträgt jedoch lediglich ca. ein Viertel derjenigen eines Erwachsenen. Sie vergrößert sich nur deswegen noch, weil ihre Nervenzellen wachsen und sich viele ihrer Fortsätze und Verknüpfungen erst nach der Geburt bilden.

Das Gehirn eines Neugeborenen enthält andererseits aber sogar weitaus mehr Zellverbindungen als nötig. Im Laufe der ersten Lebensmonate sterben Hirnzellen wieder ab und ebenso werden Zellverbindungen wieder abgebaut.

Man kann sich das Gehirn als einen Computer vorstellen: Die Kabel des Computers sind die Nervenfasern oder Axone des Gehirns. Wenn alle Teile miteinander verdrahtet sind, kümmert sich das Gerät selbst darum, dass die nicht gebrauchten Verbindungen wieder entfernt werden, und nur die bleiben bestehen, die zu seiner Funktion notwendig sind.

Die Verbindungen zwischen den Nervenzellen werden immer differenzierter und komplexer, wobei die Entstehung der Dendriten und Synapsen abhängig ist von den Reizen, die durch die Sinnesorgane zum Gehirn gelangen.

»Verschaltung« der Nervenzellen bedarf der Aktivierung

Auch die Hirnforschung kommt zu dem Ergebnis, dass die Nervenzellen aktiviert werden müssen, um richtig miteinander verschaltet werden zu können. Diese Aktivität wird durch eine bestimmte Stimulation des Gehirns erreicht. So hat man z. B. festgestellt, dass Säuglinge, die die meiste Zeit ihres ersten Lebensjahres unbeachtet in der Wiege lagen, sich auffallend langsam entwickelten. Einige dieser Kinder konnten z. B. im Alter von 21 Monaten noch nicht sitzen, und nicht einmal 15 % konnten mit drei Jahren laufen (Shantz 1991, 44).

Die Beobachtungsergebnisse lassen den Schluss zu, dass Kinder – um sich normal entwickeln zu können – Reize durch Berührung, Bilder, Sprache etc. empfangen müssen. Sensorische Reize sind nötig, um die Bildung neuronaler Verbindungen bei Neugeborenen zu fördern, denn die Nervenzellen erhalten ihre spezifischen funktionellen Eigenschaften erst nach der Geburt, sie bilden sich durch sensorische Erfahrungen in der frühen Kindheit (Eliot 2002, Gopnik u. a. 2003).

»Für das Endstadium der Gehirnentwicklung ist neuronale Aktivität erforderlich. Dadurch erhält das heranreifende Nervensystem innerhalb gewisser Grenzen die Möglichkeit der Modifikation und Feinabstimmung auf der Grundlage eigener Erfahrung, was ihm eine gewisse Anpassungsfähigkeit verleiht.« (Shantz 1992, 52)

Sensorische Reize = Nahrung für das Gehirn

Ayres (2002) bezeichnet sensorische Reize als Nahrung für das Gehirn. Vor allem in den ersten Lebensjahren, wenn das Gehirn in seiner Entwicklung noch besonders beeinflussbar und veränderbar ist, sind vielseitige Wahrnehmungserfahrungen wichtig, um die Funktionsfähigkeit zu verbessern. Im Laufe der späteren Lebensjahre geht die Plastizität des Gehirns zurück. Zwar sind auch noch in höheren Altersstufen und bei Erwachsenen Veränderungen des Gehirns möglich, allerdings ist es vor dem 8. bis 10. Lebensjahr und vor allem im vorschulischen Alter weitaus empfänglicher für Reizeinwirkungen, die seine Weiterentwicklung vorantreiben. Es ist aber auch anfällig für Störeinflüsse, die z. B. von einem Reizüberangebot in bestimmten Sinnesbereichen und einer Unterversorgung (vgl. Kap. 1) in anderen Sinnesbereichen kommen können.

Die Basis für das menschliche Lernen und Verhalten wird in den ersten Lebensjahren gelegt, und hier spielen vielseitige, ausgewogene Wahrnehmungserfahrungen eine wichtige Rolle.

2.1.4. Plastizität und Selbstorganisationsfähigkeit des Gehirns

Die zunehmende Differenziertheit des Gehirns beruht auf den Wachstumsreizen, die von den Sinnesorganen ausgehen. Sie verwandeln Reize aus dem Körperinneren und aus der Außenwelt in elektrische Signale und führen zu mehr und besser funktionierenden Zellverbindungen, was sich wieder positiv auf die Aufnahme und Verarbeitung der wahrgenommenen Informationen auswirkt. Mit zunehmender Komplexität des Gehirns werden auch die Wechselwirkungen mit der Umgebung immer mehr verfeinert (Singer 1992, 174).

Diese Anpassungsfähigkeit macht die Plastizität des Gehirns aus: Infolge der Aktivität können sich die Synapsen und Schaltkreise selbst verändern.

Obwohl die Vertreter der Hirnforschung allgemein auf eine kritische Periode hinsichtlich der Plastizität des Gehirns hinweisen und damit auch die Bedeutung der ersten Lebensjahre untermauern, bemerkt Singer (1992, 177f.) hierzu, dass das Gehirn sich noch ein Leben lang verändere. Zwar komme das Knüpfen neuer und der Abbau bestehender Verbindungen nur noch in wenigen speziellen Situationen vor, die Effizienz der bestehenden Verbindungen hänge jedoch von ihrer Benutzungshäufigkeit ab.

Das Gehirn muss als ein sich ständig wandelndes Organ aufgefasst werden, das seine Fähigkeit zur Selbstorganisation auf dem ständigen Erwerb von Erfahrungen aufbaut.

2.2. Der Prozess der Wahrnehmung

Im vorangegangenen Abschnitt wurde deutlich, dass die wichtigste Aufgabe des Gehirns darin besteht, die in jedem Augenblick auf den Menschen einströmenden Reize zu sortieren, zu kanalisieren, mit vorhandenen Informationen zu vergleichen und angemessene Reaktionen zu veranlassen. Wie dieser Prozess der Wahrnehmung verläuft und von welchen Einflüssen er abhängig ist, soll im Folgenden beschrieben werden.

2.2.1. Grundbegriffe der Sinneswahrnehmung

Sinnesmodalitäten: Sehen, Hören, Tasten etc.

Sensorische Reize werden von den Sinnesorganen aufgenommen, und diese Informationen und Nachrichten werden an das Gehirn weitergeleitet. Dabei vermittelt ein Sinnesorgan jeweils Eindrücke, die in ihrer Intensität zwar verschieden sein können, die sich in ihrer Qualität jedoch sehr ähneln. Eine Gruppe ähnlicher Sinneseindrücke, die durch ein bestimmtes Organ vermittelt werden, nennt man eine *Modalität.* Zu den Modalitäten gehören also das Hören, Sehen, Tasten etc. Einige Sinnesmodalitäten beinhalten Eindrücke, die von außen auf den Menschen treffen, andere beziehen sich auf den eigenen Zustand des Körpers. Hierzu gehört z. B. die Wahrnehmung der Stellung der Gliedmaßen zueinander oder der Grad der Spannung der Muskulatur.

Qualität der Sinneseindrücke: Farben, Geschmack etc.

Innerhalb der jeweiligen Modalitäten lassen sich jedoch noch weitere Unterscheidungen in Bezug auf den Sinneseindruck vornehmen. Sie betreffen die *Qualität* und die

Quantität der Wahrnehmung. Dem Sehen können z. B. die Qualitäten »Helligkeitssehen« oder »Farbunterscheidung« zugeordnet werden, das Schmecken unterscheidet die Qualitäten »süß«, »sauer« etc.

Quantität: Stärke des Reizes

Die Intensität eines Sinneseindruckes wird als Quantität bezeichnet, sie entspricht der Stärke eines Reizes. Der kleinste Reiz, der gerade noch eine Reaktion auslöst, ist der so genannte »Schwellenreiz« (für das Ohr ist dies z. B. die geringste Lautstärke eines Tons, bei der er gerade noch wahrgenommen werden kann).

Rezeptoren

Die reizaufnehmenden Zellen der Sinnesorgane heißen *Rezeptoren*. Sie sind für einen bestimmten Reiz besonders empfindlich und liegen an Stellen im Körper, die für ihre spezifischen Reize besonders exponiert sind: Die Geschmacksrezeptoren befinden sich z. B. auf der Zunge, die Lichtrezeptoren in der Netzhaut des Auges.

Die Nervenleitung zwischen dem Sinnesorgan und dem Gehirn bezeichnet man als *zuleitende* oder *aufsteigende (afferente)* Bahnen. Im Verlauf ihrer Weiterleitung werden die Impulse auf vielfältige Weise miteinander verschaltet. Aus der Vielzahl der Einzelerregungen werden aber nur die wichtigsten hervorgehoben, die unwesentlichen werden unterdrückt. Vom Gehirn leiten *absteigende (efferente) Nervenfasern* die Impulse zu den ausführenden Organen.

Sinneseindruck

Mit dem Begriff »*Sinneseindruck*« bezeichnet Dudel (1985, 5f.) die einfachsten Einheiten, die Elemente der Sinneserfahrungen. Ein solcher Eindruck wäre z. B. die gesehene Farbe »rot« oder der Geschmack »süß«. Solche Sinneseindrücke werden jedoch kaum isoliert aufgenommen, die Summe der Sinneseindrücke wird daher als eine *Sinnesempfindung* bezeichnet.

Sinnesempfindung

Zu der reinen Sinnesempfindung kommt die individuelle Einordnung, es entsteht eine Deutung, die Einbeziehung von Erfahrungen und die Verbindung mit bereits vorhandenem Wissen. Dieser Vorgang wird insgesamt als *Wahrnehmung* bezeichnet. Wir sprechen also nicht von einem kleinen, runden, roten Gegenstand, der einen Stiel hat und süß schmeckt, sondern von einer Kirsche.

In der amerikanischen Fachliteratur wird unterschieden zwischen den Begriffen »*sensation*« (Reiz) und »*perception*«

(Verarbeitung, Wahrnehmung), damit ist auch eine genauere Unterscheidung des physikalischen Vorgangs und der subjektiven Bedeutungsgebung möglich.

2.2.2. Der Weg vom Reiz zur Reaktion

Auf dem Tisch steht ein heißer, duftender Bratapfel. Sie sehen ihn, riechen seinen Duft, können sogar seine abstrahlende Wärme spüren. Der Zimtgeruch erinnert Sie an Weihnachten, die Tischdecke, auf der der Bratapfel steht, und die Tassen drumherum sind für Sie uninteressant. Sie verspüren den Wunsch, ein Stück von dem Apfel zu probieren und nehmen einen Löffel, legen ihn dann aber wieder zur Seite und warten, bis der Apfel abgekühlt ist.

Selektion der Reize

Dieses alltägliche Ereignis verdeutlicht, dass ein Reiz meist über verschiedene Sinnesorgane aufgenommen wird (Augen, Geruch, Temperaturwahrnehmung) und dass hierbei eine Selektion der Reize erfolgt (wichtig ist nicht der ganze Tisch, sondern nur der Apfel). Die im Gehirn ankommenden Impulse werden eingeordnet (riecht gut, schmeckt sicherlich köstlich), die einzelnen Sinneseindrücke werden miteinander zu einem sinnvollen Ganzen verknüpft (Apfel + heiß + Zucker + Zimt = Bratapfel) und mit früheren Erfahrungen verglichen (als Kind aßen Sie in

Aussichten bringen Einsichten

der Weihnachtszeit Bratäpfel). Der Wunsch wird geweckt, den Apfel zu probieren (Befehl vom Gehirn, einen Löffel zu greifen), der Impuls wird unterbrochen auf Grund der Meldung »noch zu heiß« (Rückgriff auf frühere Erfahrungen).

Wahrnehmung = kreisförmiger Prozess

Eine solche Kette von Wahrnehmungen, Erinnerungen, Rückmeldungen und Reaktionen zeigt, dass es sich bei dem Verlauf der Wahrnehmung um einen kreisförmigen Prozess handelt, bei dem jeder Reiz mithilfe bereits gespeicherter Informationen verarbeitet wird, gleichzeitig aber wiederum neue Erfahrungen mit sich bringt. So ergibt sich ein Wechselspiel von Meldungen, Verknüpfungen und Rückmeldungen, die sich teilweise gegenseitig überlappen oder ergänzen.

Der Verlauf des Wahrnehmungsprozesses kann folgendermaßen beschrieben werden:

1. Aufnahme des Reizes durch das entsprechende Sinnesorgan (über die Rezeptoren); dabei wird bereits eine subjektive Auswahl vorgenommen;
2. Weiterleitung des Reizes an das Gehirn über aufsteigende Bahnen in die entsprechenden sensorischen Zentren der Großhirnrinde;
3. Speicherung des Wahrgenommenen im Gehirn;
4. Vergleichen des neuen Reizes mit bisher Gespeichertem. Auswahl und Bewertung der Meldungen aus den Sinnesorganen;
5. Koordination der Einzelreize der verschiedenen sensorischen Zentren im Gehirn.
6. Verarbeitung der Reize und Einordnung in die bisherigen Erfahrungen;
7. Reaktionen, Reizbeantwortung (motorische Handlungen, Verhaltensänderungen etc.); absteigende Nervenfasern leiten die Impulse und Befehle des Gehirns zum ausführenden Organ (z. B. in Muskeln oder Sehnen) (vgl. Abb. 7).

Die durch den Reiz in Gang gesetzten Reaktionen (motorische Handlungen etc.) verursachen weitere Wahrnehmungen: So führt der Impuls, den Bratapfel aufzuessen, zu Geschmacksempfindungen, Temperaturwahrnehmungen etc. Der Prozess der Wahrnehmung ist also niemals völlig abgeschlossen, sondern muss vielmehr als ein sich immer

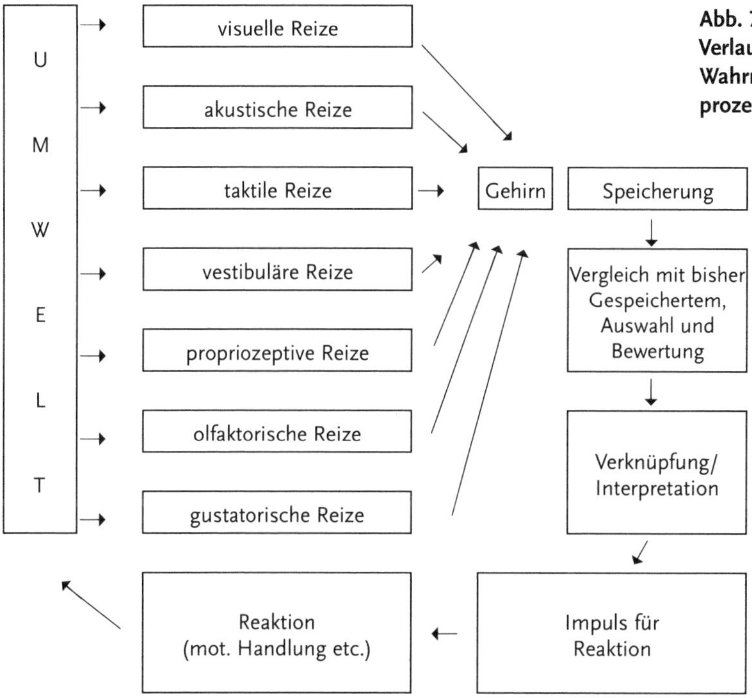

Abb. 7 Verlauf des Wahrnehmungsprozesses

wieder erneuernder Regelkreis verstanden werden, bei dem das Subjekt selbst im Mittelpunkt steht.

2.2.3. Wie die Wahrnehmung beeinflusst wird

Erfahrung

Der Wahrnehmungsverlauf wird von vielen Faktoren beeinflusst. So bewirken die im Gedächtnis gespeicherten Erfahrungen die Auswahl und Bewertung der Meldungen aus den Sinnesorganen. Gute bzw. schlechte Erfahrungen bestimmen mit, was und wie etwas wahrgenommen wird. Während der Duft eines Bratapfels dem einen Menschen das Wasser im Munde zusammenlaufen lässt, wird dem anderen dabei übel, weil er sich an einem Bratapfel einmal den Magen verdorben hat.

Zwar ist vorhersagbar, dass ein bestimmter physikalischer Reiz eine bestimmte Aktivierung der Rezeptoren auslösen wird. Die darauf folgenden Verarbeitungsprozesse im Gehirn erscheinen jedoch weniger vorhersehbar zu sein, und noch weniger sind es die damit in Zusammenhang gebrachten Empfindungen.

Aufmerksamkeit

Der Wahrnehmungsvorgang ist auch abhängig von der Aufmerksamkeit des Wahrnehmenden. Jeder weiß von sich selbst, dass es zeitliche Schwankungen in der Wahrnehmungsbereitschaft gibt. Manchmal schaltet man einfach ab, wenn man z. B. müde oder von Reizen übersättigt ist. Nach einem längeren Einkaufsbummel kann man z. B. keine Schaufenster mehr anschauen, selbst die interessantesten Dinge lassen einen »kalt«.

Emotionales Befinden

Schließlich spielt auch das Interesse und die augenblickliche emotionale Befindlichkeit des Wahrnehmenden eine wichtige Rolle. Verantwortlich für solche emotionalen Begleitreaktionen ist das limbische System, das auch – wie im vorhergehenden Abschnitt beschrieben – eine wichtige Rolle bei der Gedächtnisbildung und der Erinnerung spielt.

So wird also dieselbe Situation von jedem Betrachter anders gesehen: Eine Ansammlung von Gegenständen für den Sperrmüll wird von den Anwohnern als Behinderung der Gehwege beklagt, der Naturschützer wird sich Gedanken über die mit der Entsorgung des Abfalls zusammenhängenden Probleme machen, der wohnungssuchende Student wird mit einem Blick den Möbelberg nach brauchbaren Gegenständen abgeschätzt haben, Kinder sehen in dem aufgetürmten Sammelsurium die große Chance, nach verborgenen Schätzen zu wühlen. Was wahrgenommen wird, ist also bei jedem Menschen verschieden, auch wenn die auslösenden Reize dieselben sind.

Für die Praxis der Wahrnehmungsförderung bei Kindern bedeutet diese gefühlsmäßige Begleitung der Wahrnehmung auch, dass möglichst interessante Aufgabenstellungen bevorzugt werden sollten, die eine hohe emotionale Bereitschaft zum aktiven Mitmachen zur Folge haben.

Der Spielreiz sollte nicht in der Förderung der Sinnestätigkeit als solcher liegen, sondern in der Spielsituation selbst. Freude und Spaß sind wesentliche Einflussfaktoren für den Erfolg einer Sinnesförderung.

Deswegen wurde in dem ersten Kapitel dieses Buches die Betonung so sehr auf das »sinnvolle Tun« gelegt, denn nur dann, wenn den Kindern die Spiele selbst sinnvoll erscheinen, kann von einer hohen emotionalen Beteiligung ausgegangen werden.

2.2.4. Die Entwicklung der Wahrnehmung

Die Sinne eines Menschen sind zwar vom ersten Tag seines Lebens an funktionsfähig, ihre Zusammenarbeit entwickelt sich aber erst im Laufe der ersten Lebenswochen und -monate. Abhängig ist ihre Entwicklung vom alltäglichen Gebrauch der Sinnesorgane. Jede Handlung des Kindes führt zu Erfahrungen, die die Differenziertheit seiner Wahrnehmungsfähigkeit verbessern. Selbst auf den ersten Blick ganz einfach erscheinende Tätigkeiten wie das Greifen nach einem Gegenstand bedürfen des Einsatzes und der Koordination mehrerer Sinne. Will das Baby eine über seiner Wiege aufgehängte Rassel greifen, werden folgende Sinneswahrnehmungen bei ihm in Gang gesetzt: Es muss die Rassel mit den Augen fixieren und sie vor dem Hintergrund (eine bunte Tapete, ein Vorhang) herauslösen. Die Tiefensensibilität (Informationen, die aus den Muskeln und Gelenken kommen) gibt ihm darüber Rückmeldung, in welche

Be-Greifbares

	Tasten/Fühlen	Schmecken	Riechen
Ende 1. Monat			
2. Monat	Region um den Mund reagiert empfindlich auf Reize	angelegt	Rezeptoren angelegt
3. Monat	Hand Mundhöhle Körperoberfläche zum größten Teil		
4. Monat	reiz- und schmerz- empfindlich	ausgereift	
5. Monat			
6. Monat	Vibration, Druck, Schmerz, Tem- peratur werden		
7. Monat	von der Hand empfunden (Ende 6. Monat)		Reifung
8. Monat		Reaktion auf	
9. Monat		Mißempfindung	

Abb. 8 Entwicklung der Sinne vor der Geburt

Gleichgewicht	Hören	Sehen	Sich bewegen

			Propriozeptoren angelegt
Labyrinth angelegt; vestibuläre Reize beginnen zu funktionieren	Schneckenwindungen angelegt		Reize werden durch die Bewegungen der Mutter vermittelt
	weitere Differenzierung		
		Sehstäbchen differenziert	
Reifung			
	alle Strukturen reif Reaktionen auf äußere Schallreize		
		Aufnahme von Lichtreizen vollständig	

Richtung es die Hände bewegen muss, um die Rassel zu erreichen. Über den Tastsinn erfährt es, dass es die Rassel berührt hat, es spürt sie in den Händen. Das Geräusch der Rassel nimmt es über den Hörsinn auf, durch erneute Berührung vergewissert es sich, dass es der ergriffene Gegenstand war, der das Geräusch verursachte. Um die Rassel näher zu erkunden, zieht das Baby sie zu sich heran und steckt sie in den Mund. Auch hier hilft die Tiefensensibilität (oder die kinästhetische Wahrnehmung), um das Ziel zu finden. Mit dem Mund, dem empfindsamsten Tastorgan, erkundet es die Oberfläche und Form der Rassel.

Zusammenhang von Bewegung und Wahrnehmung

Das Beispiel des Greifens macht deutlich, wie eng eine motorische Handlung mit Wahrnehmungsprozessen verknüpft ist. Wahrnehmung und Bewegung in ihrer Verbindung dienen dem Kind dazu, sich seine Umwelt anzueignen, auf sie einzuwirken. Gleichzeitig wird die Entwicklung der Wahrnehmung und der Bewegung aber auch von Umweltanforderungen beeinflusst.

Die Entwicklung der Sinne beginnt bereits im Mutterleib. Der Sinn, der sich als erster herausbildet, ist der Tastsinn. Aber auch der Gleichgewichtssinn und das Hören funktionieren schon in den ersten Monaten der Schwangerschaft. Das Sehen entwickelt sich zuletzt, sodass bei der Geburt schließlich alle Sinne »arbeitsfähig« sind. (Zur Entwicklung der einzelnen Sinnessysteme vgl. auch Kap. 3.)

Abb. 8 (S. 50f.), die nach einer Vorlage von K. Zimmer (1990) modifiziert worden ist, beschreibt, wie im Laufe der Schwangerschaft die Ausbildung der Sinne voranschreitet.

Verknüpfung von Sinnesmodalitäten

Ebenso wichtig wie die Funktionsfähigkeit der einzelnen Sinne ist ihre Zusammenarbeit. Hier gibt es unterschiedliche Auffassungen darüber, ab wann die Koordination mehrerer Sinnesmodalitäten möglich ist.

Der Entwicklungspsychologe Piaget (2002) vertritt die Ansicht, für das Baby gebe es ebenso viele »Welten«, wie es Sinneskanäle hat, er geht also von getrennten Seh-, Hör-, Tast- und Schmeckerfahrungen aus. Die Welt des Säuglings, der noch nicht nach Gesehenem greifen kann, besteht nach Piaget auch noch nicht aus einer einheitlichen Welt mit konkreten Gegenständen, sondern aus interessanten Sinneseindrücken, die das Resultat seiner eigenen Handlungen sind (vgl. Oerter/Montada 2002).

»Senso-motorische Intelligenz«

Erst im Laufe der Auseinandersetzung mit der Umwelt werden einzelne Handlungen und Wahrnehmungen (z. B. Greifen und Sehen) miteinander koordiniert. So bilden sich neue kognitive Strukturen heraus, die die Grundlage der geistigen Entwicklung des Kindes bilden. Piaget nennt die Art der Bewältigung von Problemen in den ersten beiden Lebensjahren »sensomotorische Intelligenz«. Sie basiert ausschließlich auf Handlung und Wahrnehmung der Dinge im Umgang mit ihnen, nicht aber auf Vorstellung und Denken. Die Zeit zwischen Geburt und Spracherwerb sieht Piaget für die weitere Entwicklung als entscheidend an, »da sich in ihr der Säugling durch Wahrnehmungen und Bewegungen der gesamten praktischen Umwelt bemächtigt« (Piaget 1978, 158; vgl. auch Zimmer 1996, Lück 2003).

Am Beispiel der Greifentwicklung zeigt sich für Piaget, wie sinnesspezifische Handlungsschemata sich differenzieren und koordinieren und zu einer komplexen Struktur führen. Entwicklung ist danach Aufbau von immer komplexeren, flexibleren Strukturen.

In Anlehnung an Piaget hat Affolter (1975) ein hierarchisch aufgebautes Strukturmodell zur Entwicklung der Wahrnehmung beschrieben. Danach vollzieht sich der Entwicklungsprozess in drei Stufen:

1. Modalitätsspezifische Stufe (intramodale Stufe)

Modell zur Entwicklung der Wahrnehmung

Modales Lernen bedeutet Lernen in einem Sinnesgebiet. Es ist gekennzeichnet durch zunehmende qualitative und quantitative Veränderungen in den Leistungen. Das Kind hört ein Geräusch, z. B. ein Glöckchen oder eine Stimme, und reagiert darauf mit Kopfdrehen. Mit der Zeit erkennt es immer mehr unterschiedliche Geräusche und schafft es zunehmend, auch ähnlich klingende Geräusche zu unterscheiden (bekannte – fremde Stimmen).

2. Intermodale Stufe

Auf dieser Stufe kommt es zu einer Integration der einzelnen Sinnesbereiche. Das Kind lernt, dass Dinge hörbar, sichtbar und ertastbar sind. Es hört z. B. ein Glöckchen, wendet sich ihm zu und greift danach.

3. Seriale Stufe
Mit fortschreitender Handlungsfähigkeit gelingen dem Kind Handlungsverbindungen. Es kann aufeinander folgende Reize aus allen Sinnesgebieten miteinander verknüpfen. Die Informationen werden zu einem sinnvollen Ganzen verbunden. Verschiedene Handlungsfolgen und nacheinander ablaufende Reize können räumlich und zeitlich integriert wahrgenommen werden. Das Kind hat sie nun im Gedächtnis gespeichert und kann sie jederzeit abrufen. Dies sind auch die Voraussetzungen, um zu sprechen und die Sprache zu verstehen.

Abb. 9
Entwicklung der Wahrnehmung
(nach Affolter)

Seriale Wahrnehmung	
|	
Intermodale Wahrnehmung	(z. B. Sehen-Greifen)
|	
Modalitätsspezifische Wahrnehmung	auditiv-visuell-taktil-kinästhetisch-vestibulär

Eine ganz andere Auffassung vertritt Dornes (2001): Er spricht vom »kompetenten Säugling«, der bei der Geburt bereits über weitaus mehr Fähigkeiten verfügt, als allgemein angenommen wird.

Auf Grund verschiedener experimenteller Untersuchungen aus der Säuglingsforschung kommt er zum Schluss, dass Wahrnehmungen, die mit verschiedenen Sinnesorganen gemacht werden, von Anfang an miteinander in Beziehung gesetzt werden.

Kreuzmodale Wahrnehmung

Diesen Prozess der intersensorischen Koordination bezeichnet Dornes als »Kreuzmodale Wahrnehmung«.

Sinneswahrnehmungen aus verschiedenen Modalitäten (sehen, hören, schmecken, tasten) werden miteinander koordiniert. Auf diese Weise nimmt das Kind die Welt und die Objekte seiner Umgebung als einheitlich wahr und nicht als ein Wert separierter Empfindungen (Dornes 2001).

»kompetenter Säugling«

Kreuzmodale Wahrnehmungen funktionieren nach den Berichten von Dornes bereits von Geburt an: Gibt man z. B. 20 Tage alten Kindern einen Schnuller mit Noppen zum Saugen und zeigt ihnen hinterher die Bilder von zwei Schnullern – einen mit Noppen, einen ohne, so schauen sie den genoppten Schnuller länger an. Sie scheinen eine Verbindung herzustellen zwischen dem, was sie im Mund gefühlt haben, und dem, was sie sehen (Gibson/ Walker 1984 zit. nach Dornes 2001).

Säuglinge, die einen Gegenstand sehen, gehen davon aus, dass er auch zu fühlen ist. Ebenso verhält es sich mit Gesehenem und Gehörtem. Carpenter (zit. nach Dornes, 2001) unterlegte einem sprechenden mütterlichen Gesicht eine fremde Stimme. Säuglinge im Alter von zwei Wochen wurden dadurch irritiert. Anscheinend gehen sie davon aus, dass Gesehenes und Gehörtes zusammengehören.

Nach Piagets und darauf aufbauend nach Affolters Theorie nehmen Säuglinge Tast-, Seh- und Hörempfindungen zunächst isoliert voneinander wahr und setzen sie erst allmählich miteinander in Beziehung. Danach verläuft der Entwicklungsprozess vom Teil zum Ganzen, isolierte Wahrnehmungen werden Schritt für Schritt zu einem Ganzen zusammengefügt.

Die Vorstellung zur kreuzmodalen Wahrnehmungsfähigkeit geht von einer anderen Auffassung aus: Ursprünglich werden Ganzheiten wahrgenommen, diese ganzheitlichen Wahrnehmungen werden im Laufe der Entwicklung ausdifferenziert und können erst dann isoliert werden.

Weitere Aspekte zur Entwicklung der Wahrnehmung und der Integration einzelner Sinneseindrücke werden im folgenden Kapitel, in dem eine Beschreibung der einzelnen Wahrnehmungssysteme vorgenommen wird, behandelt.

2.3. Wie viele Sinne hat der Mensch?

»Die fünf Sinne«, »alle sechs Sinne«, spätestens bei der Fernsehsendung »Der siebte Sinn« fragt man sich, wie viele Sinne denn der Mensch nun wirklich hat und was als »Sinn« bezeichnet wird.

Zu den klassischen Sinnen gehören diejenigen, die durch ein eigenes Organ erkennbar sind: Das Sehen, Hören, Tasten, Schmecken und Riechen. Schon Aristoteles ging vom Vorhandensein von fünf Sinnen aus.

»Niedere« und »höhere« Sinne

Nicht alle Sinne wurden als gleichwertig betrachtet: Als wichtigstes Sinnesorgan galt lange Zeit das Auge. Wissenschaftliche Veröffentlichungen zur Wahrnehmung befassten sich demnach in erster Linie mit der visuellen Wahrnehmung. Das Sehen und das Hören galten als so genannte »höhere Sinne«, während das Tasten, Schmecken und Riechen oft als Wahrnehmungen der »niederen Organe« diskriminiert wurden.

Diese Wertigkeit ist inzwischen jedoch mehrfach angezweifelt worden. So bezeichnet Montagu (1984, 7) den Tastsinn als »den Ursprung aller Empfindungen« und ordnet die Haut als das wichtigste – weil lebensnotwendiges – Sinnesorgan ein.

Reize können von außen (Umwelt) oder aus dem Körper selbst kommen

Neben den in einigen Lehrbüchern zur Sinnesphysiologie und Entwicklungspsychologie aufgeführten fünf Sinnessystemen lassen sich weitaus mehr Bereiche der Sinneswahrnehmung finden. So fühlt die Haut nicht nur Berührungen und Druck, sondern auch Kälte, Wärme, Schmerzen und Vibrationen. Neben den Sinneseindrücken, die aus der äußeren Umwelt auf den Körper treffen, können auch solche unterschieden werden, deren Sinnesorgane im Körper liegen und Informationen über seinen eigenen Zustand vermitteln. Hierzu zählt z. B. der Gleichgewichtssinn, der über die Lage des Körpers im Raum informiert und bei Drehbewegungen oder beim Betreten eines labilen Untergrundes die Regulierung der Körperbalance übernimmt.

Gibson (1982, 75) fasst die Sinne als aktive Systeme auf und klassifiziert sie nach der jeweiligen Art ihrer Aktivität – und nicht nach der Art der bewusstwerdenden Sinnesqualitäten. Er unterschiedet fünf Wahrnehmungssysteme, die zum Teil unterschiedliche Sinne zusammenfassen:

- Grundlegendes Orientierungssystem,
- Gehörsystem,
- Haptisches System,
- Geruchs- und Geschmackssystem,
- Visuelles System.

Das »grundlegende Orientierungssystem« stellt die Grundlage für alle anderen Wahrnehmungssysteme dar. Es umfasst die Vestibular-, also Gleichgewichtsorgane und ist für die Erhaltung des Gleichgewichts verantwortlich. Das »Haptische System« setzt sich aus mehreren Wahrnehmungsbereichen zusammen, es schließt sowohl die Haut als auch die Gelenke und Muskeln mit ein.

Stellungssinn

In der Sinnesphysiologie wird darüber hinaus von einem »Stellungssinn« gesprochen (Schmidt 1985). Er nimmt die Stellung der einzelnen Glieder und Gelenke wahr. So kann z. B. jeder Mensch bei geschlossenen Augen die eine Hand zur anderen führen oder auch im Dunkeln den Weg mit der Hand zum Mund finden. Er weiß also, in welcher Lage er sich befindet. Diese Vorstellungsfähigkeit von der Stellung der Gelenke und Gliedmaßen ist jedoch auch mit dem kinästhetischen Sinn zu erklären. Durch die Muskelspannung bemerken wir die Stellung der Gelenke. Hier wirken meist sogar Gleichgewichts- und Bewegungssinn zusammen. Hinzu kommt bei Schmidt der Kraftsinn.

Während bei den »klassischen Sinnen« Sehen, Hören, Geruch und Geschmack eine klare Abgrenzung bereits auf der Grundlage der deutlichen Lokalisierung der Organe (Mund, Nase, Auge, Ohr) leicht fällt, besteht bei den »Körpersinnen« die Gefahr, dass für einzelne Wahrnehmungen oder für das Zusammenwirken verschiedener Wahrnehmungen neue Sinne entstehen bzw. benannt werden. So gliedert Keidel (1975) z. B. die Tastwahrnehmung in 3 Sinnesbereiche: den Berührungssinn, den Drucksinn und den Vibrationssinn.

Sinnesgebiete

Je nach Literaturquelle kann man also ohne weiteres bis zu 13 Sinnesgebiete ausmachen. Stadler/Seeger/Raeithel (1975) unterscheiden z. B. den

- Gesichtssinn (Sehsinn),
- Gehörsinn,
- Geruchssinn,

- → Geschmackssinn,
- → Berührungs- und Drucksinn,
- → Temperatursinn,
- → Schmerzsinn,
- → Stellungssinn,
- → Spannungs-, Kraftsinn,
- → Lagesinn,
- → Drehbewegungssinn und die
- → Organempfindungen.

Noch weiter geht Rudolf Steiner in seiner »Sinneslehre« (2004). Er geht zwar »nur« von 12 Sinnen aus, führt dabei aber neben den Sinnen, die die eigene Körperlichkeit umfassen, auch noch einen »Lebenssinn«, einen »Sprach- oder Wortsinn«, einen »Gedankensinn« und einen »Ichsinn« an. Diese Erweiterung um anthroposophische Gedanken hat sich allerdings weder in der Wahrnehmungspsychologie noch in der Sinnesphysiologie durchgesetzt. In der auf Steiner zurückgehenden Waldorfpädagogik ist sie dagegen zum festen Bestandteil einer pädagogischen Konzeption geworden (vgl. Kap. 5.2).

Im Folgenden wird eine Unterscheidung in so genannte »Grundwahrnehmungsbereiche« vorgenommen, zu denen die körpernahen Sinne gehören. Davon unterschieden werden die körperfernen Sinne (vgl. Abb. 10), wobei in dieser Auflistung durchaus weitere Wahrnehmungssubsysteme eingeschlossen sind:

Abb. 10 Grundwahrnehmungsbereiche

Körpernahe Sinne	Körperferne Sinne
Taktiles System	Auditives System
Kinästhetisches System	Visuelles System
Vestibuläres System	
Geschmackssinn	
Geruchssinn	

3. Aufbau und Funktion der Sinnessysteme

In diesem Kapitel sollen die einzelnen Sinnessysteme vorgestellt und ihre Arbeitsweise erläutert werden. Alle Sinnesorgane dienen dem gleichen Zweck, Informationen über die Außenwelt oder aus dem eigenen Körper in das Gehirn – die zentrale Schaltstelle – zu vermitteln. Ihre Organisationsprinzipien ähneln sich grundsätzlich, aber es gibt auch einige wichtige Unterschiede, die im Folgenden erläutert werden sollen.

Trotz aller neurophysiologisch und wahrnehmungspsychologisch erklärbarer Einzelheiten muss immer bedacht werden, dass sinnliche Erfahrungen niemals rein physiologische Prozesse sind.

Es ist nicht das Auge, das sieht, und nicht das Ohr, das hört, sondern immer der ganze Mensch. Neben den hier beschriebenen organischen und physiologischen Vorgängen spielen also auch individuelle Gefühle und Empfindungen eine Rolle und beeinflussen den Wahrnehmungsprozess.

Auch die Trennung der einzelnen Sinnessysteme entspricht natürlich nicht der Realität – in Wirklichkeit arbeiten die Sinnessysteme zusammen, und meistens gewinnen wir Informationen aus unserer Umwelt gleichzeitig über mehrere Sinneskanäle.

Sinnessysteme arbeiten zusammen

Für das Verständnis der Bedeutung der Sinneswahrnehmung kann es jedoch sehr hilfreich sein, sich der Funktionsweise der einzelnen Prozesse bewusst zu werden, und auch in der Praxis ist es sinnvoll, *die* Sinne wieder stärker ins Bewusstsein kommen zu lassen, die im Alltag von dominanteren Systemen überdeckt werden.

Im Anschluss an die Beschreibung der Sinnesorgane und der Bedeutung der jeweiligen Wahrnehmungsform für die Entwicklung des Kindes werden Beispiele zur För-

Sinnessystem	Erkenntnistätigkeit	Sinnesorgan
1. Visuelles System	Sehen	Auge
2. Auditives System	Hören	Ohr
3. Taktiles System	Tasten, Berühren	Haut, Hand, Mund
4. Kinästhetisches System	Tiefensensibilität, Bewegungsempfindung	Sehnen, Muskeln, Gelenke
5. Vestibuläres System	Gleichgewichts-regulation	Vestibularapparat
6. Geruchssystem (olfaktorisches System)	Riechen	Nase, Nasenhöhle
7. Geschmackssystem (gustatorisches System)	Schmecken	Mund, Mundhöhle, Gaumen, Zunge

Abb. 11 Überblick über die Sinnessysteme und ihre Funktionen

Rezeptoren	Reiz	Gewonnene Information
Photorezeptoren, Stäbchen, Zapfen	Lichtwellen	Helligkeit, Farben, Form, Beurteilung und Lage von Objekten und Lebewesen
Mechanorezeptoren (Akustische Rezeptoren)	Schalldruckwellen	Tonhöhe, Klänge, Lautstärke, Geräusche, Sprache, Art und Ort der Schallereignisse
Berührungs- und Temperaturrezeptoren, Mechanorezeptoren	mechanische Reize, Hautberührung	Größe, Form, Konsistenz, Oberflächenbeschaffenheit von Objekten, Temperatur
Propriozeptoren	Muskelkontraktion, Eigenbewegung	Stellung der Körperteile zueinander, Muskelspannung, Kraft des eigenen Körpers, Gewicht von Objekten
Mechanorezeptoren	lineare Beschleunigung, Winkelbeschleunigung	Lage und Orientierung im Raum, Beschleunigung des eigenen Körpers, Gleichgewichtsempfinden
Chemorezeptoren, Riechzellen	gasförmige, chemische Verbindungen	Umweltkontrolle, Hygiene, Nahrungskontrolle
Chemorezeptoren, Mechanorezeptoren, Geschmacksknospen	chemische Reize	Nahrungskontrolle, Steuerung der Nahrungsaufnahme und -verarbeitung

derung der sinnlichen Wahrnehmung in Spielsituationen gegeben.

Reizüberflutung im Alltag

Auch bei diesen Spielangeboten steht jeweils ein Sinnesbereich im Vordergrund, obwohl dies kaum der realen Lebenssituation entspricht. So strömen auf ein Kind, das sich z. B. in einem Kaufhaus befindet, eine Vielzahl verschiedener Reize gleichzeitig ein: Es hört Musik und Durchsagen aus einem Lautsprecher – vermischt mit dem Stimmengewirr der es umgebenden Menschen –, es registriert die bunte ausgestellte Ware, nimmt die verschiedensten Düfte und Gerüche wahr, bewegt sich auf einer Rolltreppe stehend von einem Stockwert zum anderen, läuft Treppen hinunter usw. Selbst für einen Erwachsenen mit einem gut funktionierenden Gehirn ist ein solcher Besuch eines Kaufhauses äußerst anstrengend, weil plötzlich sehr viele Informationen gleichzeitig verarbeitet werden müssen. Für ein Kind ist es besonders schwer, aus der Vielzahl der Eindrücke das auszublenden, was im Augenblick unwichtig ist, und nur das durchzulassen, was für den Besuch des Kaufhauses Bedeutung hat (Suchen und Auswahl eines bestimmten Gegenstandes). Auch die Alltagswelt gleicht manchmal der Situation in einem Kaufhaus, und so kann es für Kinder (und oft auch für Erwachsene) sehr wohltuend und erleichternd sein, wenn sie nicht einer Vielzahl von Reizen gleichzeitig ausgeliefert sind, sondern sich auf einzelne Sinnessysteme konzentrieren können.

Aufmerksam werden auf die Dinge der Umwelt

Die »Sinnesschulung« beginnt mit Spielen, die Kinder befähigen, auf die Dinge der Umwelt, auf die anderen (Mitspieler) und sich selbst aufmerksam zu werden. Sie wird fortgesetzt durch Spielideen, bei denen einzelne Sinne ausgeschaltet werden, um deren Dominanz über andere Sinnesbereiche auszuschließen und diese dadurch überhaupt zur Geltung kommen zu lassen.

Die Sensibilität der Wahrnehmung lässt sich verbessern

Bei den Praxisbeispielen geht es also nicht darum, einzelne Sinne zu trainieren. Die Sinnesorgane selbst lassen sich gar nicht verändern, korrigieren, funktionsfähiger machen, wohl aber die Sensibilität der Wahrnehmung.

Es gilt also vielmehr, die Augen zu öffnen für das, was es zu sehen gibt, eingefahrene Muster der Wahrnehmung zu verlassen und die Umwelt in neuen Zusammenhängen zu betrachten.

Wahrnehmungsförderung sollte bei Kindern immer eingebunden sein in Spielsituationen. Sie sollte Bezüge zur Vorstellungswelt der Kinder haben und selbstständiges, aktives Handeln ermöglichen. So können sie quasi »spielend« Erfahrungen sammeln und die für eine harmonische, ganzheitliche Entwicklung notwendigen Fähigkeiten erwerben.

3.1. Das visuelle System – der Sehsinn

Mit den Augen kann man nicht nur sehen, sondern auch blinzeln, glotzen, zwinkern, schauen, spähen, betrachten, strahlen, jemanden durchbohren. »Mir geht ein Licht auf«, »ich blicke durch«, aber manchmal »kann ich auch den eigenen Augen nicht trauen«. Sehen ist mehr als das genaue Erfassen eines optischen Reizes. Das zeigt uns bereits unsere Umgangssprache, die eine Menge von Begriffen für das Sehen bereithält. So kann jeder Einsicht gewinnen und eine Ansicht haben, dabei sollte man umsichtig, zumindest aber vorsichtig sein, damit man überhaupt noch die Übersicht behält.

Sehen ist sicherlich der heute am häufigsten gebrauchte und benutzte aller Sinne, aber er ist nicht der elementarste und auch nicht der erste Sinn. Auch Blinde können sehen, manchmal sogar besser als Sehende, die oft vor lauter Bäumen den Wald nicht erkennen.

3.1.1. Die Bedeutung der visuellen Wahrnehmung

Die meisten Sinneseindrücke von der Umwelt erhalten wir über das visuelle System. Es wird auch als »*Gesichtssinn*« bezeichnet. Das Organ zur Aufnahme optischer Eindrücke aus der Umwelt ist das Auge. Es gehört zu den Sinnesorganen, die heute am meisten gebraucht werden, im Alltag wird es allerdings auch am häufigsten mit Sinneseindrücken überlastet. Im Folgenden soll zunächst auf die Bedeutung des visuellen Sinnessystems eingegangen werden. Anschließend werden einige Fakten zum Aufbau des Auges dargestellt, dann die Entwicklung der visuellen Wahrnehmung erläutert und schließlich Spielideen zur Förderung der visuellen Wahrnehmung bei Kindern vorgestellt.

Subjektive Sichtweisen

Sehen kann – das zeigen die oben angedeuteten Beispiele – nicht auf das Aufnehmen und Verarbeiten optischer Eindrücke reduziert werden. Was gesehen wird, ist immer abhängig vom Standpunkt des Betrachters, von der Einstellung des Sehenden. Auch objektive Sachverhalte werden von verschiedenen Betrachtern unterschiedlich gedeutet:

Die Pflastersteine auf einem Marktplatz werden von einem Stadtplaner (Wie teuer ist der Belag?), einem Künstler (Wie lassen sich die Steine gestalterisch zusammenfügen?), einem Unfallversicherer (Wie gefährlich ist der Belag bei Glätte?) und von Kindern (Welche Hüpfspiele lassen sich auf den Mustern der Steine spielen?) ganz unterschiedlich wahrgenommen und gedeutet.

Wir wählen aus, was für uns Bedeutung hat

In das Sehen gehen also Interessen, Gewohnheiten, berufliche Aufgaben und persönliche Sichtweisen ein. Das Sehen ist beeinflussbar: durch Stimmungen (Verliebte sehen die Welt durch eine »rosa Brille«), Launen, Eile, Hektik etc. Bei jedem Sehvorgang treffen wir Entscheidungen, übergehen vieles, greifen weniges heraus. Aus der Fülle von Reizen, die sich uns im Alltag bieten, wählen wir das aus, was uns jeweils wichtig ist, was für uns Bedeutung hat.

Gerade das Sehen ist heute im Alltag der Kinder einer Dauerbelastung ausgesetzt. Elektronische Medien, Computerspiele und Fernsehen führen zu einer Dauerberieselung mit optischen Reizen. Lichtreklamen, bunte Werbeschilder überschütten gerade das visuelle Wahrnehmungssystem und lassen den Kindern kaum mehr Zeit zum Hinschauen oder genauen Beobachten und Betrachten. Durch das Fernsehen sind sie eine schnelle Bildfolge gewöhnt, dazwischen haben sie kaum Zeit zum Verarbeiten der Eindrücke. Zwar erlernen Kinder, sich schnell auf den Wechsel von Inhalten und Bildszenen einzustellen, verloren geht ihnen jedoch die Fähigkeit, sich längere Zeit auf eine Sache zu konzentrieren, sich mit ihr auseinander zu setzen, um Zusammenhänge zu erkennen.

Sehen lernen bedeutet, die Augen zu öffnen für Nicht-Alltägliches, aber auch das Alltägliche wieder in neue Zusammenhängen zu betrachten, Details zu erkennen, die beim flüchtigen Hinsehen verloren gehen. Durch genaues Beobachten lernen wir auch, einen Sachverhalt zu durchschauen und besser zu verstehen.

Die Welt aus einer anderen Perspektive betrachten

Sehen ist ein gestaltender Erkenntnisvorgang (Seitz, 1995). Wir können aktiv mitbestimmen, was für uns interessant ist. Sehen lernen bedeutet auch, hinter die Dinge zu schauen, sich nicht mit Vordergründigem zufrieden zu geben, sondern den Dingen auf den Grund zu gehen.

3.1.2 Das Auge

Augapfel

Der Augapfel besteht aus 3 Schichten: die äußere Schutzschicht wird als Lederhaut (Sklera) bezeichnet; ein Teil der Lederhaut ist die durchsichtige und lichtdurchlässige Hornhaut (Kornea), die als Brechungsfläche wirkt. Die mittlere Schicht heißt Gefäßhaut, ist pigmentiert und gibt damit dem Auge die Farbe. Der sichtbare Teil dieser Schicht ist die so genannte Regenbogenhaut (Iris). Die dritte, lichtsensitive Schicht ist die Retina (Netzhaut).

Netzhaut

Pupille

Wenn das Licht auf das Auge fällt, durchdringt es zuerst die Hornhaut und die Pupille, eine Öffnung in der pigmentierten Regenbogenhaut. Die Pupille verändert ihre Größe, um die in das Auge eindringende Lichtmenge zu regulieren und damit die lichtempfindliche Netzhaut – die innerste Schicht des Auges – vor zu starkem Lichteinfall zu schützen. Die Pupille wird enger, wenn sich die Lichtintensität erhöht, und weiter, wenn die Lichtintensität absinkt.

Die Lichtstrahlen durchdringen die Linse und werden von dort auf die lichtempfindliche Oberfläche der Netzhaut projiziert. Bevor sie aber die Netzhaut erreichen, müssen die Lichtstrahlen die Glaskörperflüssigkeit durchdringen, mit der der Augapfel gefüllt ist. Das Licht aus der Mitte des Gesichtsfeldes trifft genau auf die Fovea (gelber Fleck, s. u.), die sich im Mittelpunkt der Netzhaut befindet und bei normalem Tageslicht der empfindsamste Teil des Auges ist. Auf der Netzhaut befinden sich die Sehzellen, die Helligkeits- und Farbeindrücke vermitteln. Alle Eindrücke, die wir mit den Augen aufnehmen, werden von dort über die Sehnerven zum Gehirn weitergeleitet (Zimbardo 2004, 121ff.).

Lichtempfindliche Rezeptorzellen

Optische Sinneseindrücke werden auf der Netzhaut von lichtempfindlichen Rezeptorzellen (Fotorezeptoren) aufgenommen. Dabei befinden sich zwei Typen von Rezeptor-

Zapfen

Stäbchen

zellen auf der Netzhaut: Die so genannten »*Zapfen*«, die für das Tagessehen verantwortlich sind (sie ermöglichen Farbunterscheidungen), und die so genannten »*Stäbchen*«, die für das Dämmerungssehen verantwortlich sind. Ist nur wenig Licht vorhanden (geringe Beleuchtung, Dämmerung), können die Zapfen nicht erregt werden, die Stäbchen reagieren hier jedoch sehr sensibel, unterscheiden aber keine Farben, sondern nur schwarz, weiß und grau (Zimbardo, 2004). Die Zapfen und Stäbchen befinden sich auf der untersten Schicht der Netzhaut, das heißt, dass das Licht durch verschiedene Schichten von Nervenfasern und Blutgefäßen dringen muss, bevor es diese Rezeptorzellen erreicht. Auf der Netzhaut gibt es mehr als 7 Millionen Zapfen. Am dichtesten liegen sie im Bereich der Fovea, sie verringern sich vom Zentrum her zur Peripherie der Netzhaut hin. Stäbchen befinden sich auf allen Teilen der Netzhaut, außer auf der Fovea (Zimbardo, 2004).

»Blinder Fleck«

Zwei Stellen fallen auf der Netzhaut besonders auf: der gelbe und der blinde Fleck. Der gelbe Fleck ist eine flache Einsenkung in der Mitte des Augenhintergrundes (Sehgrube oder Fovea centralis). Er ist die Stelle des schärfsten Sehens. Hier stehen die Sinneszellen besonders dicht, und

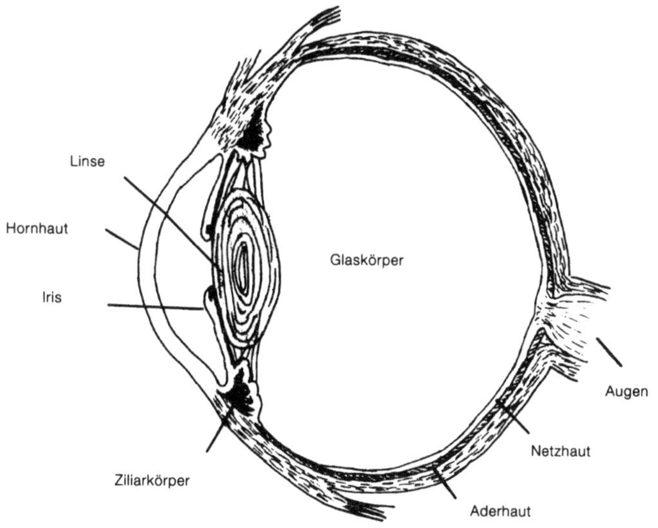

Abb. 12
Querschnitt durch das linke Auge

hierher fällt das Licht von den Dingen, die wir gerade fixieren. Der blinde Fleck liegt an der Austrittstelle des Sehnervs. Dort fehlen die Sinneszellen. Trotzdem haben wir kein »Loch« in unserem Gesichtsfeld, denn der fehlende Bildteil wird im Gehirn aus der Umgebung ergänzt.

Das Sehen erfordert eine Reihe von Aktivitäten:

Die bei bewegtem Auge, aber fixiertem Kopf sichtbaren Gegenstände bezeichnet man als innerhalb des »Blickfeldes« liegend. Alle Gegenstände, die man bei ruhendem Auge und bei fixiertem Kopf und Körper überblicken kann, liegen im »Gesichtsfeld«.

Sehschärfe

Als Sehschärfe wird die Fähigkeit bezeichnet, zwei nebeneinander liegende Punkte, die dem Auge in einem bestimmten Abstand dargeboten werden, gerade noch getrennt wahrzunehmen (Stadler/Seeger/Raeithel 1975, 88).

3.1.3. Aufgaben und Leistungen des visuellen Systems

Eine Aufgabe des visuellen Systems ist das fokale Sehen, das Erkennen von Farben und Formen und die Unterscheidung von Mustern.

Die zweite Aufgabe des Sehens ist uns weniger bewusst: die Vermittlung von Informationen über den Aufbau des Raumes um uns herum (seine Strukturierung, Untergrund, Wände, Hindernisse) und über bewegliche Objekte. Diese Informationen benötigen wir zur Orientierung im Raum, zur Kontrolle unserer Haltung sowie zur Steuerung unserer Fortbewegung und zur Lokalisation von Reizquellen.

Leistungen des Auges

Zimbardo (2004) unterscheidet folgende Leistungen des Auges:

- ➔ Helligkeitssehen/-unterscheidung,
- ➔ Dunkeladaption,
- ➔ Farbsehen,
- ➔ Muster erkennen und
- ➔ Formen erkennen.

Beispiel: **Dunkeladaption**
Ein Beispiel für die Leistung des Auges ist die so genannte Dunkeladaption: Das Auge passt sich an eine unterschiedliche Helligkeit erst nach und nach an. Die Dunkeladaption findet auf der Netzhaut statt. Damit wird das Auge auf das Sehen bei geringer Helligkeit vorbereitet. Betritt man zum Beispiel einen dunklen Raum, sieht man zunächst gar nichts. Wenn man sich ein paar Minuten in dem Raum aufgehalten hat, kann man jedoch Gegenstände und andere Menschen deutlich erkennen. Der Prozess der Dunkeladaption ist meistens erst nach einer halben Stunde, nachdem man aus dem hellen Licht in die Dunkelheit tritt, ganz abgeschlossen.

Experiment zur Anpassungsfähigkeit des Auges

Experiment: Halten Sie sich etwa 10 Minuten in einem dunklen Raum auf. Bedecken Sie danach ein Auge mit einer Hand. Nun machen Sie einige Minuten lang das Licht an und schalten es anschließend wieder aus. Betrachtet man nun das Zimmer durch das Auge, das die ganze Zeit geschlossen war, wird man die Gegenstände ziemlich klar erkennen können. Schaut man jedoch durch das andere Auge, das ein paar Sekunden dem Licht ausgesetzt war, erkennt man das Zimmer nur undeutlich (vgl. Zimbardo 2004).

Bereiche der visuellen Wahrnehmung
Die visuelle Wahrnehmung umfasst aus physiologischer Sicht die Fähigkeit, optische Reize aufzunehmen, zu unterscheiden, zu verarbeiten, einzuordnen und zu interpretieren und entsprechend darauf zu reagieren (z. B. einen Gegenstand sehen, ihn aus einer Fülle anderer Gegenstände heraus unterscheiden, nach ihm greifen). Folgende Bereiche der visuellen Wahrnehmungen können unterschieden werden (vgl. Frostig/Lockowandt 2000, Reinartz 2005):

1. Figur-Grund-Wahrnehmung

Wichtiges von Unwichtigem unterscheiden

Aus der Vielzahl der auf das Auge einströmenden Reize werden diejenigen ausgewählt, die unsere Aufmerksamkeit erregen. Die ausgewählten Reize bilden die Figur innerhalb unseres Wahrnehmungsfeldes, die anderen – unwichtigen Reize – bilden den nur ungenau wahrgenommenen Hintergrund. Das Zentrum der Aufmerksamkeit richtet sich auf die so genannte Figur. Bei Störungen, die sich äußerlich durch Unkonzentriertheit und Unaufmerksamkeit manifestieren, gelingt die Unterscheidung zwischen wesentlichen und unwesentlichen Reizen nicht.

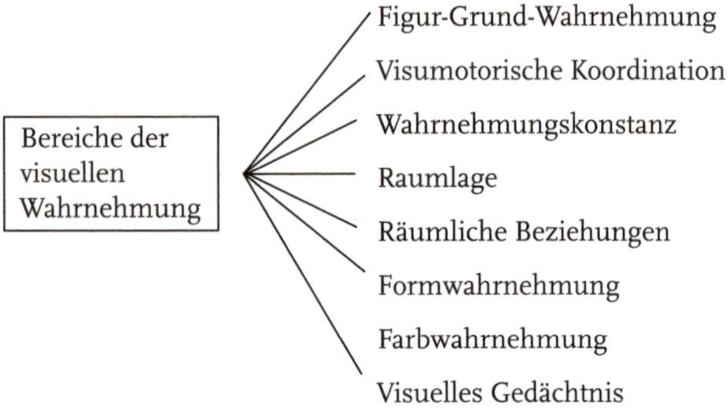

2. Visumotorische Koordination

Auge-Hand-Koordination

Hierbei handelt es sich um die Fähigkeit, das Sehen mit den Bewegungen des Körpers zu koordinieren. Wenn man z. B. nach einem Gegenstand greift, muss die Bewegung der Hände durch das Sehen gesteuert werden. Auch wenn man einen Ball prellt oder ihn auffängt, erfolgt eine Koordination von Augen und Motorik (Auge-Hand-Koordination). Beim Kind existiert zunächst noch ein Reflex: Sehen bzw. Berühren – Greifen. Jeder Gegenstand, der seine Handfläche berührt, wird von ihm festgehalten. Ab ca. 6–9 Monaten beginnt das Kind gezielt nach Dingen in seiner Umgebung zu greifen. Zunehmend (ca. ab dem 9.–12. Monat) wird der Mund nicht mehr das wichtigste Tastorgan, sondern die Augen, Hände und Finger werden mehr und mehr zur Erkundung der Dinge eingesetzt. Das Kind übt sich im gezielten Greifen. Die Auge-Hand-Koordination übt es z. B. beim Bauen mit Klötzen und Konstruktionsmaterial (Türme bauen mit Holzklötzen etc.). Das Zusammenwirken von Auge und Hand spielt auch in der Schule beim Schreiben, beim Basteln und handwerklichen Arbeiten, vor allem aber auch bei Bewegungsaktivitäten und beim Sport eine Rolle: Bälle werfen und auffangen, ein Tor treffen und in einen Basketballkorb zielen.

3. Wahrnehmungskonstanz

Bestimmte Eigenschaften eines Gegenstandes – wie z. B. seine Form, Größe oder Lage – können trotz unterschiedlicher Abbildungen auf der Netzhaut unverändert wahrgenommen werden. So kann ein Gegenstand als der gleiche aus verschiedenen Blickwinkeln und Abständen identifiziert werden.

4. Raumlage

Vor – hinter, seitlich

Diese Fähigkeit beinhaltet die Wahrnehmung der Raum-Lage-Beziehung eines Gegenstandes zum Wahrnehmenden selbst. Die wahrnehmende Person ist der Bezugspunkt, die Gegenstände werden hinter, vor, über und seitlich von ihr lokalisiert.

Auge-Hand Koordination

5. Räumliche Beziehungen

Die Lage von zwei oder mehr Gegenständen muss in Bezug auf sich selbst und in Bezug zueinander wahrgenommen werden. Ein Kind, das z. B. mit einer Bleischnur die Umrisse von geometrischen Figuren oder von Buchstaben oder Zahlen nachlegen will, muss die Lage der Schnur zu sich selbst ebenso wie die Lage der Schnurteile zueinander wahrnehmen. Diese Fähigkeit entwickelt sich aus der einfacheren Fähigkeit der Raumlage-Wahrnehmung.

6. Formwahrnehmung

Mithilfe dieser Fähigkeit werden Formen voneinander unterschieden, zu Paaren geordnet oder entsprechenden Abbildungen zugeordnet. Ein Kind kann bereits ab ca. 2 Jahren einfache geometrische Figuren in einem Kasten mit entsprechenden Lücken platzieren.

7. Farbwahrnehmung

Kleinkinder bevorzugen die Farben rot und gelb

Hierzu gehört die Fähigkeit, Farben zu sehen und unterscheiden zu können. Während des ersten Lebensjahres zieht das Kind Rot und Gelb anderen Farben vor. Auch sprachlich benennt es als erstes die Farben Rot und Gelb. Das Kind scheint den roten Anteil des Farbspektrums früher zu erkennen und den blauen und violetten erst zuletzt zu differenzieren. Mit 3–4 Jahren kann das Kind alle wichtigen Farben unterscheiden. Blau und Grün werden aber noch häufig verwechselt. Insgesamt haben Mädchen eine höhere Farbsensibilität als Jungen.

Bei Problemen in der Farbwahrnehmung liegt der Grund allerdings nicht immer im fehlenden Unterscheidungsvermögen, oft verwechselt ein Kind auch nur die Farbbezeichnung.

8. Visuelles Gedächtnis

Gesehenes erinnern zu können, ist eine Voraussetzung für die kognitive Entwicklung. Zahlen, Symbole, Buchstaben müssen richtig erkannt und zugeordnet werden (Kim-Spiele, Memory-Spiele).

3.1.4. Die Entwicklung der visuellen Wahrnehmung

Das visuelle Wahrnehmungssystem ist bereits einige Wochen vor der Geburt funktionsfähig, »obwohl einige der beteiligten Strukturen bei der Geburt noch unreif sind« (Kaufmann-Hayoz 1988, 196).

So ist z. B. bei der Geburt die Retina (Netzhaut) noch nicht voll ausgebildet. Daher nahm man an, dass das Neugeborene noch nicht scharf sehen kann und nur über eine geringe Kontrastempfindlichkeit verfügt. Experimente haben jedoch gezeigt, dass Säuglinge bereits zwischen verschiedenen Mustern unterscheiden können. Neugeborene bevorzugen gesichtsähnliche Muster. Werden ihnen verschiedene Schablonen vorgegeben, so fesseln die als Gesichter gestalteten Bilder die Aufmerksamkeit der Babys weitaus mehr als abstrakte Strichmuster.

Bereits kurz nach der Geburt können Säuglinge Objekte, die sich langsam bewegen, mit den Augen verfolgen. Ungeklärt ist, ob sie Farben genauso wahrnehmen wie Erwachsene. Ebenso ist unbekannt, in welchem Alter die Farbwahrnehmung zum ersten Mal auftritt.

Experimente zur Tiefenwahrnehmung

Experimente zur visuellen Wahrnehmung zeigten, dass auch bereits die Tiefenwahrnehmung beim Säugling funktioniert. Untersuchungen mit der so genannten »visuellen Klippe« (Glasplatte, unter der der Boden von 30 cm auf 1 m absinkt) zeigten, dass die meisten Babys sich nicht über die Klippe hinweg auf die andere Seite wagten. Manche tasteten die Glasfläche ab, um sich zu vergewissern, ob sie wirklich fest sei, bewegten sich aber doch in die andere Richtung. Anscheinend verließen sie sich mehr auf die visuellen Eindrücke als auf ihren Tastsinn (Zimbardo 2004).

3.1.5. Vom Einblick zum Durchblick – Sehspiele

Die folgenden Praxisbeispiele beinhalten Spielideen, die ein genaues Beobachten, Betrachten und Erkennen erfordern. Wenn wir genauer hinschauen, entdecken wir vieles, was uns sonst verschlossen bleibt – es eröffnen sich neue Perspektiven. Auch bei geschlossenen Augen können wir innere Bilder sehen, die wir vorher in der Realität gesehen haben.

Spiele zur Figur-Grund-Differenzierung helfen den Kindern z. B., sich auf wesentliche Reize zu konzentrieren, Wichtiges von Unwichtigem zu unterscheiden.

Können wir unseren Augen trauen?

Anhand von *optischen Täuschungen* kann die Abhängigkeit der Wahrnehmung vom eigenen Standpunkt, vom Kontext, in dem das Objekt gesehen wird, oder vom Lichteinfluss etc. erfahren werden.

Die meisten dieser »Seh-Spiele« sind eher für ältere Kinder (ab Grundschulalter) geeignet.

Die folgenden Abbildungen (entnommen aus verschiedenen Fachbüchern zur Wahrnehmungspsychologie) sprechen folgende Bereiche des Sehens an:

1. Mehrdeutige Darstellungen

Jede der Zeichnungen kann zwei verschiedene Darstellungen annehmen: Das erste Bild kann entweder eine alte oder eine junge Frau darstellen, die alte Frau erscheint im Profil, ihre Nase ist die Kinnpartie der jungen Frau. Hat man einmal eine Darstellung fixiert, fällt es schwer, die andere herauszuerkennen. Diese Zeichnung wurde erstmals 1915 publiziert unter dem Titel »Meine Frau und meine Schwiegermutter« (Abb. 13).

Das zweite Bild stellt entweder einen Indianer mit Kopfschmuck oder einen Eskimo dar (Abb. 14).

Abb. 13

Abb. 14

2. Größen und Formwahrnehmung

Die Fähigkeit, Formen und Größen wahrzunehmen, wird oft durch die Umgebung, in der sich die betrachteten Gegenstände befinden, beeinträchtigt.

So ist der kleine Kreis in der Abbildung tatsächlich rund, auch wenn der durch das Umfeld anders wahrgenommen wird (Abb. 15).

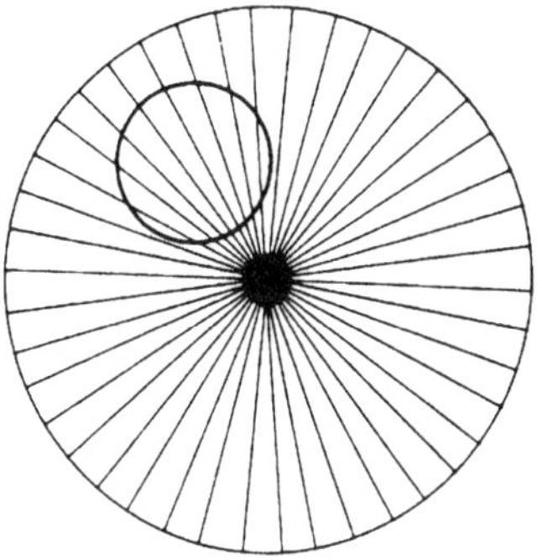

Abb. 15

3. Dreidimensionales Sehen

Durch die Tiefenwahrnehmung können wir Zeichnungen, die eigentlich zweidimensional dargestellt sind, in drei Dimensionen wahrnehmen. Sind in einem solchen dreidimensional erscheinenden Bild aber einzelne Elemente herausgenommen, wird unsere Wahrnehmung dieser Bildinhalte verzerrt. So scheinen die drei Personen auf dem Bild in einem Korridor zu stehen und verschieden groß zu sein. Sie sind aber in Wirklichkeit gleich groß (Abb. 16).

Abb. 16

4. Figur-Hintergrund-Unterscheidungen

Beim Betrachten eines Objektes nehmen wir eine Figur und einen Hintergrund wahr. Bei Abb. 17 kann der Hintergrund zum Objekt werden, sodass jeweils verschiedene Bildinhalte (zwei Gesichter im Profil oder eine Vase) erscheinen.

Abb. 17

5. »Unmögliche Darstellungen«

Bei diesen Abbildungen ist es unmöglich zu erkennen, wie ihr genauer Verlauf, was vorne, was hinten, oben oder unten ist. Diese Gegenstände kann es so in der Realität nicht geben, sodass das Gehirn ihnen auch keinen Sinn zuordnen kann (Abb. 18 und 19).

Abb. 18

Abb. 19

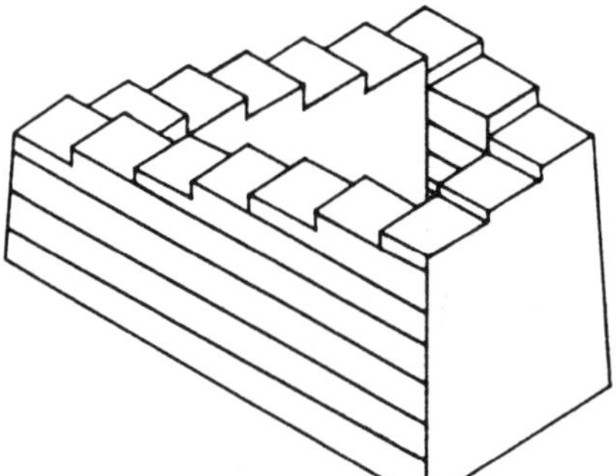

6. »Sehen, was nicht ist, und nicht sehen, was ist«
Bei diesen optischen Täuschungen wird auf dem Bild links Bewegung wahrgenommen. Die Vorstellung wird erzeugt durch Lichteinflüsse, die auf die Netzhaut treffen (Abb. 20).

Beim rechten Bild erscheinen an den Schnittstellen der weißen Linien zwischen den Quadraten kleine graue Punkte. Versucht man aber, einen dieser Punkte zu fixieren, verschwindet er wieder (Abb. 21).

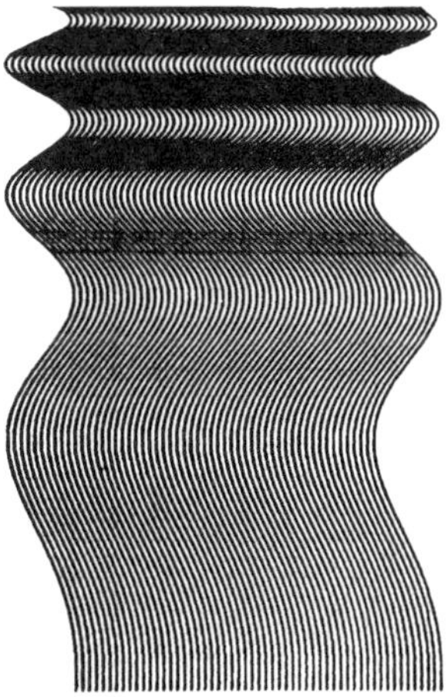

Abb. 20

Abb. 21

Auch jüngere Kinder (Kindergartenalter) finden einige der optischen Täuschungen bereits reizvoll (z. B. das Gesicht-Vase-Bild), allerdings ist es für sie erst einmal wichtig, die Figur-Grund-Wahrnehmung z. B. in Spielsituationen zu üben:

Sehrätsel

»Ich sehe was, was du nicht siehst«: Die Erzieherin/Lehrerin beschreibt einen im Raum befindlichen Gegenstand (er muss sichtbar sein): »Ich sehe was, was ihr nicht seht, und das ist blau.« Wer zuerst herausgefunden hat, um welchen Gegenstand es sich handelt, darf beim nächsten Spieldurchgang einen neuen Gegenstand auswählen (Merkmale der Beschreibung können Farben, Formen, Größen der Gegenstände sein).

➔ Aus einer Knopfschachtel, gefüllt mit lauter runden Knöpfen, soll ein eckiger herausgesucht werden.

- Aus einem großen Bild kleinere Gegenstände herausfinden (näher bezeichnen: »kleiner gelber Gegenstand«).
- zwei oder drei Formen überlappen sich und sollen mit verschiedenfarbigen Stiften nachgezeichnet werden (Abb. 22). Eine Figur wird Teil der anderen. Eventuell die Formen einzeln mit einem Bleiband (Gardinenband) nachlegen lassen.

Abb. 22

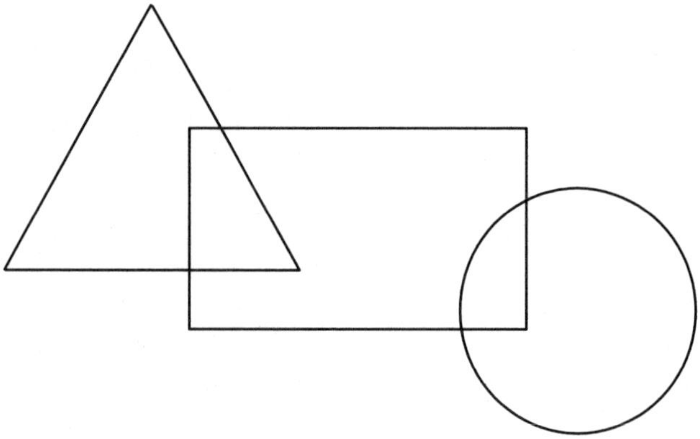

Genaues Hinsehen, Unterschiede finden, sich das Gesehene merken, all dies fördert das visuelle Gedächtnis. Gute Übungsmöglichkeiten für diese Fähigkeiten stellen die so genannten »Kim-Spiele« dar.

Spielideen zur Formwahrnehmung

- »Viereck«-Sammeln, »Rund«-Sammeln (eckige und runde Bierdeckel sortieren, welche runden und eckigen Dinge lassen sich noch im Raum finden?).
- Mit den runden und eckigen Bierdeckeln Muster legen, die den runden und eckigen Formen ähneln (Vierecke, Kreise).
- Auf dem Boden verschiedene Formen mit Bleiband legen (Kreise, Dreiecke, Vierecke). Mit Kreide malen: Hüpfkästchen.

Spielideen zur Farbwahrnehmung

- »Familie Blaustrumpf, Familie Rotschild, Familie Grünschnabel ...«: Im Raum verteilt liegen verschiedenfarbige Gegenstände (Sandsäckchen, bemalte Bierdeckel,

Bälle, Teppichfliesen, Tücher etc.). Jede »Familie« (mehrere Kinder, die gemeinsam ein oder zwei Rollbretter haben) geht auf »Sachensuche«. Dabei sollen immer nur Gegenstände der jeweiligen Familienfarbe gesammelt und mit dem Rollbrett in ihr Haus (Raumecke) transportiert werden.

- ➔ Farben mischen und sehen, welche neue Farbe daraus entsteht (je mehr Farben, umso dunkler wird die Mischfarbe). Wenn zwei Farben wie Rot und Gelb gemischt werden, welche Farbe »gewinnt«, welche ist stärker?

Kim Spiele

Wer war »Kim«?

Kim-Spiele sind benannt nach einer Romanfigur des englischen Schriftstellers Rudyard Kipling (1836–1936):

Kim – ein elternloser Straßenjunge in Indien – bereist mit seinem buddhistischen Lehrmeister die heiligen Stätten des Landes. Bei einem Händler trifft er auf einen Hindu-Jungen, der jünger ist als er selbst, aber die Fähigkeit besitzt, sich alles Gesehene sofort zu merken und wiederzugeben. Kim und der Hindu-Junge spielen das »Juwelenspiel«: Eine Schale voller Edelsteine kann der Hindu-Junge – nach nur einmaligem Hinsehen – auf Anhieb beschreiben: Anzahl, Aussehen, Besonderheiten, Gewicht, alles hat er auf einen Blick erfasst und kann es genau wiedergeben. Nicht nur Gesehenes kann sich der Hindu-Junge merken. Eine Schale mit Alltagsgegenständen – Schere, Rasiermesser etc. – befühlt er einmal unter einem Tuch, und schon kann er die Dinge aufzählen.

»Wie wird's gemacht?« fragt Kim erstaunt. »Indem man es so oft macht, bis man es gut macht, es ist wert, dass man es lernt«, antwortet der Händler. Von diesem Ereignis an versucht auch Kim, sich in dieser Fähigkeit zu üben (Kipling 1999).

Zu dieser Gruppe der »*Kim-Spiele*« zählen z. B. folgende Variationen:

Mein Stein

Kim-Spiele

Bei einem Spaziergang sammeln die Kinder Steine (vorzugsweise am Fluss, am Strand, auf einem steinigen Weg). Jedes Kind sucht sich einen Lieblingsstein aus. Es soll ihn genau betrachten und sich einzuprägen versuchen, was ihn von anderen Steinen unterscheidet. Ist der Stein glatt oder rau und kantig, ist er eher rund oder flach, wie könnte man seine Farbe bezeichnen?

Alle Steine werden auf den Tisch (oder auf ein am Boden ausgebreitetes Tuch) gelegt; jedes Kind soll nun seinen Stein aus allen herausfinden.

Dirigentenraten

Eine Gruppe von Kindern bildet ein Orchester. Während ein oder zwei Teilnehmer kurz den Raum verlassen, vereinbart die Gruppe, wer den Dirigenten des Orchesters spielt. Dieser hat die Aufgabe, pantomimisch vorzugeben, welches Instrument gerade »gespielt«, d. h. pantomimisch dargestellt wird (die Instrumente werden häufig gewechselt). Das Orchester übernimmt dann jeweils das neue Instrument. Der draußen Wartende wird nun hereingerufen und soll erraten, wer aus der Gruppe der Dirigent ist.

Visuelles Gedächtnis

Drei oder vier Gegenstände werden unter einem Tuch versteckt. Das Tuch wird für kurze Zeit weggezogen, und die Kinder sollen sich die Gegenstände einprägen, die unter dem Tuch gelegen haben. Welche Dinge waren es?

Detektivauge

Jeweils zwei Kinder stehen sich gegenüber und schauen sich genau an: Was hat der Partner, die Partnerin an, an welcher Hand trägt er einen Ring, eine Uhr? Wie ist die Frisur? Dann drehen sich beide um und verändern drei Teile an ihrem Äußeren (stecken den Ring an die andere Hand, ziehen einen Pulloverärmel hoch etc.) Nun drehen sich beide wieder zueinander und versuchen herauszufinden, was sich am Partner verändert hat ...

Wie viele Brillen, wie viele weiße Turnschuhe ...?

(für ältere Kinder)

Die Gruppe stellt sich zu einem Kreis auf und schaut sich genau an. Dann sollen alle die Augen schließen. Der Spielleiter fragt: »Wie viele Personen im Kreis tragen eine Brille, wie viele weiße Turnschuhe gibt es, wie viel Leute haben ein blaues T-Shirt an?« Mit geschlossenen Augen sollen die Teilnehmer die Fragen beantworten. Für jede richtige Antwort erhalten sie einen Bierdeckel o. Ä.

Was hat sich verändert?
Mehrere Gegenstände werden in einer bestimmten Anordnung auf den Tisch gelegt. Ein Kind soll sich die Sachen genau anschauen und sich merken, wie sie angeordnet sind. Dann muss es sich umdrehen, während die Spielleiterin zwei Sachen tauscht, einen Gegenstand wegnimmt, einen anderen dazulegt o. Ä. Das Kind darf sich nun wieder umdrehen und soll herausfinden, welche Veränderungen vorgenommen worden sind. Hat es die Lösung gefunden, darf es beim nächsten Spieldurchgang die Veränderungen vornehmen. (Auch Anordnung der Gegenstände verändern: z. B. Ball *auf* einer Frisbeescheibe *neben* die Scheibe legen).

Wer oder was fehlt?
Alle Kinder sitzen im Kreis, nur eines geht nach draußen. Zwei Kinder tauschen miteinander den Platz (oder ein Kind versteckt sich im Raum). Wer fehlt, wer hat den Platz getauscht? Was ist anders? (Kleidungsstücke tauschen)

Vorher angeben, wie viele Gegenstände getauscht werden, auf was geachtet werden soll.

Spielideen zur Auge-Hand-Koordination:
➔ Mehrere Blechdosen auf einer erhöhten Unterlage (z. B. Mauer im Freien, Regal etc.) aufstellen. Mit einem Tennisball die Dosen abzutreffen versuchen.

➔ Eine Waschmitteltonne oder einen Papierkorb in die Mitte des Raumes stellen. Mit Tennis- oder Schaumstoffbällen hineinzutreffen versuchen.
➔ Mit Sandsäckchen (oder Bierdeckeln) in eine entfernt stehende Waschwanne (Plastikwanne) zu treffen versuchen. Jedes Kind markiert mit einem Bierdeckel, von wo aus es getroffen hat. Beim nächsten Versuch kann es den Bierdeckel etwas weiter zurücklegen.
➔ Mit Murmeln in ein Loch am Boden zu treffen versuchen (auch wie beim richtigen Murmelspiel eine größere Murmel zu treffen versuchen). Dabei die kleinere Murmel mit den Fingern anschnipsen oder sie über den Boden rollen.

- Einen Reifen an der Decke aufhängen und mit Bällen hindurchzuwerfen versuchen.
- An eine Wand Kreise von verschiedenen Durchmessern oder andere Symbole malen, sie dienen als Zielscheibe beim Werfen mit Bällen (Grundsatz: kleine Kinder: große Zielflächen, große Kinder: kleine Zielflächen).
- Ein Stuhl wird mit der Sitzfläche auf einen anderen gestellt, sodass seine vier Beine nach oben ragen. Über die Stuhlbeine können nun Tennisringe geworfen werden (Entfernung selbst wählen).
- »Schwebender Becher«: Einen Jogurtbecher umgedreht auf ein Heulrohr setzen. In das Rohr blasen und den hochfliegenden Becher aufzufangen versuchen.

Zublinzeln

Die Hälfte der Gruppe sitzt in einem Stuhlkreis, die andere Hälfte steht jeweils hinter einem Stuhl. Ein Stuhl bleibt frei. Das dahinterstehende Kind blinzelt mit einem Auge einem der sitzenden zu. Dieses läuft nun schnell zu dem freien Stuhl und setzt sich. Nun ist das Kind an der Reihe, dessen Stuhl leer ist, und blinzelt sich einen neuen Partner zu.

Variation: Wenn die Kinder das »Blinzeln« beherrschen und auch die Signale entsprechend deuten, kann die Spielidee erweitert werden. Wenn das hinter dem Stuhl stehende Kind bemerkt, dass sein Partner angeblinzelt wird, darf es ihn schnell festhalten (ansonsten müssen seine Arme aber hinter dem Rücken gehalten werden).

Variation für ältere Kinder (auch Jugendliche und Erwachsene):

Mörderspiel

Ein Mitspieler wird durch Los zum »Mörder« bestimmt (auf eines der Lose ist ein Kreuz gezeichnet, keiner darf wissen, wer dieses Los gezogen hat). Der Mörder kann mit seinem Blick töten: Wenn er jemandem zublinzelt und dieser ihn anschaut, fällt der »Ermordete« mit einem Schrei um. Die noch »lebenden« Mitspieler dürfen einen Verdacht äußern, wenn sie glauben, den Mörder erkannt zu haben. Wenn 3 Mitspieler äußern »Ich habe einen Verdacht«, dürfen sie den Verdächtigen nennen. Stimmt ihre Vermutung, hat der Mörder verloren; stimmt sie nicht, müssen sie aus dem Spiel ausscheiden. Der Mörder hat gewonnen, wenn er alle »umgebracht« hat.

Experimente mit Geräten zum Verkleinern und Vergrößern der Dinge

Die Welt heranholen oder weiter von sich entfernen:

→ Mit Lupen auf Entdeckungsreisen gehen. Draußen Blätter und Gräser beobachten, Marienkäfer betrachten.

→ Vergrößerungsgläser und Mikroskope (evtl. ausleihen). Ein Spaziergang mit einem Fernglas machen. »Sehrohre« kann man auch selber herstellen: Papprollen verschiedener Länge und mit unterschiedlichem Durchmesser (von Haushaltspapier oder Geschenkpapier) werden als Fernrohre benutzt; durch sie sieht man nur einen Ausschnitt der Welt, diesen nimmt man aber ganz besonders genau wahr.

Spiegelbilder

Im Spiegel kann man sich selbst entdecken, sich von verschiedenen Seiten betrachten, experimentieren mit Mimik und Gestik, verschiedene Ausdrucksformen ausprobieren und sich schließlich auch mit anderen vergleichen. Durch den Spiegel erhält man aber auch hinten Augen: man kann den Raum hinter sich sehen, ohne sich umzudrehen. Man kann sogar mit um die Ecke gucken.

Das eigene »Ich« im Spiegel entdecken

Spiegel lassen das Kind sein Ich, seinen Körper entdecken: es sieht sich selbst, beschäftigt sich mit sich selbst, macht vor dem Spiegel Faxen, schneidet Grimassen, lernt sich in seiner vielfältigen Ausdrucksfähigkeit kennen. Spiegelbilder tragen dazu bei, dass ein Kind ein Bild von sich selbst entwickelt, eine Vorstellung von seinem Selbst erhält. Im ersten Lebensjahr tasten Kinder ihr Bild im Spiegel ab, sie schauen sich zwar an, versuchen aber, den visuellen Eindruck durch taktile Erfahrungen zu begleiten, klopfen und patschen gegen die Scheibe, geben sich selbst ein Küsschen, lecken an der Glasfläche.

In einer Ecke angebrachte zweiseitige (rechtwinklige) Spiegel vervielfachen und verfremden das Spiegelbild.

Bewegliche Spiegel (Handspiegel, Klapp- und Kippspiegel, Vergrößerungsspiegel) ermöglichen Spiele wie z. B. Licht einfangen und weiterleiten.

Spiele mit dem Spiegelbild

- Sein eigenes Spiegelbild in einem spiegelblanken Topf, einer Flasche, einer Glaskugel betrachten. Sich über die durch den Spiegel verursachten Verzerrungen amüsieren.
- eine Glaskugel stellt das eigene Spiegelbild auf den Kopf.
- Ballspielen mit dem eigenen Spiegelbild (eine Wand mit Spiegelfolie bekleiden): einen Luftballon gegen die Wand werfen, der »Partner« spielt sofort zurück.
- Einen großen Spiegel auf den Boden legen: So kann man sich unter den Rock gucken.
- Was sehe ich im Spiegel, was ich in der Wirklichkeit nicht sehen kann?

Zerrspiegel

Früher gab es solche Spiegel auf der Kirmes und auf dem Jahrmarkt: Der Betrachter wird auf unterschiedliche Weise »wiedergespiegelt«: mal ist er dick, mal ist er dünn, mal ist er groß, mal klein.

Zerrspiegel können selbst hergestellt werden: Auf ein großes Stück Pappe – mindestens in der Körpergröße der Kinder – wird Spiegelfolie aufgeklebt. Dieser Spiegel kann in verschiedene Richtungen gebogen werden, sodass man mal größer, mal kleiner, mal dicker und mal dünner darin erscheint. Die Kinder raten, wer nun im Spiegel erscheint, Herr Dick oder Herr Dünn, Frau Groß oder Frau Klein?

Spiegelbilder darstellen

Die Erzieherin/Lehrerin steht vor der Gruppe und gibt (evtl. zu Musik) Bewegungen vor, die die Kinder möglichst genau nachahmen sollen. Die Kinder stellen ihr Spiegelbild dar. Anfangs sind die Bewegungen noch auf einzelne Körperteile beschränkt (Arme heben, senken) und werden sehr langsam ausgeführt, später werden die Bewegungen mehrerer Körperteile miteinander kombiniert (z. B. Hampelmannsprung).

Das Spiegelbild kann auch als Partneraufgabe ausgeführt werden: vor dem Spiegel stehen und »Morgenwäsche« halten, »sich anziehen« oder eine Modenschau veranstalten.

Begehbares Kaleidoskop

Drei große Pappwände werden mit Spiegelfolie beklebt und wie ein Zelt aufgestellt.

Mein Auge

Wie sehen die Augen aus, welche Farbe haben sie, und wo erkennt man die Augenfarbe? Welche Teile gehören alle zum Auge (Augapfel, Augenlid, Wimpern und Augenbrauen), und welche Funktionen haben sie (scharf sehen, Schutz etc.)?

Mit einem Vergrößerungsspiegel können die Kinder die eigenen, mit einer Lupe die Augen der anderen betrachten.

Im Anschluss daran können die Kinder auch ein Auge mit Wasserfarben malen, das eigene – im Spiegel betrachtet – oder das Auge des Freundes, mit der richtigen Augenfarbe und den Besonderheiten der Wimpern und Augenbrauen. Um die Augenfarbe herauszubekommen, müssen die Farben im Farbkasten gemischt werden, denn braun ist nicht gleich braun, und blau ist nicht gleich blau. Die Kinder werden feststellen, dass kein Auge genau wie das andere aussieht, weder in Wirklichkeit noch als gemaltes Bild. Anschließend werden alle »Augenbilder« an die Wand gehängt und mit den Namen derer versehen, die sie gemalt haben und deren Augen sie darstellen.

Die Welt steht Kopf

Kopfüber an einer Stange hängend (Reckstange, schrägstehende Leiter o. Ä.) sieht man die Welt aus einer anderen Perspektive. Wer steht nun verkehrt herum: man selbst oder die Welt?

Aufgabe: Zwei bis drei Meter von der Reckstange entfernt steht ein Eimer (oder Waschkorb). Kopfüber an der Reckstange hängend soll nun versucht werden, Tennisbälle in den Behälter zu werfen.

3.2. Das auditive System – der Hörsinn

»Ich bin ganz Ohr«, sagt der eine, während ein anderer »die Ohren auf Durchzug stellt«. Wer die Flöhe husten hört, der weiß, dass ihn bald etwas Gehöriges erwartet.

Die Sprache hat viele Begriffe für das Hören und verwendet sie oft im übertragenen Sinne. So stammt der »Ohrwurm« nicht aus der Familie der Kriechtiere, und jemand der »Bohnen auf den Ohren« hat, ist nicht unbedingt ein Gemüseliebhaber.

»Das Kind hört nicht«, sagt man und meint damit, dass das Kind nicht folgt, nicht gehorcht – vielleicht, weil es sich nur so Gehör verschaffen kann?

3.2.1. Die Bedeutung der auditiven Wahrnehmung

Die Ohren können nicht »dichtmachen«

Im Unterschied zu den Augen können sich die Ohren nicht zurückziehen, nicht einfach »dichtmachen«, um sich vor der Reizüberflutung zu schützen. Sie sind Lärm und Geräuschen, Krach und Stimmengewirr, aber auch musikalischer Dauerberieselung schutzlos ausgeliefert.

Über das auditive System können wir Töne, Geräusche und Klänge wahrnehmen bzw. unterschieden. Das auditive System hat außerdem eine grundlegende Funktion für die menschliche Kommunikation: Es ist die Voraussetzung für die Entwicklung der Sprache. Schließlich kann durch das Gehör die Entfernung und die Richtung von Reizen, d. h. von Schallquellen wahrgenommen werden. Die akustische Raumerkennung ermöglicht uns, eine Entfernung abzuschätzen. So wissen wir, ob ein Mensch, der mit uns spricht, weit von uns entfernt ist oder neben uns steht. Für die akustische Richtungswahrnehmung sind beide Ohren nötig, wobei der Zeitunterschied des ankommenden Schalls und der Schallschatten auf der abgewendeten Kopfseite wichtig sind (Faller 2004).

Auch die Bewegung von Schallquellen – z. B. vorbeifahrende Autos – wird durch das Gehör ohne die visuelle Kontrolle bewusst.

Das Ohr ist eines der kompliziertesten Organe des Körpers. Es kann einerseits ganz leise Töne registrieren, andererseits sehr starken Schallwellen (z. B. Presslufthammer oder Rockkonzert) widerstehen. Außerdem kann es selektiv wahrnehmen, also z. B. aus einem Chor eine einzelne Stimme heraushören.

Akustische Reize – auditive Wahrnehmung

Bei der Beschreibung des visuellen Systems wurde unterschieden zwischen den Begriffen *visuell* und *optisch*. Ebenso müssen im Zusammenhang mit der auditiven Wahrnehmung die Begriffe *auditiv* und *akustisch* differenziert verwendet werden. »Akustik« (= die Lehre vom Schall oder von den Schallverhältnissen) und die davon abgeleiteten Worten meinen den physikalischen Reiz. Die anatomischen Grundlagen des Hörvorgangs und die physiologischen Prozesse hingegen werden als auditiv bezeichnet. Man spricht also von auditiver und visueller Wahrnehmung, aber von akustischen und optischen Reizen.

3.2.2. Das Ohr

Töne

Ähnlich wie das Auge vermittelt auch das Ohr Informationen, deren Ursache wir in der Umwelt lokalisieren. Es gehört wie das Auge zu den Exterorezeptoren, d. h., es nimmt Eindrücke aus der Umwelt auf. *Töne,* die wir hören, kommen durch Schallwellen, d. h. regelmäßig wiederkehrende Luftdruckschwankungen bestimmter Häufigkeit (Frequenz) zu Stande. Mit steigender Frequenz nimmt die Tonhöhe zu. Töne gleicher Frequenz, die sich durch die Wellenhöhe ihrer Schwingungen unterscheiden, haben verschiedene Reizstärken.

Klänge

Klänge sind Tongemische, die durch zusammengesetzte regelmäßige Druckschwankungen von bestimmten Frequenzen hervorgerufen werden. Ihr Zusammenklang (Konsonanz) wird vom Ohr als Einheit und damit auch meist als angenehm empfunden.

Geräusche

Geräusche entstehen durch eine Vielzahl nicht regelmäßig zusammenklingender Töne verschiedener Frequenz und Höhe (Faller, 2004).

Bevor Schallwellen zum Hörzentrum des Gehirns geleitet werden können, müssen die Schallwellen die drei Hauptabschnitte des Ohrs passieren: Außen-, Mittel- und Innenohr (Kochlea), wo sie dann endgültig in Impulse umgeformt werden (Zimbardo 2004).

Nicht das Ohr hört ...

Aufbau des Ohres

Innenohr

Das Ohr enthält zwei Sinnesorgane, die verschiedene Funktionen haben, jedoch einen Komplex – das Innenohr – bilden. Der eine Teil des Innenohrs, die Schnecke (Kochlea), ist das eigentliche Gehörorgan und reagiert auf mechanische Reize. Der andere Teil, zu dem das kleine und das große Vorhofsäckchen (Sacculus, Utriculus) und die Bogengänge gehören, registriert die Lageveränderung des Körpers, insbesondere die des Kopfes. Es stellt das Gleichgewichtsorgan dar (vgl. Kap. 3.5.).

... sondern der ganze Mensch

Das Innenohr wird wegen seiner verwirrenden Vielgestalt auch als *Labyrinth* bezeichnet.

Das Ohr besteht aus drei Abschnitten:

1. dem äußeren Ohr mit Ohrmuschel, Gehörgang und Trommelfell;

2. dem mit Luft gefüllten Mittelohr (Paukenhöhle), welches durch die Brücke der Gehörknöchelchen den Schall zum Hören weiterleitet;

3. dem flüssigkeitsgefüllten Innenohr mit der Schnecke, dem eigentlichen Hörorgan.

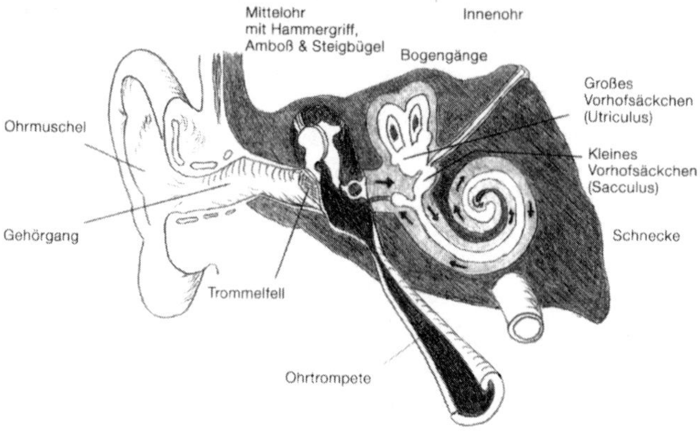

Abb. 23
Querschnitt durch das Ohr

Weg eines akustischen Reizes zum Gehirn

Das äußere und mittlere Ohr sind als reizableitender Apparat zu betrachten. Das äußere Ohr fängt den Schall mit der Ohrmuschel auf und leitet ihn über den Gehörgang an das Trommelfell. Das Trommelfell ist ein feines Häutchen, das den äußeren Gehörgang abschließt. An ihm setzen die Gehörknöchelchen (Hammer, Amboss und Steigbügel) an und überbrücken so den Raum zwischen äußerem Ohr (Trommelfell) und Innenohr. Wenn ein Schall ertönt, gerät zunächst die Luft und dann das Trommelfell in Schwingungen. Diese Schwingungen werden über die Kette der Gehörknöchelchen an das Innenohr weitergeleitet. Hier befindet sich das Zentrum des Hörorgans – die Schnecke. Auf ihr sind die Sinneszellen angeordnet. Sie werden als »Haarzellen« bezeichnet und leiten die wahrgenommenen akustischen Reize über den Hörnerv zu den entsprechenden Zentren im Gehirn weiter.

3.2.3. Bereiche der auditiven Wahrnehmung

Die auditive Wahrnehmungsfähigkeit eines Kindes ist sowohl von seiner Aufmerksamkeit als auch von der Fähigkeit, Reize zu unterscheiden, zu lokalisieren und in einen Bedeutungszusammenhang (z. B. Sprachverständnis) zu bringen, abhängig. Im Einzelnen können folgende Bereiche der auditiven Wahrnehmung unterschieden werden (vgl. hierzu auch Eggert/Peter 2005, Breitenbach 1995):

Bereiche der auditiven Wahrnehmung

- Auditive Aufmerksamkeit
- Auditive Figur-Grund-Wahrnehmung
- Auditive Lokalisation
- Auditive Diskrimination
- Auditive Merkfähigkeit
- Verstehen des Sinnbezuges

1. Auditive Aufmerksamkeit

Ein Kind muss sich auf Gehörtes konzentrieren, auf auditive Reize einstellen können.

Konzentration auf ein bestimmtes Geräusch

2. Auditive Figur-Grund-Wahrnehmung

Ähnlich wie bei der visuellen Wahrnehmung wird hierunter die Fähigkeit verstanden, Reize aus ihrem Hintergrund – den Nebengeräuschen – herauszulösen. Trotz des Lärms im Gruppenraum sollte ein Kind z. B. der Stimme der Erzieherin, die eine Geschichte vorliest, lauschen oder im Straßenverkehr ein hupendes Auto wahrnehmen können.

3. Auditive Lokalisation

Hierzu gehört, dass ein Kind eine Geräuschquelle räumlich einordnen, die Richtung, aus der ein Geräusch oder eine Stimme kommt, erkennen kann.

4. Auditive Diskrimination

Ähnlichkeiten und Unterschiede zwischen Lauten und Tönen müssen erkannt und richtig zugeordnet werden können. Voraussetzung für den Erwerb der Sprache ist z. B., ähnlich klingende Buchstaben wie d und t oder g und k voneinander unterscheiden zu können.

Laute unterscheiden

5. Auditive Merkfähigkeit

Gehörtes muss gespeichert werden, um wiedererkannt und wiederabgerufen werden zu können. So ist die Fähigkeit, die Reihenfolge von Buchstaben und Worten zu behalten, Grundlage des Lesenlernens.

6. Verstehen des Sinnbezugs

Gehörtes inhaltlich einordnen

Auditives Wahrnehmen umfasst auch das Verstehen und inhaltliche Zuordnen des Gehörten. Das Hupen des Autos im Straßenverkehr muss nicht nur herausgehört, sondern auch in seiner Bedeutung erkannt werden. Wörter und Buchstaben müssen nicht nur behalten, sondern auch in einen Sinnzusammenhang gebracht werden (z. B. die unterschiedliche Bedeutung von zwei Wörtern mit ähnlichem Klangbild: Kirche – Kirsche).

3.2.4. Die Entwicklung der auditiven Wahrnehmung

Bereits im Mutterleib kann ein Kind Geräusche wahrnehmen.

Der Herzschlag der Mutter, ihr Atemrhythmus, Verdauungsgeräusche – alles wird sehr differenziert von dem Embryo bereits ab dem 5. Schwangerschaftsmonat wahrgenommen. Die Stimme der Mutter, aber auch Geräusche, Musik und Lärm aus der Umgebung werden registriert.

Manche Forscher bezweifeln zwar, dass der Fötus trotz des in seinen Ohren befindlichen Fruchtwassers hören kann. Allerdings konnte eindeutig festgestellt werden, dass er mit einer Erhöhung der Pulsfrequenz reagiert, wenn in der Nähe der mütterlichen Bauchdecke ein Ton erklingt. (Tiefere Töne rufen angenehmere Empfindungen hervor als höhere Töne.)

Bei der Geburt ist das Gehör gut entwickelt. Das Neugeborene kann beim Erklingen von Tönen Unterschiede in deren Dauer und Intensität wahrnehmen, außerdem wird es durch kontinuierliche oder rhythmische Klänge beruhigt. Schon kurz nach der Geburt ist der Säugling in der Lage, Töne zu lokalisieren.

3.2.5. Von Krachmachern und Ohrwürmern – Hörspiele

Zuhören und Erzählen – das sind Fähigkeiten, die das Hören und Sprechen in einen kommunikativen Zusammenhang stellen. Es muss jemand da sein, dem wir erzählen.

Zuhören, hinhören, lauschen – oft haben Kinder hierbei Schwierigkeiten, da ihre Fähigkeit zur zielgerichteten auditiven Wahrnehmung durch die Vielfalt der akustischen Reize, denen sie im Alltag ausgesetzt sind, beeinträchtigt wird.

Die Förderung der auditiven Wahrnehmung beginnt mit Spielen, die ein intensives »Hinhören« erfordern. Besonders geeignet hierfür sind Spielsituationen, die einen hohen Grad von Spannung haben, in denen die Kinder von sich aus leise werden, um die gestellte Aufgabe erfüllen, ein Problem lösen zu können (z. B. eine Geräuschquelle, die irgendwo im Raum versteckt ist, zu finden etc.).

Intensive Hörerlebnisse sind vor allem dann möglich, wenn das Sehen – der dominanteste aller Sinne – ausgeschaltet wird. Mit geschlossenen Augen gelingt die Konzentration auf das Gehörte sehr viel besser, als wenn die Augen verwirrende zusätzliche Informationen liefern.

Hören gelingt besser, wenn das Sehen ausgeschaltet wird

Spiele aus dem Bereich der auditiven Wahrnehmung gelingen nur, wenn die Kinder auch Interesse daran haben. Zuhören kann man nicht erzwingen (sonst werden die Ohren tatsächlich auf Durchzug gestellt), aber Erzieherinnen, Lehrer und Lehrerinnen können konzentriertes Zuhören durch spannende Ideen wecken. Sie können auch bewusst auf Hörereignisse achten, auf sie aufmerksam machen, aber nicht alle Spielsituationen sind planbar, manche müssen sich einfach ereignen.

Technische Medien wie ein Kassettenrekorder können bei manchen Spielen eine gute Hilfe darstellen, um Stimmen, Geräusche, Klänge aufzuzeichnen und damit zu experimentieren. Diese Nutzung der Technik unterstützt die Kinder darüber hinaus auch in der aktiven Aneignung von Medien und gibt ihnen einen Einblick in Tricks und Vorgehensweisen bei der Herstellung von Hörkassetten.

Die auditive Wahrnehmungsförderung kann sich auf folgende Bereiche erstrecken:

- Geräusche hören und Geräuschquellen herausfinden,
- Geräusche erzeugen (mit Instrumenten und mit Gegenständen),
- mit Geräuschquellen experimentieren, sie unterscheiden können,

- ➔ Geräusche und Töne mit der eigenen Stimme erzeugen (imitieren, erfinden),
- ➔ die Qualität von Geräuschen und Klängen erkennen,
- ➔ Klänge und Geräusche in Bewegung umsetzen.

Horchspaziergänge

Ein Spaziergang durch den Wald oder in der Stadt kann bewusst als »Horchspaziergang« durchgeführt werden. Was kann man hören:

- ➔ auf einer verkehrsreichen Straße,
- ➔ auf einer Baustelle,
- ➔ im Wald,
- ➔ am Fluss?

Die Geräusche können auf einen Kassettenrekorder aufgenommen werden. Später kann man dann im Kindergarten oder in der Schule ein Hörrätsel daraus machen:

Ausschnittweise (nicht in der gleichen Reihenfolge) werden die Geräusche abgespielt. Können sich alle Spaziergänger daran erinnern, wo das Geräusch aufgenommen wurde?

Stimmen erkennen

Die Stimmen einzelner Kinder oder der Erzieherin werden mit dem Kassettenrekorder aufgenommen. Die Gruppe soll erraten, wem die Stimme gehört (manchmal erkennen die Betroffenen ihre eigene Stimme nicht wieder).

Der »rasende Reporter«

Wenn ein tragbarer kleiner Kassettenrekorder vorhanden ist, kann man Reporter spielen und sich gegenseitig interviewen. Das wichtigste ist ein Mikrofon, in das die Befragten ihre Meinung sprechen sollen. Interessant sind Themen, die für die Gruppe jeweils gerade aktuell sind, z. B.: Wie soll unser Spielplatz umgebaut werden? Was soll es morgen zum Mittagessen geben?

Hör-Lotto

Mit einem Kassettenrekorder werden verschiedene Geräusche aufgezeichnet und gesammelt: ein bremsendes Auto, Glockengeläut, die Türklingel, eine muhende Kuh, ein blökendes Schaf etc.

Experimente mit selbst aufgenommenen Geräuschen

Für die Geräusche werden Bilder oder Symbole gemalt oder aus einer Zeitschrift ausgeschnitten, die zu den Geräuschen passen. Diese Zeichnungen und Bilder werden auf Kärtchen geklebt, auf den Tisch gelegt. Beim Abspielen der Geräuschkassette (evtl. mehrere Mischungen vornehmen, sodass die Reihenfolge der Geräusche wechselt) die entsprechenden Kärtchen heraussuchen. Wer zuerst das richtige gefunden hat, darf es behalten.

Hörspiel

Mithilfe aufgenommener Geräusche kann auch ein Hörspiel entstehen. Die Geräusche liefern die »Eckdaten«, um die herum die Geschichte ausgedacht und einem Teil der Gruppe/Klase vorgeführt wird: knarrende Tür (Gespenst), heulender Wind, Autohupen, Glockengeläut etc.

Geschichten mit Reizwörtern

Reaktion auf akustische Signale

Eine Geschichte wird erzählt. Wenn in ihr ein bestimmtes, vorher vereinbartes Wort vorkommt, müssen alle Zuhörer ganz schnell eine bestimmte Handlung vollziehen, z. B. bei »Feuer« schnell aufstehen und zur Tür laufen, bei allen Wortverbindungen, die »-schlaf« enthalten (Winterschlaf, Schlafkrankheit, verschlafen), sich auf den Boden legen und die Augen schließen.

Beliebt sind bei den Kindern auch Fangspiele, bei denen die Erzieherin/Lehrerin oder ein Kind bei einem bestimmten Wort die anderen Gruppenmitglieder fängt.

Varianten:

Zwei Gruppen von Kindern stehen sich gegenüber, sie erhalten jeweils verschiedene, aber ähnlich klingende Namen (Mäuse – Läuse, Affen – Giraffen o. Ä.).

Die Gruppe, die aufgerufen wird, muss die andere Gruppe fangen. Wer abgeschlagen wurde, bevor er einen bestimmten Ort (Wand, Matte in einer Ecke des Raumes) erreicht, gehört beim nächsten Spieldurchgang zu der anderen Gruppe.

Geheimnisvolle Schritte

Wie hören sich Schritte an, die sich weit entfernen bzw. die auf einen zukommen? Ein Kind kommt in den Raum oder in den Kreis und geht wieder weg. Die anderen haben die Augen geschlossen und finden heraus, wann es die Richtung wechselt.

Stille Post

Alle Mitspieler sitzen im Kreis. Einer flüstert seinem Nachbarn eine Nachricht ins Ohr, dieser soll sie seinem nächsten Nachbarn weiterflüstern. Die Nachricht soll von Kind zu Kind weitergegeben werden, bis sie beim letzten Kind angekommen ist. Nun vergleichen das erste und das letzte Kind die beiden Nachrichten miteinander – hat sich etwas geändert, oder ist sogar vielleicht eine ganz andere Nachricht herausgekommen?

Hörrätsel

Hinter einer Abtrennung, die die Hände verdeckt, werden von einem Kind oder der Erzieherin/Lehrerin verschiedene Geräusche erzeugt. Die Gruppe errät, um welche Tätigkeiten bzw. Materialien es sich handelt:

- ➔ Nüsse knacken, ein Glas Wasser einfüllen, ein Blatt mit der Schere zerschneiden, einen Reißverschluss zuziehen etc.
- ➔ Wer das Geräusch als erster identifizieren konnte, darf hinter der Abtrennung weitermachen.

Experimente mit der eigenen Stimme

- ➔ Ungewohnte Artikulationsformen finden: Gurgeln, Pfeifen, Schmatzen, Wispern ...
- ➔ Von einer hohen Wand oder in einem langen Tunnel die Echowirkung der eigenen Stimme ausprobieren (»Wie heißt der Bürgermeister von Wesel?«).

Arche Noah

Auf Zettel werden die Namen von Tieren geschrieben oder (für Kindergartenkinder) eine Abbildung des Tieres aufgeklebt. Von jedem Tier sind zwei Karten vorhanden.

Jedes Kind zieht einen Zettel, stellt mit seiner Stimme das entsprechende Tier dar und versucht, seinen Partner zu finden.

Noah nahm auf sein Schiff immer nur Tierpaare mit, alle Tiere müssen, bevor sie das Schiff (aufgetürmte Matten oder Matratzen) betreten dürfen, in die Passagierliste eingetragen werden. Hierfür stellen sie sich den anderen Tieren vor, und diese sollen erraten, um welche Tiergattung es sich handelt.

Flaschenorgeln

Experimente mit Klängen und Tönen

Einige Flaschen werden in unterschiedlicher Höhe mit Wasser gefüllt. Wenn sie angeschlagen werden, ergeben sich Töne in unterschiedlichen Tonhöhen. Hohe und tiefe Töne können geordnet werden, vielleicht kann man sogar eine Tonleiter (evtl. mithilfe einer Flöte) erstellen.

Flaschenxylophon

Verschieden große Flaschen werden mit einem starken Bindfaden oder Seil an einer Stange (z. B. Reckstange im Freien) aufgehängt. Die Flasche mit den tiefsten Tönen kommen zuerst, danach folgen die nächsthöheren Töne, sodass eine Tonleiter entsteht. (Die Flaschen können auch an einer richtigen Leiter aufgehängt werden, sodass die Kinder verstehen, woher der Begriff »Tonleiter« kommt.)

Klangexperimente am Flaschenxylophon

Glasklänge

In einem großen Cognac-Schwenker werden Glasmurmeln zum Klingen gebracht, indem man durch kreisende Bewegungen des Glases die Murmeln am Rand entlang laufen lässt.

Geräusche erzeugen – Geräuschmaterial herstellen

Ein Gegengewicht gegen die undifferenzierte Überflutung des Gehörs bildet der produktive und aktive Umgang mit Klängen, Tönen und Geräuschen. Damit wird der passiven, notwendigerweise konsumierenden Funktion des Gehörs eine kreative, selbsttätige entgegengesetzt. Es gilt, die Ohren wieder zu öffnen für die kleineren, unauffälligen Dinge des Alltags, die es selbst zu produzieren, zu entdecken und herauszuhören gilt.

Das Experimentieren mit Geräuschen, Klängen und Tönen zeigt den Kindern auch die Vergänglichkeit und Flüchtigkeit akustischer Phänomene. Sie erfahren darüber hinaus, dass sie selber etwas machen und verändern können und nicht der Berieselung und Dauerbeeinflussung durch die Medien ausgeliefert sind.

Geräuschzelt

In einer Ecke des Gruppenraumes wird ein Zelt aus Stoffbahnen hergerichtet. Darin befinden sich verschiedne Klanginstrumente. (Nicht zu viele auf einmal, damit die Kinder zum Kombinieren einzelner Instrumente wie z. B. Trommel, Xylophon, Triangel angeregt werden.)

Klingelballons

In einen unaufgeblasenen Luftballon wird ein kleines Glöckchen (oder anderes Klang- bzw. Geräuschmaterial, z. B. mehrere getrocknete Erbsen etc.) gesteckt. Dann wird der Ballon aufgeblasen und zugeknotet. Durch den Inhalt wird der Ballon schwerer und damit auch in seiner Flugeigenschaft verändert, und jedes Antippen und jede Bewegung wird von sanft klingenden Tönen oder geheimnisvollem Rascheln begleitet.

»Papiermusik«

Mit Zeitungen, Pergament- oder Seidenpapier Geräusche erzeugen:

- ➔ rascheln,
- ➔ zerknüllen,
- ➔ flattern lassen,
- ➔ zerreißen (langsam, schnell) etc.

Spannend wird es zusammen mit einem Partner: Beide sitzen Rücken an Rücken und haben verschiedenartiges Papier vor sich. Nacheinander knüllen, zerreißen, bearbeiten sie es und versuchen herauszufinden, mit welcher Papiersorte und auf welche Weise das Geräusch erzeugt wurde.

Geräuschinstrumente suchen

Was eignet sich zum Rasseln, Knarren, Knallen, Knistern, Klingeln, Rauschen?

Auch die Stimme ist ein vielfältiges Instrument (siehe Seite 96).

Welche anderen Körperinstrumente gibt es noch?

Das »Krachorchester«

Material suchen, mit dem man Geräusche, Töne und Klänge erzeugen kann.

Dann wird in Gruppen eingeteilt:

Was knistert, scheppert, klappert, rasselt, heult, raschelt, tönt, knarrt, scharrt? Womit kann man trommeln, klopfen, trampeln, klatschen?

Jede Gruppe macht gemeinsam Knister-, Schepper- und Klappermusik. Natürlich nicht alle auf einmal – sonst hört man nur noch Krach –, sondern jede Gruppe spielt getrennt auf.

Regentöne

Mit welchen Instrumenten könnten sie dargestellt werden?

- ➔ Hagel mit Klanghölzern,
- ➔ Nieselregen mit Fingerspitzen auf der Handtrommel,
- ➔ Sturm: Schläge auf der Trommel.

Mit den Fäusten, Handflächen, Fingerknöcheln und -spitzen auf den Tisch oder auf der Sitzfläche eines Stuhls feinen Nieselregen, Regenschauer, Hagel und Donner darstellen.

Wassertropfen aus dem Wasserhahn auf eine Plastikdose tropfen lassen, auf Jogurtbechern mit Fingerspitzen trommeln.

Musikmalen
Sich bei einer vorgegebenen Musik gegenseitig auf den Rücken malen (sanfte, ruhige Musik dazu verwenden).

Windgeräusche
Wie hört sich der Wind an (bei einem Sturm, bei Unwetter, wenn eine Tür zugeschlagen wird)? An- und Abschwellen des Windes, Pfeifen, Rauschen. Wir spielen selbst den Wind, imitieren mit der Stimme seine Geräusche: schschsch, sssss, huiiiii – der Wind treibt uns selbst (beim Geräuschemachen) durch das Zimmer.

Der Wind ebbt ab, wird ruhiger, auch die Bewegungen werden langsamer. Die Kinder bleiben schließlich stehen. (Die Erzieherin sollte die Geräusche mitmachen, um die Dynamik der Gruppe so steuern zu können, dass schließlich gemeinsam alle ruhiger und leiser werden. Ansonsten besteht die Gefahr, dass die leiseren Windgeräusche von den stärkeren ständig übertönt werden. Nur wenn alle leiser werden, sind auch die feinen Töne noch zu hören.)

Gleichzeitig den Atem beobachten, wenn Windgeräusche gemacht werden.

Bäume im Wind
Die Kinder stellen Bäume dar, die mit den Wurzeln fest in der Erde stehen. (Breitbeinig dastehen, sodass das Gleichgewicht gut gesichert ist.) Ihre Arme sind die Äste und Zweige, die sich im Wind bewegen. Ein starker Windstoß bringt die Bäume zum Wanken. (Ein Kind spielt den Wind und saust um alle Bäume herum, zeigt mit Bewegung und Stimme, wie stark der Wind weht.) Die Äste bewegen sich hin und her, eine schwache Brise beruhigt sie wieder.

Fluglotsen
Ein Flugzeug will im Flughafen landen. Vor lauter Nebel kann der Pilot nichts sehen. Auf dem Flughafen befinden sich aber noch viele andere Flugzeuge, um die das lan-

dende Flugzeug herumfahren muss. Zwei Fluglotsen stehen bereit und geben dem Piloten durch Signale an, ob er nicht zu nahe an die anderen herankommt. Immer wenn Gefahr besteht, lassen sie ein warnendes »Tuuut« hören. Der Pilot des Flugzeuges schließt die Augen (oder verbindet sie mit einem Stirnband) und lässt sich von den Lotsen leiten. Danach darf ein anderes Flugzeug starten bzw. landen. (Es fährt zu seinem Abstellplatz, der vorher durch einen am Boden liegenden Reifen festgelegt worden ist.) Das Warnsignal hört auf, wenn die Gefahrenstelle vorüber ist.

Hör-Memory

Vgl. »Festival der Sinne«, Kap. 6.2.

Jeweils zwei leere Dosen von Filmrollen werden mit dem gleichen Material gefüllt: Sand, Reiskörner, getrocknete Erbsen, Büroklammern, Wasser, Mehl, Murmeln etc. Die Materialien sollen durch Schütteln der Dosen unterschiedliche Geräusche erzeugen.

Die Kinder sollen nun die Paare der zueinander gehörenden Dosen herausfinden.

Zur Kontrolle können die Dosen geöffnet werden, oder es können auf der Unterseite der zueinander gehörenden Dosen Punkte in der gleichen Farbe (oder gleiche Buchstaben) angebracht werden.

Hör-Memory

Variation:
Ein Mitspieler darf nacheinander zwei Dosen schütteln. Ist darin der gleiche Inhalt, darf er sie behalten und das nächste Paar suchen. Passen die Geräusche nicht zueinander, legt er die Dosen wieder zurück und der nächste Mitspieler kommt an die Reihe.

Rohr-Telefon

Das Rohr-Telefon (ca. 1 m lange Abschnitte eines Plastik-Leerrohres, erhältlich im Baumarkt) hat einen eingebauten Lautsprecher: Man kann mit sich selbst telefonieren und dabei seine eigene Stimme plötzlich ganz laut hören. Man kann auch einen anderen anrufen: ihm das Rohr ans Ohr setzen, und selbst wenn man ganz leise flüstert, kann er einen verstehen.

Mit einem langen Leerrohr kann man sogar eine Telefonleitung von einem Raum in den anderen legen.

Murmelleitung

Glasmurmeln durch ein langes Plastikrohr kullern lassen – kann man den Weg der Murmel verfolgen? In ein Drainagerohr passen sogar dicke Holzkugeln. Wenn sie hindurchrollen, kann man gut erkennen, an welcher Stelle sich die Kugel befindet.

Hörrohr

Mit einer Papprolle (von einer Toiletten- oder Küchenpapierrolle, evtl. auch eine lange Rolle von einer Geschenkpapier-Packung) Geräuschquellen ausfindig machen: z. B. die Rolle an eine tickende Uhr halten, den Herzschlag einfangen, das Brummen des Kühlschranks hören.

Mit einem solchen Hörrohr (das in ähnlicher Form – als Stethoskop – auch vom Arzt zum Abhören der Herztöne oder von Lungengeräuschen benutzt wird) kann man die Schallwelle, die das Geräusch oder der Ton erzeugt, »einfangen« und damit besser hören.

3.3. Das taktile System – der Tastsinn

»Das geht mir unter die Haut«, heißt es, wenn man von einer Sache tief berührt ist. Manches ist einfach zum »Aus-der-Haut-fahren«, und wenn ich etwas begriffen habe, dann lässt es mich nicht mehr los. »Es ist kaum zu fassen«, sagen wir, wenn etwas Unbegreifliches passiert. »Ich fühle mich nicht wohl in meiner Haut« drückt psychisches Unbehagen aus, und wenn ich etwas hautnah erlebe, kann es sein, dass es mir heiß und kalt den Rücken hinunterläuft. So beschreibt auch unsere Sprache, dass es eine unmittelbare Beziehung zwischen der Haut und den Gefühlen eines Menschen gibt und dass »fühlen« immer in doppelter Bedeutung verstanden werden kann.

Es gibt »dickfellige« Menschen, andere haben eine »dünne« Haut, und jemanden, der mit Samthandschuhen angefasst werden muss, lasse ich lieber erst gar nicht an mich herankommen.

3.3.1. Die Bedeutung der taktilen Wahrnehmung

Die Dinge »handhaben«

»Berühren verboten!«, »Bitte nicht anfassen!« – Solche Verbotsschilder signalisieren, dass das Tasten und Berühren zu den in unserer Gesellschaft weniger akzeptierten Sinnesbereichen gehört. Wenn Kinder ihre Umwelt mit den Händen erkunden, durch Greifen begreifen wollen, dann treffen sie oft auf Unverständnis seitens der Erwachsenen. Im Museum stehen Schilder, aber auf wie viele unsichtbare Verbotsschilder treffen Kinder in ihrem ganz normalen Alltag?

Trotz aller Vorbehalte der Erwachsenen: Kinder wollen und müssen die Dinge anfassen und berühren, sie müssen mit ihnen umgehen, sie »handhaben«, denn das ist die ihnen vertrauteste Art, ihre Umwelt kennen zu lernen und sich ihrer Eigenschaften zu vergewissern.

»Frisch gestrichen«

Aber auch Erwachsene brauchen manchmal die Berührung, um sich der Dinge zu vergewissern, deren sie sich nicht sicher sind. Sie suchen nach »fühlbaren Beweisen« (Montagu 1984, 221). Schilder, auf denen »Frisch gestrichen« steht, lösen z. B. bei vielen Erwachsenen den

Wunsch aus, mit den Fingern nachzuprüfen, ob die Farbe tatsächlich noch nicht trocken ist. Während bei anderen Sinnen das, was wahrgenommen wird, auch für wirklich gehalten wird, suchen wir bei Dingen, die wir berühren können, nach einer Bestätigung: Der weiche Stoff im Modegeschäft – verstohlen lassen wir die Hand darüber gleiten, die Skulptur im Museum reizt uns zum Betasten.

Haut = Subjekt und Objekt

Die Haut wird zum Subjekt – selber wahrnehmend – und ebenso zum Objekt – wenn sie wahrgenommen bzw. berührt wird.

3.3.2. Die Haut

Die Haut ist das größte sensorische Organ des Körpers. Sie umhüllt unseren ganzen Körper und stellt so die Schranke zwischen innen und außen dar. Insofern ist sie das Kontaktorgan, das die Beziehung von Körpergeschehen und Umwelt regelt (Faller 2004). Die Haut übernimmt viele unterschiedliche Funktionen und ist für das Überleben der Menschen wichtiger als alle anderen Wahrnehmungsorgane. Sie hat folgende physiologische Funktionen:

Physiologische Funktionen der Haut

1. Schutzfunktion: Sie bewahrt den Organismus vor mechanischen Verletzungen und Strahlenschäden und vor dem Eindringen fremder Substanzen.
2. Regelung des Wärmehaushalts – Temperaturregulation,
3. Träger des Stoffwechsels: Abgabe von Schlacken durch die Schweißdrüsen,
4. Atmungsorgan,
5. wichtigstes Sinnesorgan.

Die Haut ist also viel mehr als eine Hülle, die das Skelett und die inneren Organe zusammenhält, sie ist ein kompliziertes Organsystem.

Montagu (2004) betrachtet die Haut als das früheste und sensitivste Organ, als das erste Medium sozialen Austausches und als wirksamsten Schutz des Menschen.

Die Hautoberfläche hat eine große Zahl von sensorischen Wahrnehmungsrezeptoren, die Empfänger von verschiedenen Reizen (Temperatur, Berührung, Schmerz, Vibration,

Druck, Zug) sind. Man nimmt an, dass auf 100 Quadratmillimeter etwa 50 solcher Wahrnehmungsorgane kommen.

Tastkörperchen

Dicht unter der Haut sitzen die Tastkörperchen – kleine Zapfen, in denen sich empfindliche Nervenzellen befinden. Wenn sie einen leichten Druck verspüren, also bei einer Berührung der Haut, erzeugen sie ein winziges elektrisches Signal, das über die Nervenbahnen zum Gehirn geleitet wird. Dort wird einem dann bewusst, dass man eine Berührung fühlt. Das Gehirn erkennt auch sofort, wie stark die Berührung ist und von welcher Stelle des Körpers das Signal kommt.

Fingerspitzen sind besonders empfindlich

Die Dichte der Tastkörperchen variiert zwischen 7 bis 135 pro Quadratzentimeter. Die meisten Tastkörperchen befinden sich an Handtellern und Fußsohlen. Hier – wie auch an den Fingerspitzen – ist man besonders empfindlich. Am spärlichsten sind sie auf dem Rücken verteilt. Als Maß für die Feinheit des Tastsinns wird angegeben, in welchem Mindestabstand voneinander zwei gleichzeitig aufgesetzte Zirkelspitzen als getrennte Berührungsreize empfunden werden. Man bezeichnet diese Werte für die räumliche Trennung der Empfindungen als *Raumschwelle.* Auf der Fähigkeit, mehrere gleichzeitige Berührungspunkte lokalisieren zu können, beruht die Blindenschrift.

Auch Kopfhaare und Körperhärchen sind Berührungsfelder. Ihre Wurzeln in der Haut sind von feinen empfindlichen Nervenfasern umschlungen, die jede Bewegung des Haares wahrnehmen. Wenn die Haarspitzen auf dem Handrücken oder dem Arm berührt werden – also nicht die Haut selbst –, wird durch Hebelwirkung der Reiz übertragen.

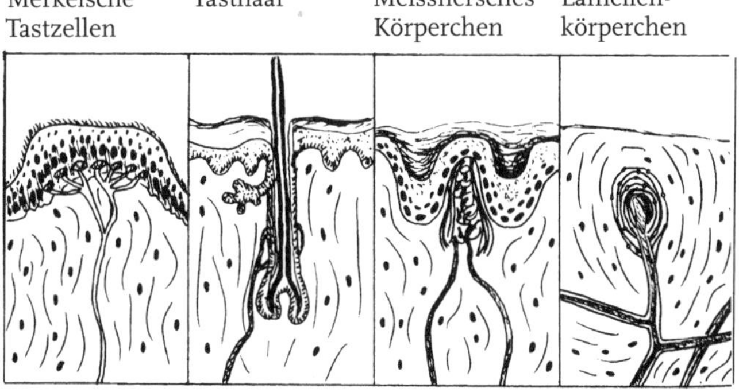

Abb. 24 Tastsinnesorgane der Haut

Eine stärkere Berührung empfinden wir als Druck, einen sehr starken Druck als Schmerz.

3.3.3. Bereiche der taktilen Wahrnehmung

Passive Berührungen – aktive Erkundungen

Über den Tastsinn nehmen wir passiv mithilfe mechanischer Reize (Berührungen) wahr, gleichzeitig findet jedoch auch eine aktive Erkundungswahrnehmung statt. Hierbei werden die Reize nicht einfach aufgenommen, sondern quasi sich selber zugefügt.

Aktives Berühren zum Zwecke des Erkundens ermöglicht sowohl den Gewinn von Informationen über den Gegenstand, als auch die Möglichkeit, mit ihm etwas zu tun: Die Oberfläche eines Stockes wird z. B. mit der Hand als rau, rissig und feucht wahrgenommen, man kann den Stock aber auch wegschieben, festhalten, ihn aufheben oder wegwerfen. Viele Eigenschaften eines Gegenstandes können auf diese Weise auch ohne Kontrolle wahrgenommen werden. Zu den Eigenschaften, die ertastbar sind, gehören z. B.

Eigenschaften, die ertastbar sind

- → geometrische Formen, Maße und Proportionen
- → Oberflächenbeschaffenheit wie Rauheit und Glätte

Die Farbe einer Oberfläche ist nicht ertastbar, sondern nur sichtbar, die Temperatur dagegen ist nur tastbar und nicht sichtbar.

Ob ein Gegenstand allerdings hart oder weich ist, kann man nur unter Hinzuziehung der kinästhetischen Wahrnehmung – hier vor allem des Kraftsinns – erkennen (vgl. Kap. 3.4.). Die Berührung der Oberfläche eines Gegenstandes sagt noch nichts über seine Konsistenz aus. Will man z. B. herausfinden, wie reif eine Melone ist, reicht es nicht aus, sie anzuschauen oder zu berühren, man muss sie auch mit den Fingern »eindrücken«, um so ihre Festigkeit zu überprüfen.

Die Intensivierung der taktilen Wahrnehmung kann z. B. mithilfe plastischer Gegenstände, deren Form und Beschaffenheit von den Kindern beschrieben werden soll, oder durch Parallelserien von Fühlobjekten gefördert werden.

Im folgenden Abschnitt steht die Rolle der Hand als Tast- und Erkundungsorgan im Vordergrund. Außerdem werden weitere Bereiche des taktilen Systems – die Temperatur und die Schmerzwahrnehmung – dargestellt.

Bereiche der taktilen Wahrnehmung
- Berührungswahrnehmung
- Erkundungswahrnehmung
- Temperaturwahrnehmung
- Schmerzwahrnehmung

Die Hand als Tast- und Erkundungsorgan

Hand = Werkzeug

Die Extremitäten sind Sinnesorgane, die der Erkundung dienen, aber sie sind gleichzeitig auch Ausführungsorgane. Die Hand ist Teil des Tastsinns und zugleich auch Werkzeug. Sie kann greifen, streicheln, schlagen, formen, bauen, nehmen, geben etc. Dies verdeutlicht auch den engen Zusammenhang von Tast- und Bewegungssinn (vgl. Kap. 3.4.). Die unmittelbare Kombination von Erkunden und Verändern ist bei anderen Sinnessystemen wie Sehen und Hören nicht gegeben.

Erkundende Handhabungen der Hände

Nimmt man einen Gegenstand in die *Hand,* dann kann man seine Größe, sein Gewicht, seine Form und seine Oberflächenbeschaffenheit feststellen. Ebenso kann man seine Konsistenz (glibberig, fest) und seine Temperatur (kalt, kühl, neutral, warm) wahrnehmen. All diese Qualitäten werden durch erkundende Handlungen der Hände registriert. Gibson (1982, 166) bezeichnet die Hand daher als ein Wahrnehmungssubsystem.

Wir sind allerdings nicht gewohnt, die Hand als Sinnesorgan zu betrachten, da wir sie – auf Grund der Dominanz des visuellen Sinnes – meistens nicht als Erkundungs-, sondern mehr als Ausführungsorgan gebrauchen. Im Bewusstsein überdeckt der visuelle Eindruck den taktilen, und deswegen greifen, ziehen, stoßen, tragen und heben wir einen Gegenstand, ohne ihn bewusst in seinen Eigenschaften wahrzunehmen. Wir sind also mehr auf die motorischen Ausführungen der Hand eingestellt als auf ihre Wahrnehmungstätigkeit.

Die taktile Wahrnehmung wird uns deswegen auch erst dann richtig bewusst, wenn wir das visuelle System ausschalten (durch Schließen der Augen) oder uns im Dun-

Die Hand als Erkundungsorgan

keln zurechtfinden müssen. (»Wo man nichts sehen kann, ist Fühlen keine Schande.«)

Füße

Aber nicht nur die Hand, auch die *Füße* besitzen ein hohes Unterscheidungsvermögen, obwohl sie im Alltag so gut wie gar nicht mehr in dieser Funktion benutzt werden. Die Fertigkeit von armamputierten Menschen zeigt jedoch, wie gut Füße und Zehen Hände und Finger beim Greifen, Malen, Schreiben, Basteln und Werken ersetzen können.

Mund

Auch der *Mund* kann alle oben beschriebenen Unterscheidungen vornehmen und deswegen auch als hervorragendes Tastorgan betrachtet werden. Zwar wird die Mundregion als Sinnessystem vorwiegend dem Geschmackssinn zugeordnet, aber auch Zunge, Lippen und Gaumen sind – dies beweisen uns Kleinkinder mit ihren Bedürfnissen, alles in den Mund zu stecken – sehr sensibel für das Ertasten von Formen der Oberflächenbeschaffenheit und anderer materialer Eigenschaften von Gegenständen.

Temperaturwahrnehmung

Die Temperaturwahrnehmung erfolgt entweder durch direkten Hautkontakt (»etwas fühlt sich kalt an«) oder aber durch die Registrierung der Lufttemperatur (»es ist kalt heute«). Während die letztere Empfindung Teil des Temperaturregulierungssystems des Körpers ist, zählt die erstere zur taktilen Wahrnehmung. Die Wahrnehmung von Kälte und Wärme erfolgt jedoch nicht objektiv – wie ein Thermometer –, sondern ist von den subjektiven Voraussetzungen abhängig. Sie unterliegt Täuschungen:

So wird ein Metallgegenstand als kälter empfunden als ein Holzgegenstand, auch wenn er objektiv die gleiche Temperatur hat, weil Metall die Wärme schneller von der Haut ableitet als Holz.

Täuschungen bei der Wahrnehmung von Kälte und Wärme

Die Wahrnehmung von Kälte und Wärme eines Gegenstandes hängt zudem auch von der Temperatur der Haut ab, die ihn berührt. Eine Oberfläche von kühler Temperatur fühlt sich daher von einer Hand, die aus eiskalter Umgebung kommt, warm an. Haut, die in dauerndem Kontakt mit einer kühlen Oberfläche ist, kühlt sich selbst ab und registriert dann nicht mehr den objektiven Zustand. Diesen Vorgang nennt man Temperaturanpassung (Gibson 1982, 168).

Schmerzwahrnehmung

Auch der Schmerz wird oft als ein gesonderter Sinn behandelt (Schmidt/Thews 2005).

Schmerz wird durch bestimmte Arten von physikalischer Strahlung, durch Chemikalien oder mechanische Ereignisse verursacht. Diese haben giftige, schädliche oder verletzende Wirkungen. Schmerzen, die von der Haut wahrgenommen werden (durch Berührung oder Bewegung), enthalten wichtige Informationen über die Umwelt. Berührungen, die dem Erkunden dienen, sind daher meist auch vorsichtige Handlungen. Sanftes Schmerzempfinden wird daher oft als Warnzeichen wahrgenommen, stechender oder brennender Schmerz deutet eine drohende Verletzung an und dient der Steuerung der weiteren motorischen Aktivitäten. Kinder müssen oft tasten und ausprobieren, um herauszufinden, ob ein Gegenstand sie verletzen könnte oder nicht. »Sich einem gewissen Grad an Schmerz auszusetzen, ist oft der einzige Weg um festzustellen, ob ein neuer Kontakt mit der Umwelt sicher ist oder nicht. Nur so kann die Gefährlichkeit des Objektes und die Sicherheitsgrenze für seine Manipulation bestimmt werden« (Gibson 1982, 170).

Schmerzen als Warnzeichen

Schmerzhafte Berührungen können daher als eine Reizinformation aufgefasst werden, die zusammen mit dem Sehen Gefahrenquellen anzeigt und Dinge und Ereignisse in der Umwelt hinsichtlich ihrer möglichen Schädigungen bewertet.

Um solche Situationen einschätzen zu können, brauchen Kinder unmittelbare sinnliche Erfahrungen, die oft viel nachhaltiger wirken als Belehrungen und Ermahnungen durch die Erwachsenen. Leichte Schmerzempfindungen, die von der Haut zum Gehirn weitergeleitet werden, stellen also ein wichtiges, Aufmerksamkeit erregendes Warnsystem dar und können als wichtige Lernerfahrungen aufgefasst werden.

3.3.4. Die Entwicklung der taktilen Wahrnehmung

Der Tastsinn, der »Ursprung aller Empfindungen« (Montagu 2004, 7), entwickelt sich vor allen anderen Sinnessystemen. Wenn der Embryo gerade 8 Wochen alt ist, löst ein leises Streicheln der Oberlippe oder der Nasenflügel ein leichtes Zurückweichen des Halses und des Körpers von der Stimulationsquelle aus. In diesem Entwicklungsstadium, in dem der Embryo weder Augen noch Ohren hat, ist die Haut bereits hoch entwickelt. Die Berührungsempfindlichkeit entwickelt sich vom Kopf ausgehend nach unten zu den Extremitäten.

Entwicklung der Berührungsempfindlichkeit

In der 8. Lebenswoche (pränatal) reagiert der Fetus auf Reizungen der Nase, der Lippen und des Kinns, in der 13./14. Woche ist der gesamte Körper berührungsempfindlich.

Für das Ungeborene ist die Haut das wichtigste Kommunikationssystem, und auch während der Geburt erfährt der Säugling vorwiegend Stimulationen seiner Haut: »Die rhythmische Kontraktion der Gebärmutter über dem Körper reizt die Empfindungsnerven der Haut, die dadurch über das äußere Nervensystem Reize auf die verschiedenen Organe des Säuglingskörpers ausüben, um diese auf die Eigentätigkeit vorzubereiten.« (Montagu 1984, 211)

Bei den Tieren leckt das Muttertier das Neugeborene intensiv ab. Durch diese Stimulation wird das Funktionieren des Magen-Darmtraktes angeregt.

Das Gesicht des Kindes ist bei der Geburt stärker berührungsempfindlich als jeder andere Körperteil.

Auch die Temperaturempfindlichkeit hat sich herausgebildet. Beispielsweise verweigern Frühgeborene die Aufnahme zu kalter oder zu warmer Nahrung. Die Schmerzempfindlichkeit ist jedoch kurz vor und nach der Geburt allgemein (außer im Gesicht) niedrig. Die zeitliche Verzögerung der Schmerzempfindlichkeit ist auch ein biologischer Schutzmechanismus, demzufolge der Geburtsvorgang relativ schmerzlos bleibt.

Der soziale Aspekt der Berührung

Haut = wichtiges Kommunikationsorgan

Auch für den Säugling bleibt die Haut ein wichtiges Kommunikationsorgan, über das er Kontakt mit der Umwelt hält. Durch die Art, wie er gehalten, gestreichelt, gedrückt wird, kann er unterscheiden, ob er von einer ihm gegenüber liebevoll oder gleichgültig eingestellten Person in den Arm genommen wird.

Die taktile Kommunikation ist die erste Sprache des Kindes, auf die die verbale Sprache aufbaut.

Tastsinn = »Mutter der Sinne«

Der Tastsinn wird daher »die Mutter der Sinne« genannt. Taktile Berührung ist eine Grundlage der sozialen Existenz. Über den Tastsinn lernt das Kind, den Berührungen die entsprechende Bedeutung zu geben: die Bedeutung von Zärtlichkeit, Wärme und von sanften Berührungen. Bei Gefahr klammert sich das Kind an die Mutter oder den Vater, durch Streicheln und Liebkosungen erhält es Trost, in den Armen festgehalten zu werden gibt ihm Halt und Zuversicht. Soziale Berührungen müssen jedoch nicht immer positiv wahrgenommen werden, sie können auch als unangenehm oder schmerzhaft empfunden werden.

Positive und negative Empfindungen

Auch Montagu (1984, 212) bezeichnet die Sprache des Tastsinns als die früheste aller Sprachen. Viele Begriffe und Redewendungen in der Umgangssprache haben ihren Ursprung in den Tasterfahrungen: Man unterscheidet zwischen einer »kühlen« und »warmen« Atmosphäre in einem Raum oder in einer Gruppe und bezeichnet auch Menschen als »warmherzig« oder als »kalt«. Montagu geht sogar so weit, dass er die unterschiedlichen Fähigkeiten von Menschen, auf andere zuzugehen, auf Unterschiede in der Art des Hautkontaktes und der Tasterfahrungen in der frühen Kindheit zurückführt.

Hautkontakte sind lebensnotwendig

Wie lebensnotwendig Hautkontakte nicht nur für Säuglinge, sondern auch für Tierbabys sind, zeigen viele Experimente, bei denen die Wirkung der Stimulation der Haut für das Verhalten und das physische Wachstum von Tieren untersucht wurde. Die häufig zitierten Experimente von Harlow an Affenbabys machen z. B. deutlich, dass sogar eine aus Draht und Stoff nachgebildete Affenmutter für das Äffchen mehr Zuflucht und Liebe zu geben schien als ein Drahtgestell, das den Affen zur Versorgung mit Milch diente (Harlow 1958).

3.3.5. Wer nicht hören will, darf fühlen – Tastspiele

Ähnlich wie bei der auditiven Wahrnehmung ist auch der Tastsinn dann am feinfühligsten, wenn das Sehen ausgeschaltet wird.

Kinder schließen deswegen auch oft von sich aus die Augen, wenn sie gestreichelt werden; sie können die Berührungen besser genießen, weil sie sich ganz darauf konzentrieren können.

Viele der folgenden Spielideen werden mit geschlossenen bzw. verbundenen Augen durchgeführt. Da vor allem jüngere Kinder sich nicht gerne die Augen mit einem Tuch verbinden lassen, hat es sich als praktisch erwiesen, wenn für die Spiele Augenmasken (wie Karnevalsmasken – ohne Sehschlitze) zur Verfügung stehen, die die Kinder selbst aufziehen können (die Masken können auch mit den Kindern selbst hergestellt werden). Oder die Kinder benutzen Stirnbänder, die sie sich über die Augen ziehen.

Schließlich ist es natürlich auch möglich, sich einfach ein (möglichst dunkles) Tuch über den Kopf zu legen, das die Augen bedeckt. Bei allen Vorschlägen ist das Wichtigste, dass die Kinder sich gerne die Augen verdecken – die Spannung des Spiels wird erhöht, wenn sie wirklich nichts sehen.

Wenn Kinder jedoch Angst davor haben, sollten sie an den Spielen auch mit geschlossenen, aber unbedeckten Augen mitmachen dürfen, um dann – im Notfall – auch einmal »blinzeln« zu können.

Die folgenden Spielideen reichen von Berührungsspielen, die entspannend wirken und wohlige Empfindungen vermitteln, bis hin zu Tastparcours für Füße und Hände.

Die höhere emotionale Beteiligung wird bei den erstgenannten Spielformen erreicht werden; ihr Gelingen ist allerdings davon abhängig, dass die Kinder sich gerne beteiligen und sich auf den Körperkontakt einlassen. Ist dies bei einem Kind nicht der Fall, sollte die Erzieherin/die Lehrerin ihm in jedem Fall gestatten, zuzuschauen oder sich mit etwas anderem zu beschäftigen.

Rückenbilder

Zwei Kinder sitzen hintereinander. Das hintere malt seinem Vordermann ein einfaches Bild (Kreis, Herz, Blume) auf den Rücken. Dieser soll erkennen, was gemalt wurde.

Bei älteren Kindern können die Bilder auch schwieriger werden: eine Zahl, ein Buchstabe und vielleicht sogar mehrere Buchstaben, die als ganzes Wort erkannt werden sollen.

»Pizza backen«

Ein Kind liegt auf einer Decke oder einer Matte auf dem Boden, das andere kniet neben ihm. Die Erzieherin/die Lehrerin erzählt, wie man beim Pizzabacken vorgeht, dabei werden alle Handlungen des Teigknetens, Rührens, Teigbelegens etc. auf dem Rücken des liegenden Kindes dargestellt:

- »Zuerst müssen wir alle Zutaten für den Teig tüchtig miteinander verkneten (den Rücken mit beiden Händen »kneten«).
- Der Teig ist noch zu fest, da muss etwas Wasser dazu (leicht vibrierende Bewegungen mit den Fingerspitzen).
- Jetzt muss das Wasser untergeknetet werden (knetende Bewegungen).
- Der Teig klebt am Tisch; ich muss noch Mehl dazugeben (mit Fingerspitzen Mehl »einstäuben«).
- Nun kann der Teig ausgerollt werden (den Unteram auf den Rücken pressen, dabei Stück für Stück nach oben »rollen«).
- Immer noch klebt der Teig (Mehl mit Fingerspitzen rieseln lassen).

- ➔ Diesmal wird das Mehl eingeklopft (mit den Fäusten leicht auf den Rücken klopfen).
- ➔ Jetzt wird er wieder ausgerollt und auf das Blech gelegt. Ein bisschen muss er noch in die Ecken gedrückt werden (sanfte Streichbewegungen an den Schultern und am Nacken).
- ➔ Auf den Pizzateig kommt nun der Belag: Zuerst werden Tomaten daraufgelegt (mit der flachen Hand leicht auf den Rücken klopfen).
- ➔ Dann wird geriebener Käse darüber gestreut (mit den Fingerspitzen schnelle, leicht klopfende Bewegungen ausführen).
- ➔ Da es eine Salami-Pizza werden soll, muss nun noch Salami drauf (mit dem Daumen auf verschiedene Stellen des Rückens drücken).
- ➔ Zum Schluss wird Öl über die Pizza gestrichen und gut über dem ganzen Teig verteilt (sanftes Streichen über den ganzen Rücken).«

Kastanienwanne

Eine Alternative zum in Therapieeinrichtungen oft anzutreffenden »Bällchenbad« ist die Kastanienwanne. In eine Kinderbadewanne werden viele Kastanien (mit den Kindern zur Herbstzeit gesammelt) geschüttet. Durch sie kann man hindurchwaten, sich nackt hineinsetzen, man kann in den Kastanien wühlen und sie über den Körper rollen lassen.

Angenehmer als Kastanien werden meist Bohnen empfunden; sie sind kleiner, schmiegen sich deswegen besser an den Körper an und werden als wärmer wahrgenommen.

Tastkisten

In kleine Schuhkartons verschiedene Materialien füllen (Tannenzapfen, Kastanien, Nüsse, Walnüsse, Steine, Bohnen etc.).

Die Kinder ertasten mit den Händen, um welches Material es sich handelt (kommt es aus dem Wald, ist es im Haushalt zu finden, sind es Spielsachen?).

Die Materialien können auch gemischt werden – die Kinder sollen sortieren, welches zusammengehört (oder was vorher zusammen in einer Kiste war).

Tastboden

Unterschiedliche Fußbodenbeläge werden nebeneinander auf dem Boden ausgelegt: flauschiger Teppichboden, PVC, Fliesen, Parkett, Nadelfilz, Holzbohlen oder Kokosmatten.

Über diese Straße muss man natürlich barfuß gehen, um die Beläge richtig spüren zu können. Man kann aber auch auf allen vieren darüber gehen und so auch die Hände zum Ertasten benutzen.

Fußweg

Auf dem Boden werden verschiedene Gegenstände zu einem Tastweg aneinander gereiht: harte und weiche Fußmatten, Korken, Schaumstoffteile, Metallplatten (hart und kalt), Noppenfolie, Bürsten, Styroporplatten etc.

Ein »blindes« Kind wird von einem sehenden über den Fußweg geführt. Anschließend soll es beschreiben, wie sich der Weg angefühlt hat: Was war angenehm, was unangenehm? Es kann auch raten, welches Material ausgelegt war und dann die Augen öffnen und vergleichen, was es wirklich ist.

Sehende Hände

Verschiedene Materialien und Stoffe werden von den Kindern zu einem Tastbild (auf Karton oder auf einer Span- oder Korkplatte) zusammengefügt (evtl. beidseitig klebendes Teppichklebeband verwenden): Felle, Bodenbeläge, Sandpapier, weicher Stoff, Knöpfe, Perlen, Wattebausche, Wellpappe, Schmirgelpapier, Seide, Leder, Samt.

Dabei besonders auf Kontraste achten: Nach einer samtigen Oberfläche kommt ein rauer Belag (Samt – Baumrinde), so werden die Tastqualitäten besser unterschieden.

Jedes Kind kann nun sein Tastbild einem anderen Kind, das aber die Augen geschlossen hat, zeigen. Können die Hände »sehen«, welche Materialien sich auf dem Tastbild befinden?

Überraschungskiste

Ein großer Pappkarton wird so aufgestellt, dass der hintere Teil aufgeklappt werden kann. In den vorderen Teil wird eine handgroße Öffnung geschnitten, die mit einem Stück Stoff zugehängt wird.

Sehende Hände

Ein Kind legt durch die Klappe (für die anderen unsichtbar) einen Gegenstand, der sich zum »Ertasten« eignet, in den Karton. Die Mitspieler können nun raten, um was es sich handelt. Wer es erraten hat, darf als nächster einen neuen Gegenstand in die Überraschungskiste legen.

Taströhren

In eine ca. 40 cm lange Röhre (Teppich- oder Papierrolle) wird ein Gegenstand (Kuscheltier o. Ä.) gesteckt. Die Kinder können von beiden Seiten gleichzeitig die Hände in die Pappröhre stecken und den Gegenstand zu erkennen versuchen.

Formen erkennen

Runde Formen, die aber Unterschiedliches bedeuten: Stoffeier, Murmeln, Holzkugeln, Tennisbälle, Tischtennisbälle.

Bausteine sortieren: Eckige und runde, lange und kurze Klötze sollen in jeweils verschiedene Behälter sortiert werden.

Formen ertasten

Sandspielzeug wird mit geschlossenen Augen zu ertasten versucht: Welche Form hat es (Blume, Fisch, Schildkröte)?

Bei älteren Kindern möglichst ausgefallene Formen wählen, die nicht vertraut sind und somit eines genauen Erkundungsvorganges der Hand bedürfen. Vertraute Formen (Stern, Kuchenformen etc.) sind einfach zu identifizieren und eher für jüngere Kinder geeignet.

Formenpaare finden

Weihnachtsgebäckformen von denen jeweils zwei vorhanden sind, sollen mit geschlossenen Augen zugeordnet werden: zwei Engel, zwei Sterne, zwei Vögel. Besonders schwierig wird es, wenn es von den gleichen Formen auch unterschiedliche Größen gibt und diese zusätzlich bei der Paarbildung berücksichtigt werden müssen.

Temperaturunterschiede erkennen

Heiß, kalt, lauwarm – Experimente mit dem Temperaturempfinden:

Die linke Hand wird in ein Gefäß mit warmem Wasser getaucht, die rechte in kaltes Wasser. Dann werden beide Hände in lauwarmes Wasser getaucht. Die linke Hand empfindet das Wasser nun als warm, die rechte als kalt.

Schatzsuche

In einem verdunkelten Raum soll ein Schatz (z. B. eine Metallplatte, die sich ganz kalt anfühlt, oder eine Metallkette) gefunden werden.

Oberflächenstruktur erkennen

Verschiedene Papierarten, die in ihrer Rauheit variieren, zu sortieren versuchen: Löschpapier, Schreibpapier, Zeitungspapier, Sandpapier in verschiedenen Körnungen (mit der

Fingerkuppe über die Oberflächen streichen, um die Struktur zu erkennen).

Weitere Ideen für sinnenfreudige Tast- und Matschspiele
Manschen mit Pappmaschee (aus Eierkartons), Ton oder Knetmasse zum Formen und Gestalten benutzen, den Waschraum für Wasserspiele nutzen (sich mit Rasierschaum einseifen), Baden und Plantschen in großen Waschtrögen, Mal-, Matsch-, Schmier- und Wasserspiele und anschließende Badefeste.

Schmierseifenrutsche
Eine große, stabile Plastikplane wird auf der Wiese ausgebreitet. Auf der Plane werden einige Spritzer Schmierseife verteilt, dann kommt aus einem Eimer oder einem Schlauch reichlich Wasser hinzu, und schon entsteht die schönste Rutschbahn, die man sich denken kann. Auf ihr kann man mit Anlauf, auf dem Bauch, zu mehreren Kindern gemeinsam rutschen. Wenn das Gelände leicht abschüssig ist, kann man auf dem Rutschhang sogar besonders schnell herunterrutschen.

3.4. Das kinästhetische System – der Bewegungs-, Kraft- und Stellungssinn

In Bewegung sein heißt, nicht still zu stehen, nicht auf der Stelle zu treten. Fortschritt kommt von »fort schreiten«, und wie gut es tut, sich im Park zu »ergehen«, das weiß jeder, der zu lange gesessen hat. Hin und wieder muss man aber auch anhalten, innehalten, zur Besinnung kommen.

Wenn wir davon sprechen, dass jemand unbeweglich ist, dann meinen wir damit nicht nur die Behäbigkeit des Körpers, sondern auch den Starrsinn des Geistes. Und wenn uns etwas bewegt, dann sind wir meist auch innerlich davon betroffen.

3.4.1. Die Bedeutung der kinästhetischen Wahrnehmung

Lage- und Bewegungsempfindung

Unter kinästhetischer Wahrnehmung wird die Lage- und Bewegungsempfindung, die nicht durch das Sehen vermittelt wird, verstanden. Sie ist uns meist nicht bewusst, wir können automatisch auf sie zurückgreifen, da wir sie oft geübt haben und ein inneres Bild über den Ablauf alltäglicher Bewegungen in uns tragen. So finden wir auch mit geschlossenen Augen oder im Dunkeln den eigenen Mund, wenn wir einen Apfel essen möchten, und beim Klatschen in die Hände müssen wir nicht ständig visuell kontrollieren, dass die eine Handfläche auf die andere trifft.

Wahrnehmung der Raum-, Zeit-, Kraft- und Spannungsverhältnisse der eigenen Bewegung

»Kinästhesie« bedeutet die Wahrnehmung der Raum-, Zeit-, Kraft- und Spannungsverhältnisse der eigenen Bewegung.

Die Rezeptoren nehmen hier keine Reize aus der Umwelt auf, sondern solche, die im eigenen Körper (z. B. durch Bewegung) entstehen. Man nennt sie deshalb »Propriozeptoren« (proprius – der eigene). Ayres (2002) bezeichnet dieses Wahrnehmungssystem auch als »propriozeptives System«.

Propriozeptoren

Durch die Propriozeptoren erhalten wir also Informationen aus dem Körperinneren. Aus dieser Eigenwahrneh-

Körperschema – Die Grenzen des eigenen Körpers erkennen

mung baut sich das Körperschema auf: Das Kind kann die Grenzen des eigenen Körpers erfassen, es kann eine Vorstellung über seinen Körper entwickeln.

In der Literatur gibt es keine einheitliche Bezeichnung für den hier als »kinästetisches System« bezeichneten Sinn. Wenn er überhaupt erwähnt wird, werden Begriffe wie »Tiefenwahrnehmung« oder »Tiefensensibilität« (Schmidt 1985, 57 ff.) verwendet. Sie weisen darauf hin, dass die Sinneszellen sich im tiefer gelegenen Gewebe des Körpers befinden. Die taktilen Sinneszellen dagegen liegen in der Haut und registrieren die Oberflächensensibilität (Holle 2000, 113). Schmidt spricht von »somatischer Sensibilität« und fasst darunter sowohl die Oberflächensensibilität der Haut als auch die Tiefensensibilität aus den darunter liegenden Muskeln, Sehnen und Gelenken zusammen.

Tiefensensibilität

Wegen der Widersprüchlichkeit der jeweiligen Begriffe spricht Kurz (1996) vom »siebten Sinn«. Durch diese – inhaltlich zwar noch wenig aussagekräftige – Benennung soll auch unterstrichen werden, dass es sich hier um einen noch weitgehend unerforschten Bereich der Wahrnehmung handelt, der aber auf Grund seiner Bedeutung für die Selbst- und Umweltwahrnehmung mehr Beachtung verdient (Kurz 1996, 117 ff.).

Durch die Tiefensensibilität erhalten wir Kenntnis über die Stellung der Glieder zueinander, sie gibt uns Rückmeldung über die Muskelkoordination, den Spannungsgrad der Muskulatur und jede Art von Bewegung. Dieses Wahrnehmungssystem ist also für die Kontrolle der Eigenbewegung wichtig. Kinästhetische Erfahrungen tragen auch zur Entwicklung von genaueren Bewegungsvorstellungen bei und unterstützen das Bewegungsgedächtnis.

3.4.2. Bereiche der kinästhetischen Wahrnehmung

Stellungssinn

Die Tiefensensibilität besitzt folgende Qualitäten: den Stellungssinn, den Bewegungssinn, den Kraftsinn und den Spannungssinn.

Der *Stellungssinn* ermöglicht es uns – wie oben beschrieben –, im Dunkeln oder auch mit geschlossenen Augen die

Lage der einzelnen Glieder und die Stellung der Gelenke zueinander zu vergegenwärtigen. Über ihn erhalten wir eine Vorstellung davon, wie sich unser Körper im Raum befindet.

Bereiche der kinästhetischen Wahrnehmung
- Stellungssinn
- Bewegungssinn
- Kraftsinn
- Spannungssinn

Bewegungssinn

Ändert man ohne visuelle Kontrolle eine Gelenkstellung, dann nimmt man sowohl die Richtung als auch die Geschwindigkeit der Bewegung wahr. Diese Qualität der Tiefensensibilität bezeichnet man als *Bewegungssinn.*

Kraftsinn

Als *Kraftsinn* gilt das Abschätzungsvermögen für das Ausmaß an Muskelkraft, das man aufwenden muss, um eine Bewegung durchzuführen oder um gegen einen Widerstand eine Gelenkstellung einzuhalten.

Spannungssinn

Hinzu kommt der Spannungssinn, der Informationen über den Grad der Muskelspannung gibt und damit auch die Voraussetzung schafft für die willentliche Beeinflussung des Spannungsgrades der Muskulatur. Bei Entspannungsübungen ist diese bewusste Regulation notwendig, um den Wechsel zwischen Anspannung und Entspannung herbeiführen zu können.

Die kinästhetische Wahrnehmung funktioniert ansonsten aber meist unbewusst. Man denkt normalerweise nicht darüber nach, wie man sich bewegt oder wie die Gliedmaßen und Körperteile zueinander stehen. Beim Einüben neuer Bewegungen bzw. unbekannter Bewegungsformen (z. B. sportliche Fertigkeiten) wird die kinästhetische Wahrnehmung jedoch direkt angesprochen, indem man einem Kind z. B. Bewegungsanweisungen gibt (»Rolle so langsam über den Rücken ab, dass du dabei jeden einzelnen Wirbel spüren kannst!«). Die Bewegungen werden so lange unter bewusster Kontrolle ausgeführt, bis sie automatisiert sind.

Ein Klavierspieler benötigt für ein Stück, das er perfekt beherrscht, weder die optische Kontrolle über seine Finger noch die Noten; er beobachtet seine Finger nicht, sondern nimmt sie über ihre Bewegungen wahr.

3.4.3. Die Propriozeptoren

Reize werden aus dem eigenen Körper und den eigenen Bewegungen vermittelt

Anders als die bisher behandelten Sinnessysteme hat das kinästhetische System kein eindeutig lokalisierbares Sinnesorgan, über das die entsprechenden Reize aufgenommen werden können. Die für die Tiefensensibilität zuständigen Rezeptoren liegen vielmehr über den ganzen Körper verstreut in den Muskeln, Sehnen, Bändern und Gelenkkapseln. Kinästhetische Reize werden also direkt aus dem eigenen Körper und aus der eigenen Bewegung mitgeteilt, während die meisten anderen Sinnesorgane ihre Reize aus der Umgebung empfangen.

Wie oben beschreiben, dienen die Propriozeptoren der Wahrnehmung und Regelung der *Stellung, Spannung, Lage* und *Bewegung* des Organismus. Die Stellungsrezeptoren befinden sich in den Gelenkkapseln und Gelenkbändern: Sie reagieren auf isotonische Muskelkontraktion, d. h. auf Muskelkontraktion bei gleich bleibender Spannung. Neben ihrer Funktion als Messfühler in den Regelkreisen der Bewegungsregulation signalisieren die Stellungsrezeptoren Stellung, Ort und Bewegung der Glieder des eigenen Körpers und senden diese Informationen an das Gehirn. So ist man auch bei geschlossenen Augen in der Lage, die Stellung und Bewegung eines jeden Gliedes des Körpers wahrzunehmen und zu kontrollieren.

Der *Spannungssinn* hat seine sensorische Grundlage in den Spannungsrezeptoren oder Sehnenspindeln (Golgi-Organe) in den Sehnen. Diese reagieren auf isometrische Muskelkontraktion, d. h. auf unterschiedliche Muskelspannung bei gleich bleibender Länge des Muskels. Der Spannungssinn hat einerseits die Aufgabe, den Körper gegenüber wechselnden physikalischen Störeinflüssen in einer relativen Ruhelage (dynamisches Gleichgewicht) zu halten. Andererseits zeigt der Spannungssinn den Grad der Muskelspannung, d. h. den Krafteinsatz des eigenen Körpers bei gleich bleibender Muskellänge, und so auch das Gewicht bzw. den Druck von Objekten der Außenwelt. Durch diese Funktion des Kraftsinns gelingt es dem Menschen, sehr feine Gewichtsunterschiede von Objekten, die man auf die ausgestreckte Hand legt, wahrzunehmen (Stadler/Seeger/Raeithel 1975, 150f.).

Der Zusammenhang mit anderen Sinnessystemen

Taktiles und kinästhetisches System

Es besteht eine unmittelbare Beziehung zwischen dem taktilen und dem kinästhetischen Sinnessystem. Die passive taktile Wahrnehmung – z. B. durch das Berührtwerden – vermittelt ohne Ausführung einer Bewegung meist nur minimale Informationen. Erst das aktive Anfassen, die Erkundung, das Ergreifen eines Gegenstandes, das Abtasten seiner Oberfläche etc. vermitteln Erfahrungen über seine Eigenschaften und Beschaffenheit. Ohne Bewegungshandlung (Zusammendrücken, Pressen, Festhalten eines Gegenstandes) könnten wir nicht einmal erkunden, ob ein Objekt hart oder weich ist. So ist die taktile Wahrnehmung meist mit aktiver Bewegung verbunden. Viele Autoren verstehen die durch Muskeln, Gelenke und Sehnen vermittelten Informationen fälschlicherweise auch als einen Teilbereich der taktilen Wahrnehmung.

»Haptisches System«

Gibson (1982, 174) klassifiziert demnach als Subsysteme des von ihm als »haptisches System« bezeichneten Tastsinnes die

- ➔ Hautberührung (Haut und Gewebe werden ohne Bewegung von Muskulatur und Gelenken gereizt),
- ➔ haptische Berührung (Haut und Bewegung werden zusammen mit Berührung der Gelenke gereizt),
- ➔ dynamische Berührung (Haut und Gelenke werden in Verbindung mit Muskelaktivität gereizt),
- ➔ orientierte Berührung (Kombination der Eingänge von den Vestibularrezeptoren, den Gelenken und der Haut – d. h. die Wahrnehmung von Gegenständen relativ zur Schwerkraft und zur Unterlage).

Gibson weist darauf hin, dass all diese Systeme in verschiedenen Kombinationen zusammenarbeiten können. Auch das eindeutige Erkennen von Formen oder Objekten macht das aktive Betasten und Befühlen der Gegenstände notwendig. Eine Koordination von Tast- und Bewegungswahrnehmung ist ebenso beim Greifen gegeben.

Lage- und Schwerkraftwahrnehmung

Aber auch zwischen dem kinästhetischen System und dem vestibulären System besteht eine enge Verbindung, denn alle Lageempfindungen des Körpers sind auch in Bezug zur Schwerkraft zu sehen. Ayres (2002) sieht daher taktil-kinästhetisch-vestibuläre Sinneswahrnehmungen als Grundlage der menschlichen Entwicklung an.

3.4.4. Die Entwicklung der kinästhetischen Wahrnehmung

Neben dem Tastsinn und dem Gleichgewichtssinn ist das kinästhetische Sinnessystem das erste funktionierende System des Fötus im Mutterleib (vgl. Abb. 8, S. 50f.). Bereits im dritten Schwangerschaftsmonat erfährt der Fötus durch die Bewegungen seiner Mutter das eigene Bewegtwerden – im Fruchtwasser schwimmt er, bewegt seine Muskeln und Gelenke.

Gezieltes Greifen

Im Alter von einem Monat schmiegt sich ein Säugling gut den Armen und dem Körper der Person an, die ihn hält. Er spürt auf Grund der Rückmeldungen aus seinen Muskeln und Gelenken, wie er dieses Anschmiegen aktiv durch die eigene Körperhaltung unterstützen kann. Im zweiten und dritten Monat geben die Empfindungen der Nackenmuskulatur dem Baby Informationen über die Stellung seines Kopfes zum Körper und über den Raum, in dem es sich befindet (Ayres 2002). Es versucht, den Kopf aufrecht zu halten und stützt sich in Bauchlage mit den Armen vom Boden ab, um seine Umgebung im Blick zu haben. Ungefähr ab dem 4. Monat beginnt es, auf Grund der zunehmenden Koordination der Tast-, Muskel- und Gelenkwahrnehmungen und des Sehens, gezielt nach Gegenständen zu greifen.

3.4.5. Roboter und Hampelmann – Spiele mit dem Bewegungs-, Kraft- und Stellungssinn

Bewegungsaktivitäten tragen dazu bei, dass die kinästhetische Wahrnehmungsfähigkeit ständig herausgefordert und damit auch in ihrer Funktionsfähigkeit verbessert wird. Kinder benötigen möglichst vielseitige Bewegungsreize, die allerdings immer den Charakter des Spiels – weniger der gezielten Übung – behalten sollten. Bewegungsspiele trainieren den Kraft-, Stellungs- und Bewegungssinn; so werden selbst beim Raufen intensive Erlebnisse mit dem dosierten Einsatz der eigenen Körperkraft gemacht (vgl. Zimmer 2004a, 94 ff.).

Beim Überwinden von Hindernissen entwickelt sich beispielsweise ein differenziertes Körperschema, oder im

Klettern und Balancieren wird die Koordination geübt. Auf Grund der Verarbeitungsprozesse im Zentralnervensystem werden nicht nur die Bewegungsabläufe zunehmend besser gesteuert und automatisiert, sondern auch die Gesamtentwicklung des Kindes wird angeregt.

Die folgenden Spielideen greifen ganz unterschiedliche Aspekte der kinästhetischen Wahrnehmung heraus und sollen auf Empfindungen aufmerksam machen, die im alltäglichen Spiel meist weniger beachtet werden. Das Unterscheiden von Gewichten – durch Heben und »Abwiegen« von Gegenständen – dient der Sensibilisierung des Kraftsinns; Körperpositionen wie »Schaufensterpuppen« oder darstellende Aufgaben wie der »Roboter« sprechen den Stellungssinn an. Stellungs- und Bewegungssinn sind gleichermaßen bei komplexeren Aufgaben wie dem »Hampelmann« erforderlich. Entspannungsübungen – in kindgerechte Vorstellungsbilder eingekleidet – geben den Kindern ein Gefühl für den Grad der Anspannung ihrer Muskulatur. Der bewusste Wechsel zwischen Anspannung und Entspannung kann dazu beitragen, auch psychische Gelöstheit und Ruhe zu empfinden.

Gewichte unterscheiden (Blinde Verkäuferin)

Eine »blinde Verkäuferin« soll eine Reihe von Gewichten (z. B. aus dem Kaufmannsladen) von »ganz leicht« bis zu »ganz schwer« ordnen. (Die Gewichte sollen nicht ertastet werden, da sie sonst durch ihre Größe unterschieden werden können.)

Welche Dose ist leer?

Kraftsinn

Gleiche Dosen oder Schachteln werden mit verschieden schweren, aber nicht hörbarem Inhalt gefüllt (Watte, Wolle, Zeitungspapier, Sand, der in eine Plastiktüte – so groß wie die Dose – gefüllt ist). Die Kinder sollen herausfinden, welche Dose leer ist, welche die schwerste ist etc. Die Dosen müssen mit dem Füllmaterial so ausgefüllt sein, dass beim Heben oder Schütteln keine Geräusche entstehen.

Aufziehspielzeug

Ein Blechspielzeug, das aufgezogen werden kann, dient als Anschauungsmaterial: Das Spielzeug hat in seinem Inneren einen Motor, der es so lange in Bewegung hält, bis der Motor ausgeht. Die Kinder stellen sich vor, auch sie würden aufgezogen und könnten sich nun eine kurze Zeit lang wie ein Blechspielzeug (eine Watschelente, ein rasendes Auto, ein Kreisel) bewegen. Zuerst erfolgen die Bewegungen ganz schnell, allmählich nimmt die Geschwindigkeit ab – die Ente watschelt nur noch ganz langsam, bis das »Laufwerk« abgespult ist und sie stehen bleibt.

Rücken an Rücken

Die Kinder sitzen Rücken an Rücken auf dem Boden. Wie fühlt sich der Rücken des Partners an, kann man mit dem Rücken genauso fühlen wie mit den Händen? Beide Partner pressen ihre Rücken fest aneinander, setzen die Fußsohlen auf dem Boden auf und versuchen, ohne sich abzustützen, aufzustehen.

Denkmal

Körperhaltung

Partneraufgabe: Ein Partner wird in eine bestimmte Stellung gebracht. Er steht anfangs schlaff und locker da (locker herabhängende Arme, Kopf ist nach unten geneigt etc.) und wird nun von seinem Mitspieler »geformt«. Der Partner muss diese Haltung (Siegerpose, Wurf eines Gegenstandes, Werbefigur, Schaufensterpuppe) eine Zeit lang einnehmen. Eventuell können die anderen Gruppenteilnehmer erraten, was das Denkmal oder die Schaufensterpuppe darstellt bzw. anpreist.

Versteinern

Stellungssinn

Die Kinder bewegen sich zu einer vorgegebenen Musik durch den Raum. Setzt die Musik plötzlich aus, bleiben alle wie versteinert stehen. Nun müssen sie in ihrer Bewegung erstarren und die eingenommene Position so lange halten, bis die Musik wieder einsetzt.

Roboter

Bewegungssinn

Bereits im Kindergartenalter kennen viele Kinder Roboter und Computer. Manche haben einen Roboter als Spielzeug. Erzieherinnen und Eltern können – auch wenn sie dieser Entwicklung auf dem Spielzeugmarkt skeptisch gegenüberstehen – nicht einfach darüber hinwegsehen, dass Kinder fasziniert sind von den menschenähnlichen Maschinen, ihren abgehackten Bewegungen, ihrer kantigen und eckigen Gestalt.

Zwar ist die Funktion eines Roboters Kindern in dieser Altersstufe noch nicht verständlich, und so ist es einfacher, sich einen Roboter als »lebende« Maschine vorzustellen, die sich bewegen, Geräusche produzieren und sogar sprechen kann.

Wie sieht ein Roboter aus?

Roboter bauen

Mit den Kindern können aus Kartons Roboter gebaut werden. Hierzu braucht man verschieden große Kartons, die – aufeinander gesetzt und mit Arm- und Halslöchern versehen – den Rumpf und den Kopf des Roboters darstellen.

Wie bewegt sich ein Roboter?

Roboterbewegungen

Zunächst sollte mit den Kindern besprochen werden, wie sie sich einen Roboter vorstellen, ob seine Bewegungen rund oder kantig, fließend oder abgehackt, großräumig oder kleinräumig sind. Alle diese Bewegungsqualitäten sollten ausprobiert, bei anderen angeschaut und besprochen werden.

Welche Geräusche macht ein Roboter?

Robotergeräusche

Eine Robotermaschine bewegt sich nur selten lautlos. Welche Geräte oder Instrumente können zum Produzieren von passenden Geräuschen gefunden werden (scheppernd und blechern klingende Geräuschquellen wie z. B. aneinander schlagende Topfdeckel, Schlüsselbund, Klanghölzer etc.)?

Die Erzieherin/Lehrerin oder ein Kind geben mit einem der »Instrumente« ein gleich bleibendes Zeitmaß vor (nicht mehrere Geräuschquellen gleichzeitig einsetzen, da sonst ein völlig unstrukturierter Lärm entsteht), die Roboter bewegen sich dazu im Raum.

Das Tempo der Begleitung wechselt ab und zu: Mal bewegen sich die Roboter langsam, mal ganz schnell.

Der Roboter kann seine Bewegungen auch durch die Sprache begleiten (z. B. durch abgehacktes Sprechen »Ich bin ein Roboter ...« oder die Wiederholung einfacher Silben wie »bib bib ...«

Roboter und Programmierer

Partneraufgabe

Bevor ein Roboter sich bewegen kann, muss er »angeschaltet« werden. Jeweils zwei Kinder bilden Partner. Eines ist der Mechaniker oder Programmierer. Wenn er an dem Anschaltknopf des Roboters dreht, setzt sich dieser in Bewegung; drückt er den Ausschaltknopf, bleibt der Roboter stehen. (Der Roboter darf bestimmen, wo sich an seinem Körper der An- und Ausschaltknopf befindet.)

Ein Kind spielt den Roboter, ein anderes den Programmierer. Der Roboter bewegt sich mit abgehackten Bewegungen im Raum, der Programmierer kann seine Gehrichtung ändern, indem er ihn an der Schulter antippt. Durch Antippen an der rechten Schulter dreht sich der Roboter um 90° nach rechts, entsprechend beim Antippen der linken Schulter. Der Programmierer muss darauf achten, dass der Roboter weder an die Wand gerät noch mit einem anderen Roboter zusammenstößt.

Hampelmann

Ein Hampelmann, der an der Wand hängt, dient als Vorbild für die Bewegungen der Kinder. Können Arm- und Beinbewegungen genauso kombiniert werden wie die des Holz-Hampelmanns?

Spielideen zur Entspannung

Damit Kinder sich überhaupt vorstellen können, was Entspannung bedeutet, ist es hilfreich, Vorstellungsbilder heranzuziehen. So kann ein Gummiband mal ganz gespannt, mal ganz locker sein; wenn man an ihm zieht, wird es größer und länger, und wenn es zusammenschnellt, wird es schlaff und auch wieder kleiner.

Diesen Wechsel zwischen Anspannung und Entspannung kann man anhand eines richtigen Gummibandes verdeutlichen, man kann aber auch mit den Kindern selbst Gummiband spielen.

Luftmatratze

Spannungssinn

Ein Kind liegt auf dem Boden (auf Teppichboden oder einer Decke) und stellt sich vor, es sei eine Luftmatratze, die aufgepumpt werden soll. Bei jedem tiefen Atemzug wird die Matratze praller. Der Körper spannt sich jedes Mal ein bisschen mehr an, bis die Luftmatratze von oben bis unten prall mit Luft gefüllt ist. dann wird ganz langsam mit einem langen Atemzug die Luft aus der Matratze abgelassen.

Variation:
Die gleiche Aufgabe kann man auch mit einem Partner ausführen. Dieser pumpt durch laute Blasgeräusche pantomimisch die Luftmatratze auf, das am Boden liegende Kind spannt dabei langsam den Körper an. Abschließend wird das Ventil geöffnet, und die Luft entweicht der Matratze laut zischend.

3.5. Das vestibuläre System – der Gleichgewichtssinn

»Er muss sein inneres Gleichgewicht finden«, sagen wir von einem Menschen, der sich in einer besonderen Problemlage befindet. Vielleicht hat er »die Balance verloren«, und es dauert eine Weile, bis er wieder »mit beiden Beinen fest im Leben steht«. Und wenn einer »aus dem Lot geraten« ist, hilft nur, ihn wieder »fest zu verankern«. Viele alltagssprachliche Redensarten weisen auf den Zusammenhang zwischen seelischem und körperlichem Gleichgewicht hin. Auch zwischen Körper und Geist muss eine Balance hergestellt werden, sonst wird man »kopflos« oder »kippt aus den Pantoffeln«. Und schließlich: Wenn die Welt »auf dem Kopf steht«, dann hat man schnell »den Boden unter den Fußen verloren«.

3.5.1. Die Bedeutung des Gleichgewichtssinns

Aufrechterhaltung des Körpers

Alle auf festem Boden lebenden Lebewesen müssen sich mit der Anziehungskraft der Erde und mit der Beschaffenheit des Untergrundes auseinander setzen. Die Voraussetzungen hierfür liefert das Gleichgewichtssystem. Der Gleichgewichtssinn ist für die Aufrechterhaltung des Kör-

Schritte zum aufrechten Gang

pers und für die Orientierung im Raum verantwortlich. Er befähigt darüber hinaus den Organismus, Beschleunigungen und Drehbewegungen wahrzunehmen und sich darauf einzustellen.

Orientierung im Raum

Die Informationen, die über das Gleichgewichtssystem gewonnen werden, sind von großer Bedeutung für die Anpassung des Menschen an seine Umwelt. Ohne diesen Sinn wäre der Mensch nicht in der Lage aufrecht zu gehen und sich in dem Raum, der ihn umgibt, zu orientieren. Gibson (1982, 86) ordnet das Gleichgewichtssystem deswegen in das so genannte »grundlegende Orientierungssystem« ein.

Das Gleichgewichtsorgan (siehe Kap. 3.5.2.) reagiert auf die Einwirkung der Schwerkraft und Lage- und Haltungsveränderungen des Körpers. Die Informationen aus diesen Wahrnehmungen meldet es ans Gehirn weiter, sodass von dort bei Bedarf entsprechende Anpassungsleistungen ausgelöst werden. Beispielsweise werden bei unsicherem Stand auf einer schmalen Unterstützungsfläche Ausgleichsbewegungen mit den Armen eingesetzt, um das Gleichgewicht nicht zu verlieren und herunterzufallen.

Verbindung zwischen kinästhetischem und vestibulärem System

Der Gleichgewichtssinn ist eng mit der kinästhetischen Wahrnehmung verbunden: Lage- und Bewegungssinn und Stellungs- und Spannungssinn bilden die Sensoren in dem System der Haltungs- und Bewegungsregelung des menschlichen Körpers. Sie sind unmittelbar mit der Aktivität des Körpers verknüpft (Stadler/Seeger/Raeithel 1975, 106ff.).

Die Bedeutung des vestibulären Systems wird oft unterschätzt, weil viele seiner Funktionen unterhalb der Bewusstseinsschwelle ablaufen. Nach Ayres (2002) spielt es jedoch eine außerordentlich wichtige Rolle in der Gesamtfunktion des Gehirns: Sie fasst den Gleichgewichtssinn als ein »alles vereinendes Bezugssystem« auf: »Er formt die Grundbeziehung, die ein Mensch zur Schwerkraft und seiner physischen Umwelt hat. Alle anderen Arten von Empfindungen werden unter Bezug auf diese grundlegende vestibuläre Information verarbeitet.« (Ayres 2002) Sinnliche Wahrnehmungen werden nach dieser Auffassung durch den Gleichgewichtssinn angeregt, reguliert und integriert, sodass der Körper mit allen seinen Sinnen als Ganzes zusammenwirkt.

Verbindung des Gleichgewichtssystems mit dem auditiven und visuellen System

Als Grund für die besondere Bedeutung des Gleichgewichtssinns führt Ayres u. a. die enge Verbindung zu anderen Sinnessystemen wie z. B. dem Sehen und Hören an: »Das Sehzentrum in der Hirnrinde erhält so viele Impulse vonseiten des vestibulären Systems, dass eine richtige Entwicklung des Sehvermögens ohne entsprechende vestibuläre Stimulation während der Jahre der Kindheit nicht zu Stande käme.« (2002) Ebenso scheint die Verarbeitung akustischer Sinneswahrnehmungen im Hirnstamm – auch auf Grund der räumlichen Nähe beider Sinnessysteme im Innenohr – von vestibulären Impulsen beeinflusst zu werden.

Beruhigende und anregende Effekte vestibulärer Stimulation

Schließlich – und diese Erkenntnis ist sicherlich besonders interessant für Lehrerinnen und Lehrer, die sich um die Aufmerksamkeit ihrer Schüler/innen im Unterricht Gedanken machen – trägt das vestibuläre System nach der Auffassung von Ayres zur Wachheit des Menschen bei: »Eine gut abgestimmte Tätigkeit des Gleichgewichtssinns ist sehr wichtig, um in einem ruhigen Wachzustand zu bleiben. Wir empfinden den beruhigenden Effekt langsamer vestibulärer Stimulationen, wenn wir auf einem Schaukelstuhl sitzen, und fühlen die belebenden Effekte einer schnellen vestibulären Stimulation, wenn wir Rollbrett fahren. Das vestibuläre System hilft auch, den Wachheitsgrad des Nervensystems ausgewogen zu halten.« (2002)

Pädagoginnen und Pädagogen kennen das Kippeln und Wackeln von Kindern auf ihren Stühlen. Vielleicht ist es ein Signal dafür, dass sie die Bewegung brauchen, um sich auf den Unterrichtsstoff konzentrieren zu können. Wenn Kinder (wenigstens zeitweise) statt auf Stühlen auf dicken Bällen sitzen, kann sich dies auf ihre Konzentrationsfähigkeit sehr positiv auswirken. Auf einem Ball muss man sein Gleichgewicht ständig ausbalancieren, er erfordert ein »aktives Sitzen«, das nicht nur die Muskulatur beansprucht, sondern auch die Aufmerksamkeit unterstützt.

3.5.2. Der Vestibularapparat

Das Organ zur Aufrechterhaltung des Gleichgewichts befindet sich im Innenohr. Es wird als »Vestibularapparat« bezeichnet, da es im so genannten »Vorhof« (lat. = vestibulum) des inneren Ohres liegt.

Das Gleichgewichtssystem heißt deswegen auch »Vestibularsystem«.

Registrierung von Beschleunigung und Lageveränderung

Das Vestibularorgan befindet sich neben der Schnecke (Cochlea), die die Gehörempfindungen vermittelt. (vgl. Abb. 29) Zu dem Vestibularapparat gehören jeweils auf einer Seite des Ohrs die drei Bogengänge, das große Vorhofsäckchen (Utriculus) und das kleine Vorhofsäckchen (Sacculus). Das Ganze bezeichnet man auch als Labyrinth. Es hat

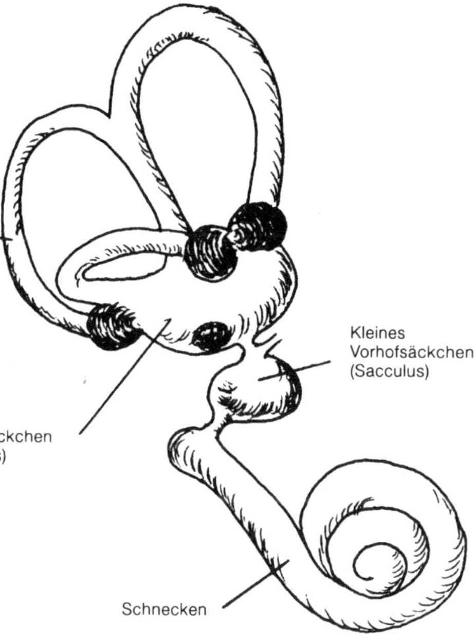

Abb. 25
Das Vestibularorgan

tatsächlich Ähnlichkeit mit einem Irrgarten von untereinander verbundenen Kammern und Röhren. Alle dienen der Registrierung von Beschleunigung und Lageveränderung und damit der Orientierung im Raum. Die Vorhofsäckchen reagieren auf lineare Beschleunigungen in verschiedenen Richtungen, die Bogengänge auf Drehbeschleunigungen. Die entsprechenden Sinneszellen sprechen auf Geschwindigkeitsveränderungen an, wobei eine gleichmäßige, wenn auch sehr große Geschwindigkeit nicht wahrgenommen werden kann (Faller 2004).

Wenn wir Auto fahren, registrieren wir z. B. die Beschleunigung, indem wir in den Sitz gedrückt werden, gleichmäßiges Tempo nehmen wir nicht wahr, und beim Abbremsen schnellen wir nach vorn.

Der Drehbewegungssinn

Der Drehbewegungssinn hat sein Organ in den drei Bogengängen des Vestibularapparates, die in den drei Hauptraumrichtungen angeordnet sind (Stadler/Seeger/Raeithel

1975, 107). Rotationsbeschleunigungen sind also um die drei Achsen des Raumes möglich: Man kann den Kopf drehen, vorwärts und rückwärts nicken und nach beiden Seiten neigen.

In den mit Flüssigkeit gefüllten Bogengängen befinden sich kleine Zungen (Cupulae), die bei Winkelbeschleunigungen in einer der drei Ebenen durch die Trägheit der Bogengangflüssigkeit bewegt werden.

Bewegungskoordination

Der Drehbewegungssinn dient vor allem der Bewegungskoordination. Wichtig ist hier die Korrektur des sich bei drehenden Körper- und Kopfbewegungen auf der Netzhaut verschiebenden Abbildes der Außenwelt, und zwar insofern, als dass wir eine statische Außenwelt und einen sich bewegenden Körper erleben und nicht das Umgekehrte.

Bei schnellen andauernden Drehbewegungen (z. B. auf dem Drehstuhl) gewinnen wir nach einiger Zeit den Eindruck, dass wir uns in Ruhe befinden und die Umwelt sich weiter um uns dreht. Bei plötzlichem Abbremsen der Drehbewegung scheint sich die Umwelt entgegen der vorangegangenen Richtung zu bewegen, ein Phänomen, das sich durch die Trägheit der sich noch einige Augenblicke weiterbewegenden Bogengangsflüssigkeit erklären lässt. Überstarke Reize führen, ähnlich wie beim Lage- und Bewegungssinn, zu Reaktionen des vegetativen Nervensystems: Übelkeit und Schweißausbruch. Die Empfindung, die sich dabei einstellt, ist der Drehschwindel (Stadler/Seeger/Raeithel 1975, 107).

3.5.3. Bereiche der vestibulären Wahrnehmung

Über den Gleichgewichtssinn erhalten wir Informationen darüber

- in welcher Lage sich unser Körper im Raum befindet;
- wie sich die Schwerkraft auf die Lage des Körpers im Raum auswirkt;
- wie schnell wir uns bewegen.

Diese Informationen aus dem Vestibularsystem werden meist mit Informationen aus dem kinästhetischen System verknüpft, sodass nicht nur Raumlage, sondern auch Bewegungswahrnehmung möglich ist.

Entsprechend dem zuvor beschriebenen Aufbau des Vestibularorgans umfasst das Gleichgewichtssystem folgende Bereiche:

Bereiche der vestibulären Wahrnehmung
- Orientierung im Raum
- Wahrnehmung linearer Beschleunigung
- Wahrnehmung von Drehbeschleunigungen

Während uns der kinästhetische Sinn über die Lage und Bewegung von Körperteilen in Relation zueinander informiert, gibt uns der Gleichgewichtssinn Informationen über die Lage des Körpers im Hinblick auf die Schwerkraft.

Objekte in Bewegung balancieren

Die Gleichgewichtserhaltung kann unterteilt werden in das statische und dynamische Gleichgewicht und in das Objektgleichgewicht (vgl. Zimmer/Cicurs 1999).

Das *statische Gleichgewicht* ist ortsgebunden (Gleichgewicht im Stand zu halten versuchen), während das *dynamische Gleichgewicht* alle Versuche umfasst, das Gleichgewicht in der Fortbewegung aufrechtzuerhalten (z. B. während einer Drehbewegung oder während einer vertikalen Beschleunigung).

Gehen auf labilem Untergrund

Besonders schwierig wird die Gleichgewichtserhaltung auf *verschiedenen Unterlagen,* z. B. auf verringerten Unterstützungsflächen (Bordsteinkanten, Baumstämmen, Balancierbalken), auf labilen Unterlagen (Weichböden, Schaumgummimatten, Kissen) und erhöhten Unterlagen (Kasten, Bänken).

Balancieren von Objekten

Das Objektgleichgewicht beinhaltet das Balancieren von Materialien (Sandsäckchen, Tennisringe etc.) in Verbindung mit statischem und dynamischem Gleichgewicht: das Balancieren auf Linien am Boden, auf Tauen, auf Baumstämmen, das Benutzen von Stelzen, Rollschuh-, Schlittschuhlaufen.

3.5.4. Die Entwicklung der vestibulären Wahrnehmung

Die Wahrnehmung der Schwerkraft entwickelt sich bereits im Mutterleib: Zwischen der sechsten und achten Schwangerschaftswoche beginnt sich das Gleichgewichtsorgan herauszubilden. Die entsprechenden Nervenbahnen entwickeln sich bis zur 10. Woche und stabilisieren sich bis zur 21. Woche – also weitaus früher als bei anderen Sinnessystemen. Das Vestibulärsystem funktioniert bereits im Beginn seines Entstehens – bevor es ausgereift ist – und fördert seine eigene Weiterentwicklung.

Im Mutterleib hat der Fötus gerade in der ersten Zeit der Schwangerschaft auch viel Gelegenheit, die eigene Lage ständig zu verändern: Er schwimmt anfangs noch recht frei in der Fruchtblase und regt durch die ständigen Lageveränderungen auch die Entwicklung der taktilen und kinästhetischen Wahrnehmung an.

Der »Kampf« gegen die Erdanziehungskraft begleitet das Baby im ganzen ersten Lebensjahr, wenn es z. B. den

Kopf zu heben versucht, aufrecht sitzen will oder die ersten Gehversuche macht.

3.5.5. Bis die Welt sich um mich dreht – Spiele mit dem Gleichgewicht

Auf einem Bürostuhl durch das Zimmer sausen, sich in einer Tonne den Hang hinunterrollen lassen, auf einem kippeligen Brett das Gleichgewicht auf die Probe stellen – viele dieser alltäglichen Spiele der Kinder stellen Versuche dar, ihr Gleichgewicht auf die Probe zu stellen. Immer geht es darum, zu sehen, wann einem schwindelig wird, wie die Anziehungskraft der Erde herausgefordert werden kann und wo sich der Punkt für das Umkippen des Wackelbrettes befindet.

Auch das Schaukeln stellt für Kinder ein sinnliches Urerlebnis dar. Bereits im Mutterleib haben sie erfahren, wie sie mit jeder Bewegung der Mutter selbst bewegt worden sind. Als Babys wurden sie auf den Arm genommen und durch Hin- und Herwiegen beruhigt.

Die vestibuläre Wahrnehmung wird geübt durch:

- ➔ Bewegungsangebote, die Auf- und Abbewegungen des Körpers in der Senkrechten und in der Waagerechten (z. B. Federungen auf elastischem Untergrund, auf Matratzen oder Trampolin) beinhalten;
- ➔ schaukelnde Bewegungen (z. B. in Hängematten, Schaukelkombinationen aus Bänken und Tauen);
- ➔ Drehbewegungen (z. B. auf Rollbrettern und auf oder in selbstgebauten Rollkisten fahren);
- ➔ Dreh- und Rollbewegungen um die Körperlängs- und -querachse (z. B. sitzend oder liegend in Tonnen, Röhren oder Autoreifen gerollt werden, sich einen Hang hinunterrollen oder -wälzen);
- ➔ Balancespiele (das Gleichgewicht auf labilem Untergrund wie z. B. Wackelbrett oder Therapiekreisel halten, Pedalo fahren, Balancieren »mit etwas auf etwas«).

Geräte, die das Gleichgewichtssystem herausfordern, können sowohl im Kindergarten als auch in der Schule für die Pausenaktivitäten zur freien Verfügung stehen: eine Hängematte im Gruppenraum, Schaukeln und Wippen im Freige-

Wackelbrett

lände, eine Tonne, die innen mit Kissen ausgepolstert ist und in die man sich hineinlegen kann (kleinere Tonnen eignen sich auch zum Balancieren). Wackelbretter, die selbst hergestellt werden können, und ausrangierte Autoschläuche und Bretter, mit denen die Kinder selbst Wippen oder andere Gerätekombinationen herstellen können (vgl. Lensing-Conrady 2001, Zimmer 2004 a).

Das Gleichgewicht zu halten ist am schwersten, wenn man auf einer schmalen oder kleinen, hohen Unterstützungsfläche steht, die sich zudem noch bewegt (gezogen wird, sich

dreht etc.). Hierfür gibt es zahllose Gelegenheiten – im Alltag, aber auch bei bestimmten Bewegungsangeboten:
- ➔ auf einer *Balancierscheibe*, einem »*Varussell*« knien oder sitzen und sich trotz der Drehbewegungen nur wenig festhalten müssen;
- ➔ auf einem Weg aus Luftmatratzen oder Luftkissen (vergleichbar mit einer Luftmatratze, nur kleiner und praller mit Luft gefüllt) zu gehen versuchen;
- ➔ eine Bank oder ein stabiles Brett wird über 2 Rollbretter gelegt. Auf ihr stehen zu bleiben versuchen, auch wenn die Bank durch den Raum gezogen wird.

Spielideen für die Gruppe:

Kreisel

Ein Spielzeugkreisel dient als Anschauungsmaterial: So lange er sich dreht, bleibt er aufrecht, also im Gleichgewicht. Werden seine Drehbewegungen langsamer und hören schließlich ganz auf, fällt er um. Die Kinder beobachten mehrere Kreisel, die auf einem Tisch oder auf dem Boden angedreht werden. Dann versuchen sie, im Sitzen selbst »Kreisel« zu spielen. Mit angehobenen Beinen drehen sie sich um die eigene Achse und versuchen, den Schwung zu verstärken, indem sie sich ganz klein machen und die Arme um die angezogenen Beine legen. Wenn die Drehbewegung langsamer wird, lassen sie sich auf den Boden sinken und ruhen aus.

Drehbewegungen um die Körperachse

Auch im Stehen kann man Kreisel spielen: Die Arme werden seitwärts ausgestreckt, langsam fängt man an, sich zu drehen, und wird immer schneller, bis die Füße nur noch ganz kleine Schritte um die Körperachse machen. Dann trudelt der Kreisel langsam aus. Bestimmt wird einigen Kindern leicht schwindelig, denn wenn man stehen bleibt, dreht sich der Raum um einen herum noch weiter. Entweder dreht sich das Kind jetzt in eine andere Richtung, oder es ruht sich am Boden aus.

Schlittschuhlaufen

Wenn ein glatter Boden vorhanden ist (Parkett, Steinfußboden, Kunststoffbelag), können mithilfe von Staubtüchern (oder auf der flauschigen Seite liegenden Teppichfliesen) die eben geübten Drehbewegungen auch mit der Vorstellung »Schlittschuhlaufen« verbunden werden. Mit einem Fuß steht man auf dem Tuch, mit dem anderen drückt man sich ab und kann so durch den Raum schlittern.

Gegenverkehr

Auf einer umgedrehten Turnbank – oder auf einem Baumstamm, einer Mauer – gehen zwei Kinder von beiden Seiten aufeinander zu. Welche Möglichkeiten gibt es, aneinander vorbei zu kommen, ohne dass einer die Bank oder den Baumstamm verlassen muss?

Gegenverkehr

Paarlaufen

Jeweils zwei Kinder stehen auf zwei Staubtüchern, sodass sich von jedem Kind ein Bein auf dem Tuch des anderen befindet. Nun versuchen sie gemeinsam, einen Rhythmus beim Gleiten und Rutschen auf dem Boden zu finden.

Fliegender Teppich

Ein Kind sitzt, kniet oder liegt auf einer Teppichfliese (oder auf einer leichten Matte) und wird von einem anderen an den Händen durch den Raum gezogen.

oder: An Stelle der Teppichfliese wird eine Decke oder ein Schwungtuch verwendet (rutscht am besten auf glattem Boden). Wenn die Unterlage groß genug ist, können auch mehrere Kinder gleichzeitig darauf gezogen werden.

Seilzirkus

Seile oder dicke Taue werden zwischen zwei Bäume gespannt und so mit den Ästen verknüpft, dass ein Balancieren auf dem Seil (mit Festhalten an einem höheren) möglich ist.

Afrikanische Lastenträgerinnen

Wie die Frauen in Afrika versuchen die Kinder, Gegenstände auf ihrem Kopf zu tragen (Schaumstoffwürfel, Gummiringe, aber auch ein Buch oder einen Plastiktopf).

Eventuell auch mit der Last knien, hinsetzen und aufstehen.

Mit Sandsäckchen auf verschiedenen Körperteilen vorsichtig gehen. Evtl. eine Hindernisstrecke überwinden. Wie viele Sandsäckchen sind geblieben?

Deckenschaukel

Ein Kind wird von einer Decke, die zwischen zwei Erwachsenen gehalten wird, hin- und hergeschaukelt.

Wippen

- Wippen können von den Kindern selbst gebaut werden:
- über ein Rohr wird ein Brett gelegt,
- ein Brett oder ein langes Rohr wird in die Schlaufe eines dicken, von der Decke hängenden Taus eingelegt,

→ eine Turnbank wird mit ihrer Sitzfläche über einen kleinen Kasten gelegt.

Hängebrücke
Eine Turnbank wird mithilfe mehrerer stabiler Seile in einen Barren eingehängt. So entsteht eine schwankende Urwaldbrücke, die über einen reißenden Fluss führt.

Urwaldlandschaft
Mit einem großen Schwungtuch (oder einer schwarzen Plastikfolie) werden auf dem Boden liegende Gegenstände (Schaumstoffteile, Seile, Tennisbälle, Kissen, Matten etc.) bedeckt. Über diese unebene Fläche (eine Urwaldlandschaft oder ein Sumpf) versuchen die Kinder zu gehen und dabei das Gleichgewicht zu halten.

3.6. Das olfaktorische System – der Geruchssinn

»Ich kann ihn nicht riechen« heißt nicht, dass unser Geruchssinn streikt, weil wir vielleicht gerade einen Schnupfen haben, sondern dass uns jemand unsympathisch ist. Und wenn wir »verschnupft« sind, deutet dies auf eine Beleidigung hin. Mit »sich verduften« ist gewiss kein Parfüm gemeint, und ebenso bezieht sich »mir stinkt's« weniger auf die umgebende Raumluft, sondern auf die emotionale Stimmung. »Hier ist aber dicke Luft«, heißt es auch im übertragenen Sinne zur Beschreibung einer unangenehmen sozialen Situation.

Die Nase und ihre sinnliche Wahrnehmung wird in symbolhafter Form eingesetzt, um emotional belastende Gegebenheiten zu charakterisieren, Sympathie oder Antipathie zu beschreiben oder die Stimmung in einer Gruppe auszudrücken.

3.6.1. Die Bedeutung des Geruchssinns

Schutzfunktion des Geruchssinns

Der Geruchssinn ist bei vielen Tierarten (z. B. bei Hunden) der hauptsächliche Orientierungssinn. In dieser Funktion ist die Nase beim Menschen weniger gut ausgebildet, aber trotzdem gibt es auch bei uns Situationen, in denen Informationen über unsere Umwelt hauptsächlich über die

Nase aufgenommen werden. Verdorbene Nahrung lässt sich z. B. oft am Geruch identifizieren, und auf die Gefahr eines Brandes macht uns meistens als erstes die Nase aufmerksam.

Gerüche sind tief im Gedächtnis verhaftet

Gerüche umgeben unser tägliches Dasein: Der Geruch von Kaffee begleitet uns zur Frühstückszeit, den Duft frisch gebackenen Brotes nimmt man sogar auf der Straße vor der Bäckerei wahr, in der Stadt riecht es nach Autoabgasen, die verbrauchte Luft in einem Gruppenraum oder Klassenzimmer nehmen nur noch die zur Kenntnis, die nicht drin sitzen, sondern von außen hineinkommen. Turnhallen haben ihren eigenen typischen Geruch nach Gummimatten, Schweiß, Umkleideräumen und Putzmitteln. Er weckt bei vielen Menschen unangenehme Erinnerungen an Turnstunden ihrer Schulzeit.

Gerüche wecken Emotionen; häufig sind Erinnerungen an die Kindheit mit bestimmten Gerüchen verbunden: das Tannengrün mit der Weihnachtszeit, der »Mief« eines langen Flures mit den alten Schulzeiten, der Bohnerwachsgeruch mit dem gründlichen Hausputz am Samstag. »Hmm, das riecht nach Griechenland«, sagte meine Tochter, als sie eine Sonnenmilchflasche aufschraubte.

Wohltuende Wirkung von Duftstoffen

Die Bedeutung des Geruchssinnes und die Wirkung von Duftstoffen wird heute zunehmend wieder entdeckt. Gewürzen, Heilpflanzen, Kräutern, Räucherkerzen und Pflanzenextrakten werden heilende Kräfte zugeschrieben. Ihr Duft soll sich wohltuend und belebend auf Körper und Geist auswirken.

Die Duftstoffe stammen aus den ätherischen Ölen, die in Blüten, Kräutern und Blättern enthalten sind. Die Substanzen werden durch Wasserdampf-Destillation gewonnen, z. B. aus der Schale der Zitrone oder den Blütenblättern des Hibiscus. Ätherische Öle können inhaliert werden, im Raum verdunstend können sie die Desinfizierung und Reinigung der Raumluft unterstützen und der Belebung und Erfrischung dienen. Viele Duftstoffe haben eine antiseptische Wirkung (Zitrone, Rosenholz, Melisse), sie parfümieren die Luft in einem Raum nicht nur, sondern bringen auch Frische und Klarheit in die Zimmerluft und können zudem vor den in der Luft befindlichen Bakterien schützen.

Darüber hinaus wird ihnen auch zugeschrieben, dass sie beruhigend oder auch anregend wirken, die Konzentration fördern und schließlich sogar zur Stimmungsverbesserung beitragen können.

Riech- und Duftstoffe spielen bei vielen Kulturen eine wichtige Rolle.

3.6.2. Die Nase/Nasenhöhle

Reaktion auf chemische Reize

Anpassungsfähigkeit des Geruchssinnes

Bei dem Geruchssinn handelt es sich wie bei dem Geschmackssinn um ein Sinnessystem, das auf chemische Reize reagiert. Im Vergleich zu anderen Sinnesorganen zeigen Geruchs- und Geschmackssinne eine hohe Anpassungsfähigkeit. Die Erregung der aufsteigenden Bahnen sinkt noch während des Reizes rasch ab. Dementsprechend wird die Geruchswahrnehmung häufig bereits nach kurzem Aufenthalt in einer duftstoffhaltigen Umgebung bzw. nach dem Genuss eines gewürzreichen Essens geringer – man hat sich an den Geruch gewöhnt und nimmt ihn kaum mehr wahr.

In der Riechschleimhaut (Regia olfaktoria), die im obersten Nasengang liegt, befinden sich die Riechzellen, die besondere Sinneshärchen aufweisen. Sie sind bedeckt von einem dünnflüssigen Schleim, in dem die Moleküle der Substanzen, die den Duft aussenden, gelöst werden. Deswegen sind auch nur die Stoffe riechbar, die sich in der Nasenschleimhaut lösen.

Die Riechfunktion schützt die Atemorgane vor schädigenden Einflüssen, z. B. vor zu niedriger Temperatur der Luft (Faller 2004).

Die Zuführung von Duftstoffen erfolgt mit dem Einatmen durch die äußere Nasenöffnung. Durch »Schnüffeln«, schnelle Atemzüge durch die Nase, wird die Luftzufuhr zu den Riechzellen beschleunigt, sodass man besonders gut riechen kann.

In geringerem Maß gelangen auch Gerüche aus dem Mundraum zu den Riechzellen. Daher überlagern sich bei der Nahrungsaufnahme Geschmacks- und Geruchsempfindungen zu Mischempfindungen. Wie die Geschmackssinneszellen werden auch die Riechzellen ständig erneuert (vgl. Kap. 3.7.).

3.6.3. Geruchsqualitäten

Der Mensch kann tausende verschiedener Duftstoffe unterschieden. Die Geruchsempfindungen lassen sich in Gruppen entsprechend bestimmter Ähnlichkeiten ordnen: Diese Einteilung entspricht in ihrer Schärfe allerdings nicht der klaren Qualitätsgliederung beim Geschmackssinn. Nach Schmidt/Thews (2005) kann unterschieden werden in:

- ➔ blumig (riecht nach Rosen),
- ➔ ätherisch (riecht nach Birne),
- ➔ moschusartig (riecht nach Moschus),
- ➔ kampferartig (riecht nach Eukalyptus),
- ➔ faulig (riecht nach Schwefelwasserstoff),
- ➔ stechend (riecht nach Ameisensäure, Essigsäure).

Die Duftklassen werden hierbei nach den natürlichen Quellen von Duftstoffen oder nach typische Vertretern benannt.

Emotionale Bedeutung von Geruchswahrnehmungen

Geruchswahrnehmungen besitzen auch eine besonders ausgeprägte emotionale Komponente. Dies ist dadurch zu erklären, dass zwischen der Riechbahn und dem Limbischen System, das für die emotionale Bewertung der Sinneswahrnehmungen im Gehirn verantwortlich ist, eine enge Verbindung besteht (vgl. Kap. 2).

Geruchserfahrungen haben eine hohe Tiefen- und Langzeitwirkung. Sie verbinden sich mit Erinnerungen an Erlebnisse, die nach Jahren sofort wieder gegenwärtig werden, wenn ein bestimmter Geruch wahrgenommen wird.

3.6.4. Entwicklung des Geruchssinns

Auch der Geruchssinn ist bei der Geburt bereits gut entwickelt. Neugeborene können schon zwischen verschiedenen Gerüchen unterscheiden. So können sie z. B. ihre Mutter bereits am Geruch erkennen. Werden ihnen unterschiedliche Geruchsstoffe dargeboten, können bestimmte Veränderungen ihrer Körperaktivität und ihrer Atmung beobachtet werden.

Sie zeigen auch deutlich Reaktionsunterschiede auf Geruchsreizungen, die von Erwachsenen als angenehm oder unangenehm beurteilt werden (Zimbardo 2004).

3.6.5. In alles seine Nase stecken – Riechspiele

Auch mit dem Geruchssinn kann man experimentieren. Allerdings darf man die Nase nicht überstrapazieren, denn Duftmoleküle setzen sich in den Nasenschleimhäuten fest und bleiben dort eine Zeit lang haften. Wenn man also die Nase an ein starkes Parfüm gehalten hat, bleibt einem der Geruch noch lange »in der Nase«, obwohl die Duftquelle schon gar nicht mehr vorhanden ist. Duftvergleiche dürfen also nicht zu lang dauern, dazwischen sind Pausen erforderlich.

Die Wirkung von Duftstoffen im Raum zu beobachten, mit Kindern über mögliche Einflüsse sprechen – das kann Thema des Experimentierens mit dem Geruchssinn sein. So kann man die Luft im Gruppenraum des Kindergartens oder im Klassenraum durch folgende Maßnahmen verändern:

- Ein Wasserzerstäuber (wie er zum Besprengen von Pflanzen benutzt wird) wird mit Wasser gefüllt. Dazu kommen einige Tropfen eines ätherischen Öles. Im Raum versprüht, ergibt sich eine feine Duftwolke, die zudem noch die Anfeuchtung der während der Heizperiode meist zu trockenen Raumluft zur Folge hat.
- Eine kleine Schale wird mit warmem Wasser gefüllt. In das Wasser werden einige Tropfen eines ätherischen Öles gegeben. Das Ganze wird auf einen warmen Heizkörper gestellt.
- Ähnlich funktioniert auch eine Duftlampe: In die Schale über einem Teelicht werden Wasser und einige Tropfen des Öles gefüllt. Dieses verdunstet, wenn das Teelicht angezündet wird.

Die ätherischen Öle können auch die Atmungsorgane positiv beeinflussen.

Spürhunde

Im Raum ist eine stark riechende Duftquelle versteckt (stark duftende Seife, Duftlampe etc.) Die Kinder spielen Spürhunde, die durch den Raum kriechen und die (am Boden befindliche) Geruchsquelle aufzuspüren versuchen.

Parfümdetektive

Verschiedene Parfümfläschchen werden nebeneinander aufgereiht. Ein Wattebausch wird mit einem der Parfüms getränkt, der »Detektiv« soll herausfinden, aus welchem Fläschchen der Duft stammt.

Evtl. kann das Suchspiel auch in eine Geschichte eingebunden werden: Jedes der mitspielenden Kinder parfümiert sich die Hand mit einem Tropfen aus einem anderen Fläschchen (ein Tropfen genügt). Der Detektiv sucht einen Gangster, der ein bestimmtes Parfüm (oder Rasierwasser) benutzt.

Riechorgel aus Pappröhren

In den Pappröhren werden die Düfte von Esswaren mit einem typischen Geruch »gefangen gehalten«. Die Nase wird hineingesteckt und soll raten, wo der Käse, das frische Brot, die Zwiebel oder die Zitrone versteckt sind.

Auch riechen kann man weitaus besser, wenn man die Augen schließt!

Duftmemory

In einheitlichen Gefäßen (Gläser von Babynahrung, leere Filmdosen o. Ä.) werden Gerüche »gesammelt« (z. B. Tücher, die mit Parfüm oder Rasierwasser getränkt sind, Kaffeepulver, Essig, getrocknete Kräuter etc.) Jedes Duftglas ist zweimal vorhanden. Die Mitspieler versuchen – mit geschlossenen Augen –, die Paare herauszufinden.

Geruchsbasar

Kräuter, Öle, Parfüms werden in einem Kaufmannsladen angeboten. Jeder darf sich »ein Pfund« Parfümduft, »ein Gramm« Mandarinenduft oder eine »Tüte« voll Bergluft (Fichtennadel) kaufen.

Kräuterbeete

Kräuterbeete können draußen in einer Gartenecke oder aber in Blumentöpfen im Gruppenraum angepflanzt werden: Pfefferminze, Thymian, Basilikum, Salbei sind beispielsweise stark duftende Kräuter. Zitronenmelisse riecht man schon von weitem, von manchen Kräutern erkennt man den Geruch erst, wenn man die Blätter zwischen den Fingern zerreibt.

Küche der Gerüche

In der Kindergarten- oder der Schulküche wird von einer Gruppe der Kinder ein Überraschungsessen zubereitet. Die anderen Kinder sollen erraten, was es zu essen gibt (einen Kuchen, Pfannkuchen, Himbeermarmelade).

Wo kann man den Duft bereits wahrnehmen: Vor der Tür? Bei geöffneter Tür? Mit geschlossenen Augen im Raum?

Welche Speisen riechen bei der Zubereitung besonders stark?

(Dies alles können die Kinder natürlich auch zu Hause herausfinden.)

Gerüche der Kindheit

Eltern erinnern sich an Gerüche

Ein Spiel für Eltern: sich erinnern an die eigene Welt der Gerüche (meist Erinnerungen aus der Kindheit).

Was fällt mir ein, wenn wir

- ➔ Weihrauch (Fronleichnamsprozession, Stille in der Kirche),
- ➔ Babyöl,
- ➔ Sonnencreme,
- ➔ frisch geschnittenes Holz,
- ➔ frisch gebackenen Kuchen (Weihnachtszeit, Kälte, Wärme in der Küche),
- ➔ Bohnerwachs (Hausreinigung am Samstag, Vorbereitungen auf ein großes Fest) riechen?

3.7. Das gustatorische System – der Geschmackssinn

»Alles Geschmackssache« sagt man, wenn man eigentlich der Meinung ist, dass der andere sich »geschmacklos« anzieht. Der Geschmack, der Mund, muss für vieles herhalten, was wir »zum Fressen gern haben« oder »zum Kotzen« finden. »Ein süßer Fratz«, »ich bin sauer«, »in den sauren Apfel beißen«, »einem alles gründlich versalzen«, »ein bitteres Ende«, »ein süß-saures Gesicht machen«, »seinen Senf dazugeben« – die Alltagssprache hat viele Beispiele für die emotionale Qualität des Geschmackssinnes. Der orale Genuss steht sogar über allen anderen Sinnen: So schauen sich Jugendliche heute nicht mehr einfach einen Film an, sondern sie »ziehen ihn sich rein« und selbst der Prüfungsstoff wird von den Studenten zwar reingezogen, manchmal aber nicht ganz verdaut.

3.7.1. Die Bedeutung des Geschmackssinns

Erst durch den Geschmackssinn können wir Nahrung genießen, ähnlich aussehende Nahrungsmittel voneinander unterscheiden.

Die biologische Bedeutung des Geschmacksinnes liegt neben der Prüfung der Nahrung in seiner Einwirkung auf den Verdauungsprozess; durch die Geschmacksempfindung werden Speichel- und Magensaftabsonderung angeregt.

Abhängigkeit von Geruchs- und Geschmackssinn

Geruchs- und Geschmackssinn haben eine sehr enge Verbindung zueinander: Einerseits reizen viele Speisen, die wir noch nicht gekostet haben, zunächst einmal unsere Geruchsnerven, andererseits wird das Riechen durch das Schmecken unterstützt, was sich auch daran zeigt, dass man bei verbundenen Augen und zugehaltener Nase viele Nahrungsmittel überhaupt nicht mehr unterscheiden kann.

3.7.2. Die Mundhöhle

Geschmacksknospen

Die Rezeptoren des Geschmackssinnes sind die so genannten Geschmacksknospen, die sich weit verstreut auf der Zunge und in der gesamten Mundhöhle befinden. Die Geschmacksknospen sind in den Papillen (Erhebungen) der Zunge eingebettet. Sie sprechen nur auf Stoffe an, die wasserlöslich sind.

Reize für den Geschmackssinn sind also nicht »feste Körper«, die sich im Gaumenbereich und auf der Zunge befinden, sondern chemische Lösungen. Den Geschmack von festen Stoffen können wir erst dann wahrnehmen, wenn diese sich mithilfe des Speichels gelöst haben.

Zum Schmecken ist eine Aktivität erforderlich: Legt man einen Bonbon lediglich auf die Zunge, schmeckt man ihn zunächst gar nicht. Erst wenn durch Lutschen (Zungen- und Kieferbewegungen) der Verwandlungspro-

Ob Sand schmeckt?

zess vom festen Körper in eine chemische Lösung beschleunigt wird (darin liegt erst der Reiz für das Geschmacksorgan), werden die Geschmackssinneszellen angesprochen (Stadler/Seeger/Raeithel 1975, 100f.)

Ständige Erneuerung der Geschmackssinneszellen

Die einzelnen Anteile der Zunge werden von verschiedenen Nerven versorgt (Geschmacksnerven). Die Geschmackssinneszellen werden ständig erneuert. Jede Zelle wird nach einer Lebensdauer von 10 Tagen durch einen Abkömmling der Basalzellen ersetzt.

Mit zunehmenden Lebensalter nimmt die Leistungsfähigkeit des Geschmackssinnes ab. Auch die Einnahme von Drogen, Koffein oder starkes Rauchen mindert die Geschmacksleistung (vgl. Schmidt/Thews 2005).

Da die Mundhöhle mit dem Nasenraum in Verbindung steht, können Geruchsstoffe in den Geruchsrezeptoren streuen und entsprechende Empfindungen verursachen. Deutlich wird der Zusammenhang zwischen Riechen und Schmecken, wenn man einen Schnupfen hat – dann schmeckt man auch die Nahrung nicht mehr, weil die Nasenbelüftung fehlt.

3.7.3. Geschmacksqualitäten

Das Spektrum der Geschmacksempfindung umfasst vier Grundqualitäten:

- ➔ süß und salzig (wird vorwiegend von der Zungenspitze wahrgenommen),
- ➔ sauer (wird vorwiegend vom Zungenrand wahrgenommen),
- ➔ bitter (wird vorwiegend am Zungenrand wahrgenommen).

Aus der Mischung dieser Grundqualitäten lassen sich weitere Empfindungen kombinieren.

Mischempfindungen

Für viele Geschmacksreize sind Mischempfindungen charakteristisch: z. B. schmeckt eine Orange süß und sauer, die Pampelmuse sauer, süß und bitter.

Die eindeutige Zuordnung chemischer Eigenschaften eines Stoffes in seiner Schmeckwirkung ist unmöglich. So schmecken eben Zucker und auch Bleisalze süß, die wirksamsten Süßreize sind künstliche Süßstoffe wie Saccharin. Die Empfindungsqualität eines Stoffes ist zusätzlich von seiner Konzentration abhängig. So schmeckt Kochsalz in geringerer Konzentration süß und erst in höherer rein salzig. Eine hohe Empfindlichkeit des Geschmackssinnes besteht bei Bitterstoffen. Da diese oft giftig sind, gilt der Geschmackssinn hier auch als Warnsystem. Starke Bitterreize lösen leicht Brech- und Würgereflexe aus (Schmidt/Thews 2005).

3.7.4. Die Entwicklung des Geschmackssinns

Bereits im Mutterleib kann das Ungeborene schmecken. Seine Geschmacksknospen sind ab dem 3. Monat ausgebildet.

Bei der Geburt sind die Geschmacksempfindungen bereits gut entwickelt. Neugeborene reagieren auf süße und salzige Stimuli gewöhnlich mit Saugreflexen und auf saure oder bittere Reize mit Vermeidungsreaktionen (Zimbardo 2004).

3.7.5. Alles Spaghetti – Schmeckspiele

Der Geschmackssinn ist von der Lebensmittelindustrie systematisch manipuliert und pervertiert worden (Kleber 1994, 161). Uns schmeckt nur noch das, was durch die chemische Industrie aufbereitet worden ist. Aromastoffe sind künstlich, und manchmal schmeckt ein Erdbeerjogurt gar nicht mehr nach Erdbeeren, wenn ihm nicht künstliches Erdbeeraroma beigefügt worden ist.

Mit dem Geschmackssinn zu experimentieren, ist gerade bei Kindern oft mit Schwierigkeiten verbunden. Manche Kinder weigern sich, Unbekanntes zu probieren und Dinge, die nicht in ihrer Geschmacksrichtung zu liegen scheinen, zu essen.

Bei einer Sensibilisierung kann es auch nicht darum gehen, möglichst viele neue Dinge zu essen und dabei zu identifizieren, sondern vielmehr die eigenen Geschmacksnerven auf ihre Differenzierungsfähigkeit hin zu testen. Dabei genügt es oft, bei der gleichen Speise wenige, geringfügige geschmackliche Veränderungen vorzunehmen und diese von den Kindern herausfinden zu lassen (Jogurt kann z. B. mit einem Schuss Zitronensaft, mit Kräutern oder wenig Salz und Gurken angerührt werden).

Ein gemeinsames Frühstück in der Gruppe oder in der Klasse, zu dem jeder etwas beisteuert und möglichst jeder auch von allem probiert, kann bereits zu einem sehr vielfältigen Geschmackserlebnis werden.

Wie Kükelhaus (1956) betont, geht es darum, Spuren von Nuancen zu erspüren, von einem »Fast-nichts«, in Dingen, die auf den ersten Blick gleichförmig erscheinen, ihre Verschiedenartigkeit und Vielfältigkeit wahrzunehmen. »Es ist keine Kunst, süß von sauer, salzig von bitter zu unterscheiden. Darin liegt auch nicht der Sinn der Sinne. Dieser liegt vielmehr darin, süß von süß, sauer von sauer, bitter von bitter zu unterschieden, und darin, das Bittere in Süßem, das Saure in Salzigem zu schmecken« (Kükelhaus 1956, 13).

Schmeck-Bar

Kleine Häppchen mit Käse, Äpfel, Gurken, Erdnüssen werden in verschlossenen Behältern (oder unter einem Tuch) angeboten. Mit geschlossenen Augen dürfen die Kinder probieren, um welche Esswaren es sich handelt. Was schmeckt süß, sauer, salzig?

Bitteres wird als unangenehm empfunden, deswegen sollte es aus den Geschmacksexperimenten herausgenommen werden. Ebenso scharfe Nahrungsmittel wie z. B. scharfer Senf, Meerrettich oder Pfeffer.

Kinder lieben Süßes – sehr zum Leidwesen ihrer Eltern und zum Nachteil ihrer Zahngesundheit. Die Geschmacksbar sollte nicht nur die von den Kindern bevorzugten Esswaren enthalten, sondern bewusst verschiedene Geschmacksrichtungen bereithalten. Unter der Geschmacksqualität »süß« können Obst- oder Honigprodukte angeboten werden – im Vergleich zu Salzigem und Saurem werden sie ohnehin als sehr süß eingeordnet.

Wie verschieden schmeckt Brot?

Verschiedene Brotsorten werden nacheinander probiert. Welche Unterschiede schmeckt man bei Roggen-, bei Weizenbrot heraus? Vollkornbrot und Weißbrot sehen nicht nur ganz verschieden aus, sondern schmecken auch sehr unterschiedlich.

Anschließend kann ein »Brotsortenraten« veranstaltet werden: Verschiedene Brotsorten werden in kleine Würfel geschnitten. Mit geschlossenen Augen nimmt sich jedes Kind einen Würfel und probiert herauszufinden, um welche Brotsorte es sich handelt.

Saft-Bar

Säfte von Obst und Gemüse werden von den Kindern selbst hergestellt (Saftpresse).

Sie beobachten, welche Farbe die Säfte haben, ob sie süß (Möhren) oder sauer schmecken.

Teeladen

Tees verschiedener Geschmacksrichtungen (Pfefferminze, Zitronentee, Hibiskus) werden gemeinsam mit den Kindern zubereitet und nach dem Abkühlen mit verschlossenen Augen (damit die Farbe des Tees nicht schon verrät, was geschmeckt werden soll) gekostet. Unterscheiden sie sich in ihrer Geschmacksrichtung so, dass die Sorte herausgefunden werden kann? (Hier hilft oft schon die Nase mit, evtl. kann der Tee deswegen in verschließbare Plastikbecher mit Trinkhalmöffnung geschüttet und mit einem Strohhalm getrunken werden.)

Wie süß ist süß?

Zucker, Honig, Sirup, Traubenzucker, Früchte, süß-saures Obst (Apfelsine) werden auf ihre Süßegrade hin untersucht: Die Kinder werden schnell herausfinden, dass sich die süßen Speisen sehr voneinander unterschieden. Ein Apfel schmeckt eigentlich süß, aber wenn er nach stark gesüßtem Jogurt gegessen wird, erscheint er viel weniger süß.

Spezialitäten aus anderen Ländern

Wenn in der Kindergruppe ausländische Kinder sind, kann man die Gelegenheit nutzen, einmal Spezialitäten aus anderen Ländern zu probieren. Evtl. können in Zusammenarbeit mit den jeweiligen Eltern ein türkisches Fladenbrot oder richtige italienische Spagetti zubereitet werden.

Im Vergleich zu den »Fertigspagetti« werden die Kinder schnell schmecken: Es ist doch nicht alles Spagetti!

3.8. Mit allen Sinnen leben und lernen – zur Integration der Sinneswahrnehmungen

Bei der vorangegangenen Darstellung der Sinnessysteme und ihrer spezifischen Organe und Funktionen darf nicht übersehen werden, dass alle Sinne schon bei einem einfachen Wahrnehmungsprozess zusammenwirken.

Wie bereits anhand mehrerer Beispiele in diesem Buch beschrieben, ist die sinnliche Wahrnehmung nur selten auf eine Sinnesmodalität beschränkt. Visuelle, auditive, taktile, kinästhetische und vestibuläre, olfaktorische und gustatorische Reize werden zu einem komplexen Wahrnehmungsvorgang integriert, ohne dass dem Wahrnehmenden die einzelnen Quellen der Information bewusst sind.

So werden z. B. beim Gang durch einen Regenschauer mehrere Sinneseindrücke erweckt, die alle gleichzeitig oder schnell nacheinander auf denjenigen, der sich im Regen befindet, einwirken: Man spürt die Feuchtigkeit auf der bloßen Haut, sieht die Wassertropfen fallen, riecht den Geruch der nassen Straßen und Pflanzen, die Straße wird glitschig, und man muss aufpassen, dass man nicht auf den nassen Blättern ausrutscht, über eine Pfütze springt man hinweg und weicht den Spritzern der vorbeifahrenden Autos aus. Und wenn man die nassen Lippen mit der Zunge berührt, kann man den Regen sogar schmecken.

Zusammenwirken aller Sinne

Solche alltäglichen Vorgänge, die meist automatisch ablaufen, sind von vielen Sinneseindrücken begleitet, oft dringen sie uns aber gar nicht ins Bewusstsein. Es ist das Zusammenwirken aller Sinnessysteme, die aus den Einzelempfindungen ein Ganzes macht und aus den jeweiligen Wahrnehmungen (Tropfen auf der Haut, Geruch, Gefühl von Nässe, Wahrnehmung des rutschigen Bodens etc.), die im Gehirn zusammengesetzt werden, die Information »es regnet« übermittelt. Darauf hin können Bewegungen koordiniert (vorsichtiges Gehen, ausweichen etc.), Verhaltensweisen angepasst werden.

In jedem Augenblick strömt also eine Vielzahl unterschiedlicher Reize über die jeweiligen Sinnessysteme auf unser Gehirn ein. Hier müssen die vielen gleichzeitig eintreffenden Impulse analysiert und zusammengefügt und mit vorhandenen, gespeicherten Informationen verglichen werden (vgl. Kap. 2).

Sensorische Integration

J. Ayres bezeichnet dieses Zusammenwirken der Sinne als »sensorische Integration«. Sie versteht darunter den »Prozess des Ordnens und Verarbeitens sinnlicher Eindrücke (sensorischer Inputs), sodass das Gehirn eine brauchbare Körperreaktion und ebenso sinnvolle Wahrnehmungen, Gefühlsreaktionen und Gedanken erzeugen kann. Die sensorische Integration sortiert, ordnet und vereint alle sinnlichen Eindrücke des Individuums zu einer vollständigen und umfassenden Hirnfunktion« (Ayres 2002).

Durch die sensorische Integration wird erreicht, dass alle Abschnitte des Zentralnervensystems miteinander zusammenarbeiten und damit eine sinnvolle und angemessene Auseinandersetzung des Menschen mit seiner Umgebung möglich ist.

Wie eine Maschine in ihrem gesamten Funktionieren abhängig ist von der Funktionsfähigkeit einzelner Teile (auch des kleinsten Rädchens), so ist auch die sensorische Integration abhängig von der Funktionsfähigkeit der einzelnen Wahrnehmungssysteme. Die unterschiedlichen Anteile werden zu einem Ganzen gefügt und arbeiten als Einheit zusammen.

Anpassungsreaktionen

Das Zusammenspiel der Sinne wird gefördert durch körperliche Aktivitäten; sie setzen komplexe Anpassungsreaktionen in Gang. Wenn Kinder Neues hinzulernen, hat das Gehirn durch die Anpassungsreaktion die Chance, sich weiterzuentwickeln und sich damit »besser zu organisieren«. Bewegungsaktivitäten des Kindes enthalten zahlreiche Anpassungsreaktionen, die die Verarbeitung sinnlicher Reize unterstützen.

Es wurde schon mehrfach drauf hingewiesen, dass es in diesem Zusammenhang nicht darum gehen darf, mit Kindern ein isoliertes Sinnestraining zum Zwecke besserer Gehirnfunktionen durchzuführen. Dennoch soll dieser Aspekt – um Missverständnissen vorzubeugen – hier noch einmal aufgegriffen werden. Auch Ayres weist ausdrücklich darauf hin, dass es vor allem das Spielen ist,

Das Spiel mit dem Gleichgewicht erfordert Anpassungsreaktionen aller Sinne

das beim Kind die Sinneswahrnehmung und -verarbeitung unterstützt: »Ohne intensives Spielen, welches den ganzen Körper beansprucht, verschafft sich das Kind nicht das Ausmaß an Sinneswahrnehmungen, das notwendig ist, um das Gehirn in seiner Gesamtheit zu entwickeln« (2002).

Der Prozess des Zusammenwirkens aller Sinne verläuft nicht immer reibungslos. Im einleitenden Kapitel wurden einige Faktoren genannt, die die Entwicklung von Kindern in Abhängigkeit von ihren konkreten Lebensbedingungen beeinträchtigen können. Da eine immer größer werdende Zahl von Kindern heute unter Wahrnehmungsstörungen leidet, soll diesem Problem im nächsten Kapitel besondere Aufmerksamkeit gewidmet werden.

4. Wahrnehmungsstörungen

Wenn ein Sinnesorgan geschädigt ist oder ganz ausfällt (Taubheit, Blindheit), übernehmen andere Sinnesorgane eine Kompensationsfunktion (vgl. Kap. 1.1.).

So sind bei Blinden Tast- und Gehörsinn viel besser ausgebildet als bei Sehenden. Taube Menschen müssen sich zur Verständigung mit anderen des visuellen Sinnes bedienen. Sie lesen die Worte von den Lippenbewegungen der Gesprächspartner ab, lernen über die Gebärdensprache, sich mit den Händen auszudrücken, und sind fähig, über den taktilen Sinn Geräusche und Klänge wahrzunehmen, indem sie durch Schallwellen ausgelöste Vibrationen des Kehlkopfes ertasten.

Wenn bei einem Kind der Verdacht auf eine Wahrnehmungsstörung besteht, sollte zunächst durch eine medizinische Untersuchung abgeklärt werden, ob nicht eine Hör- oder Sehstörung vorliegt.

Wahrnehmungsstörungen können trotz voller Funktionsfähigkeit der Sinnesorgane auftreten

Aber: Die Wahrnehmungsfähigkeit eines Menschen ist zwar von der Intaktheit der Sinnesorgane abhängig, Wahrnehmungsstörungen betreffen jedoch auch den Prozess der Reizverarbeitung im Gehirn und können deswegen trotz voller Funktionsfähigkeit der Sinnesorgane auftreten.

Störungen der Wahrnehmungsfähigkeit sind demnach in vielen Fällen nicht allein mit einer Brille oder einem Hörgerät zu beheben.

Die betroffenen Kinder können sehen, hören, tasten etc., sie haben jedoch Schwierigkeiten, die aufgenommenen Reize richtig zu verarbeiten. Die Informationen, die ihnen von den Sinnesorganen übermittelt werden, bleiben ungenau und diffus.

Im folgenden Kapitel werden Ursachen und Erscheinungsformen von Wahrnehmungsstörungen beschrieben. Dies kann allerdings nur im Rahmen eines kurzen Überblickes geschehen. Für weitere Informationen wird auf die spezifische Fachliteratur über Wahrnehmungsstörungen verwiesen (z. B. Ayres 2002, Brand/Breitenbach/Maisel 1997, Doering/Doering 1999, Kesper/Hottinger 2002, Kiphard 1995, Passolt 2003).

4.1. Ursachen von Wahrnehmungsstörungen

Die Ursache von Wahrnehmungsstörungen ist weniger in einem nicht funktionsfähigen Sinnesorgan zu finden, sondern in der mangelnden Fähigkeit, Reize auszuwählen, wichtige von unwichtigen zu unterscheiden, Sinneseindrücke richtig einzuordnen, mit vorhandenen Erfahrungen zu verbinden und sie im Zentralnervensystem zu integrieren.

Beispiel: auditive Wahrnehmungsstörungen

So ist z. B. die auditive Wahrnehmungsfähigkeit einerseits an die Intaktheit des Hörorgans gebunden, andererseits aber auch an die Fähigkeit, Informationen aus der Umwelt richtig zu verarbeiten und entsprechend darauf zu reagieren.

Kinder mit auditiven Wahrnehmungsstörungen nehmen z. B. einen akustischen Reiz, einen Laut zwar richtig wahr, können seine Bedeutung jedoch nicht erkennen und sind auch nicht fähig, aus Einzellauten ein Wort zu bilden.

Sprachverständnisstörung

Kiphard (1995) unterscheidet daher zwischen einer *peripheren* und einer *zentralen* Hörstörung. Während die periphere Hörstörung auf einer Störung der Schallempfindung im Mittelohr bzw. im Innenohr beruht, ist die zentrale Hörstörung in den Hirnzentren lokalisiert und wird von Kiphard als *Sprachverständnisstörung* bezeichnet.

Die Ursache von Wahrnehmungsstörungen kann nicht eindeutig belegt werden. Sie können organisch-, aber auch umweltbedingt sein.

Organische Ursachen

Zu den *organischen Ursachen* zählen Hirnfunktionsstörungen, die die Arbeitsweise des Gehirns betreffen. Je nach dem Zeitpunkt, der für die Beeinträchtigung in Frage kommt, kann man unterscheiden zwischen

- *pränatalen Ursachen* (die Beeinträchtigungen erfolgten *vor* der Geburt, z. B. durch Infektionen der Mutter während der Schwangerschaft, die Einwirkung toxischer Stoffe wie Alkohol, Medikamente, Drogen, Strahlenschädigungen),
- *perinatalen Ursachen* (Komplikationen *während* der Geburt sind fast immer mit einem Mangel in der Sauerstoffversorgung des Gehirns verbunden, hierzu kann es kommen durch eine überlange Geburtsdauer, Lageanomalien, Nabelschnurumschlingungen etc.);
- *postnatalen Ursachen* (Beeinträchtigungen nach der Geburt, also während der frühen Kindheit, z. B. durch fieberhafte und entzündliche Erkrankungen, die Auswirkungen auf zerebrale Funktionen haben).

Nicht jedes dieser Ereignisse muss sich schädigend auf die Entwicklung des Kindes auswirken, häufig tritt jedoch eine Kombination mehrerer Risikofaktoren auf, die dann zusammen mit ungünstigen Lebensbedingungen zu einer Kumulation der negativen Einflüsse führt.

Wahrnehmungsstörungen können nämlich auch, wie in den beiden ersten Kapiteln beschrieben, durch die Lebenssituation der Kinder bedingt worden sein. Zu diesen *umweltbedingten Ursachen* zählen

Umweltbedingte Ursachen

- *ein Mangel an Entwicklungsreizen;*
  die Kinder wachsen in einer Umgebung auf, in der sie wenig Möglichkeiten zu sensorischen Erfahrungen haben. Hierzu könnte z. B. eine soziale Umgebung gehören, in der die Kinder wenig Körperkontakte haben, dazu zählt aber auch Bewegungsmangel und Überbehütung.
- *unausgewogene Reizeinflüsse,* durch die es in bestimmten Bereichen zu einer Überstimulierung und in anderen zu einer Unterversorgung kommt (z. B. Überflutung mit optischen und akustischen Reizen, Mangel an körpernahen Erfahrungen). Auch eine solche »einseitige Sinneskost« kann zu Störungen in der Verarbeitung der aufgenommenen Informationen führen.

In vielen Fällen handelt es sich beim Auftreten von Wahrnehmungsstörungen um eine Kette von Einflüssen und Ereignissen, die zur Folge haben, dass das Kind in einer Auseinandersetzung mit seiner Umwelt beeinträchtigt wird.

Da eindeutige Kausalzusammenhänge also nicht vorgefunden werden können, ist eine Diagnose schwierig. Die Probleme werden sich bei jedem Kind anders darstellen. Für das Erkennen von Beeinträchtigungen und Störungen der Wahrnehmungsfähigkeit liefern Kenntnisse über mögliche Ursachen, aber auch das Wissen über den »normalen« Entwicklungsverlauf eine gute Basis. Die folgenden Hinweise sollen weitere Hilfen für die Beobachtung des kindlichen Verhaltens und seiner Entwicklung geben, um dann bei Bedarf den Rat weiterer Fachleute (Ergotherapeuten, Physiotherapeuten, Motopäden etc.) hinzuzuziehen.

4.2. Typische Störungsbilder

Gemäß den Entwicklungsstufen nach Affolter (1975) können Wahrnehmungsstörungen eingeteilt werden in

- modalitätsspezifische Störungen (Verarbeitungsprobleme liegen in einzelnen Bereichen der visuellen, auditiven, taktilen, kinästhetischen und vestibulären Wahrnehmung);
- intermodale Störungen (die Integration der Wahrnehmung ist beeinträchtigt);
- seriale Störungen (mangelnde Fähigkeit, ein räumliches oder zeitliches Nacheinander von Reizen zu erkennen, im Gedächtnis zu behalten und darauf zu reagieren).

Störungen in nur einem Wahrnehmungsbereich sind selten

Bei einer Einteilung der Wahrnehmungsstörungen entsprechend der Sinnesmodalitäten kann der Eindruck entstehen, als handele es sich um isolierte Ausfälle eines Sinnessystems. Dabei muss bedacht werden, dass die in der Praxis auftretenden Probleme meistens Kombinationen unterschiedlicher Symptome sind. Störungen in nur einem Wahrnehmungsbereich sind äußerst selten (vgl. Brand/Breitenbach/Maisel 1997). Dies wird auch deutlich, wenn man sich die Vielfalt der möglichen Klassifizierungen von Wahrnehmungsstörungen näher anschaut.

Ayres (2002, 96 ff.) unterscheidet
- ➔ taktile Abwehr;
- ➔ Störungen des vestibulären Systems;
- ➔ Störungen des visuellen Systems, des Hörens und der Sprache;
- ➔ entwicklungsbedingte Apraxie.

Beispielhaft soll im Folgenden auf Störungen der körpernahen Sinneswahrnehmungen (taktil-kinästhetisch-vestibulärer Bereich) eingegangen werden, um die Vielfalt der Erscheinungsformen im kindlichen Verhalten und die Konsequenzen für sozial-emotionale Entwicklungsprozesse aufzuzeigen.

Störungen der taktilen Wahrnehmung

Innerhalb der taktilen Wahrnehmung kann man differenzieren zwischen einer Über- und einer Unterfunktion des Tastsinns.

Unterfunktion des Tastsinnes

Bei herabgesetzter Berührungsempfindlichkeit werden geringfügige taktile Empfindungen kaum wahrgenommen; es bedarf sehr intensiver Reize, damit diese Impulse im Gehirn ankommen. Die Kinder sind häufig schmerzunempfindlich, beim Hinfallen und Anstoßen zeigen sie kaum Reaktionen. Ihre ständige Suche nach massiven Berührungsreizen kann so weit gehen, dass sie sich durch Kratzen und Stoßen selbst verletzen. Da ihnen auch ihre Körpergrenzen nicht bewusst sind, sind sie häufig distanzlos gegenüber Fremden und haben nur wenig soziale Hemmschwellen.

Überempfindlichkeit

Genau entgegengesetzt verhalten sich Kinder mit einer Überempfindlichkeit des Tastsinnes. Ayres bezeichnet diese Störung als »taktile Abwehr«. Taktile Reize werden von diesen Kindern oft als unangenehm empfunden, sie reagieren darauf mit Abwehrbewegungen, Flucht oder Vermeidung. Manche Kinder zeigen sich überempfindlich gegenüber Kleidungsstücken (alles kratzt und juckt), wollen nicht nackt sein und laufen nicht gern barfuß im Sand oder Gras. Auch der Umgang mit Matsch, Kleister oder Fingerfarben scheint ihnen eher unangenehm zu sein.

Andere lehnen Zärtlichkeiten selbst von ihren unmittelbaren Bezugspersonen ab; schon wenn man sie in den

Arm nimmt oder ihnen über das Haar streichelt, wird ihr Berührungssystem überfordert (Ayres 2002).

Störungen der kinästhetischen Wahrnehmung

Mangelnde Kraftdosierung und Steuerung der Bewegungen

Bei einer Störung der kinästhetischen Wahrnehmung haben die Kinder kein differenziertes Körperschema, Körperteile sind in ihrer Vorstellung nicht präsent. Die gezielte Steuerung eines Bewegungsablaufes und die Dosierung des Krafteinsatzes ist erschwert. Ein Stift wird z. B. sehr verkrampft gehalten, und beim Malen können die Begrenzungslinien nicht eingehalten werden. Bewegungen können häufig nicht plötzlich gestoppt werden. Wenig differenzierte Fingerbewegungen sind oftmals ein Ausdruck von feinmotorischen Problemen (vgl. Kesper/Hottinger 2002).

Störungen der vestibulären Wahrnehmung

Auch bei diesem Sinnessystem kann von einer Unter- bzw. Überfunktion der Reizempfindlichkeit ausgegangen werden.

Vestibuläre Überempfindlichkeit

Bei einer *vestibulären Überempfindlichkeit* werden die Kinder von jeder geringfügigen Beanspruchung ihres Gleichgewichtssystems verunsichert. Sie vermeiden Klettern, Balancieren auf schmalen Unterstützungsflächen und Schaukeln. Sie neigen zu Schwindelgefühlen und Übelkeit bei Drehbewegungen und wehren sich auch gegen beliebte Eltern-Kind-Spiele wie »Hoppe-Reiter« oder das Hochwerfen in die Luft. Da sie Bewegungsspiele und auch Geräte auf dem Spielplatz eher meiden, fehlt ihnen die Übung ihrer Bewegungsfähigkeiten im täglichen Spiel, sodass im Laufe der Zeit aus einer vestibulären Überempfindlichkeit auch eine allgemeine motorische Unsicherheit und Ungeschicklichkeit werden kann.

Vestibuläre Unterempfindlichkeit

Zu den typischen Verhaltensweisen von Kindern mit *vestibulärer Unterempfindlichkeit* gehört ein scheinbar unstillbares Bewegungsbedürfnis. Sie bevorzugen Aktivitäten, die eine intensive Gleichgewichtsstimulation mit sich bringen: Karussellfahren, schnelle Drehbewegungen, Schaukeln und Wippen. Sie können Gefahren oft nicht voraussehen und haben scheinbar vor nichts Angst, klettern überall hoch und springen herunter, ohne ihre Leistungsfähigkeit richtig einschätzen zu können.

»Varussell« – lustvolle vestibuläre Reize

Trotz ihres großen Bewegungsdrangs haben die Kinder auf Grund der mangelhaften vestibulären Reizverarbeitung und der damit verbundenen fehlerhaften Rückmeldung Schwierigkeiten in ihrer Bewegungskoordination und gelten als Tollpatsch (Ayres 2002). Durch die Verbindung des Gleichgewichtssystems mit dem visuellen und auditiven System können aber auch weit reichende Störungen in der Orientierung des Kopfes und des Körpers im Raum eintreten. Die Kinder haben Schwierigkeiten in der Raumvorstellung und verwechseln oft rechts und links (vgl. Ayres 2002, Kesper/Hottinger 2002, Brügebors 1996).

4.3. Auswirkungen auf die kindliche Entwicklung und das schulische Lernen

Wahrnehmungsstörungen bleiben bei Kindern häufig lange Zeit unerkannt. Erst wenn schulische Problem auftreten und Konzentrationsschwierigkeiten sich mit Beeinträchtigungen der Auffassungsfähigkeit häufen, liegt der Verdacht auf eine Wahrnehmungsstörung nahe. Dabei könnte eine frühzeitige Diagnose – bereits im Kindergartenalter – die Chance einer erfolgreichen Förderung erhöhen.

Kinder mit Wahrnehmungsstörungen lassen sich leicht ablenken, sind empfindlich gegenüber einer reizvollen Umgebung. Bereits Teilstörungen einzelner Wahrnehmungssysteme wirken sich bei Kindern auf ihre gesamte Fähigkeit aus, Anforderungen aus der Umwelt gerecht zu werden. Sie behindern die Lern- und Anpassungsfähigkeit, die kindlichen Gedächtnisleistungen sind häufig eingeschränkt, und demzufolge können sich Wahrnehmungsstörungen gerade bei schulischen Anforderungen auch häufig zu Lernstörungen ausweiten.

Mangelnde Verarbeitung der sinnlichen Reize erschwert Konzentration und Gedächtnisleistungen

Es ist vor allem das Verdienst von Jean Ayres, dass die Ursache von Lernstörungen heute auch in Zusammenhang mit Störungen der Wahrnehmungsfähigkeit von Kindern betrachtet wird.

Als Voraussetzung für das Lernen komplexerer Dinge, wie z. B. das Lesen und Rechnen, sieht sie die Fähigkeit an, sinnliche Wahrnehmungen in der richtigen Weise miteinander zu verbinden. Trotz normaler oder sogar überdurchschnittlicher Intelligenz lernen die betroffenen Kinder nur langsam, haben Schwierigkeiten, Neues aufzunehmen und zu verarbeiten und sich auf ungewohnte Situationen einzustellen. Da die Ursache der Auffälligkeiten häufig nicht erkannt wird, besteht die Gefahr zusätzlicher Belastungen infolge einer falschen Einschätzung der Schwierigkeiten der Kinder bei der Bewältigung schulischer oder alltäglicher Anforderungen.

Wie bereits erwähnt, gelten wahrnehmungsgestörte Kinder häufig als ungeschickt, tollpatschig und unkonzentriert, weil sie Gegenstände umstoßen, andere Kinder anrempeln, Dinge fallen lassen, selber hinfallen etc. Sie ecken auch in ihrer sozialen Umgebung an, Erzieherinnen, Lehrer und Lehrerinnen reagieren häufig mit Unverständnis, andere Kinder mit Zurückweisung und Ablehnung.

Selbstwertprobleme

Sekundäre Störungen

Hieraus ergeben sich oftmals erhebliche Selbstwertprobleme der Kinder, die sich auch zu Verhaltensproblemen ausweiten können. Da diese nicht Ursache, sondern Folge einer Wahrnehmungsstörung sind, bezeichnet man solche Verhaltensauffälligkeiten als »sekundäre« Störungen.

Einige Kinder ziehen sich zurück, werden ängstlich, trauen sich immer weniger zu, vermeiden den Kontakt mit anderen oder spielen nur mit Jüngeren bzw. mit Erwachsenen, um nicht Gefahr zu laufen, unterlegen zu sein oder zurückgewiesen zu werden. Sie reagieren überempfindlich und sind leicht verletzbar.

Andere Kinder werden aggressiv, versuchen ihre Unsicherheit durch Angriffe auf andere zu verdecken, täuschen Überlegenheit vor und meiden jede Situation, in der sie Misserfolg haben könnten. Sie werden schnell wütend und können Belastungen nicht ertragen.

Diese sozial-emotionalen Folgen bzw. Begleiterscheinungen von Wahrnehmungsstörungen sind für die Kinder oft erheblich belastender als die eigentliche Ursache. Sie müssen daher bei jeglicher Fördermaßnahme mitbedacht werden.

4.4. Förderung von Kindern mit Wahrnehmungsstörungen

Fördermaßnahmen sollten möglichst früh einsetzen

Je früher Wahrnehmungsstörungen bei Kindern erkannt werden, umso eher besteht die Chance, die Verarbeitungsfähigkeit des Zentralnervensystems zu unterstützen und vor allem Sekundärstörungen vorzubeugen. Das Gehirn ist in der frühen Kindheit noch weitaus plastischer und beeinflussbarer als in älteren Jahren. Fördermaßnahmen müssen daher so früh wie möglich einsetzen.

Ganzheitliche Förderung

Die in Kapitel 3 vorgestellten praktischen Beispiele zur Förderung der sinnlichen Wahrnehmung können auch in der Förderung von Kindern mit Wahrnehmungsstörungen eingesetzt werden. Dabei sollte jedoch bedacht werden, dass auch bei einer scheinbar eindeutigen Beeinträchtigung eines Sinnesbereiches es doch nicht sinnvoll ist, sich in der Förderung nun ganz auf dieses Sinnessystem zu konzentrieren. Ein programmähnliches Konzept der Bearbeitung einzelner Wahrnehmungsstörungen (auditives Training bei auditiven Wahrnehmungsstörungen) muss daher abgelehnt werden. Das Therapieziel sollte vielmehr in einer ganzheitlichen Entwicklungsförderung liegen, bei der alle Sinne angesprochen werden. Da alle Teile des Gehirns untereinander in Verbindung stehen und kein Teil

»Waschstraße«

isoliert arbeitet, trägt jede Stimulation eines Sinnessystems auch zur Aktivierung der anderen bei (Brand u. a. 1997). Von besonderer Bedeutung ist die Vermittlung taktil-kinästhetisch-vestibulärer Wahrnehmungserfahrungen, denn sie stellen nach Ayres (2002) die Grundlage für die Verarbeitung aller Sinnesinformationen dar.

Dies schließt nicht aus, dass die Spielangebote spezifische Wahrnehmungsbereiche herausstellen, indem z. B. durch das Ausschließen visueller Kontrollmöglichkeiten der Tastsinn oder das Hören besonders intensiviert wird.

Spielerische Aufgabenstellungen tragen dazu bei, dass das Kind den Spaß am Üben behält und trotz seiner Schwierigkeiten zur Mitarbeit motiviert ist.

Wahrnehmungsförderung ist ohne Freude und Motivation nicht sinnvoll. Es muss dem Kind Spaß machen, seine Sinne zu üben, zu prüfen, zu erproben – oder zu »verschaukeln«. Nur wenn das Kind mit Lust und Begeisterung mitmacht, wenn es durch die Aufgabenstellung auch erfährt, was es alles kann (und nicht nur, was es nicht kann), wird es ein positives Bild von sich selbst aufbauen und Vertrauen in die eigenen Fähigkeiten gewinnen können.

Der Erfolg der Förderung wahrnehmungsgestörter Kinder hängt ganz entscheidend von der Motivation der Kinder ab. Die Bereitschaft zur Mitarbeit und die Lust am Ausprobieren sind unabdingbare Voraussetzungen, um auch die emotionale Beteiligung der Kinder zu erreichen. Sie sind jedoch auf Grund der häufig negativen Vorerfahrungen nicht selbstverständlich.

Ziel der Förderung sollte daher zunächst einmal sein,

- → dem Kind den Spaß am Erkunden der Umwelt zu erhalten bzw. wiederzugeben,
- → die Neugierde des Kindes zu wecken bzw. zu erhalten,
- → Vertrauen in die eigenen Fähigkeiten zu vermitteln,
- → Mut zur Bewältigung der Anforderungen zu machen.

Diese Erfahrungen bilden die Basis für eine ganzheitliche Wahrnehmungsförderung, und auf ihr können dann auch spezifischere, die jeweiligen Sinnesmodalitäten ansprechenden Übungen aufbauen.

5. Pädagogische Konzepte und Ansätze der Sinnesbildung

Die Forderung nach einer Bildung der Sinne ist weder ein modischer Trend noch eine Erfindung neuzeitlicher Pädagogik. Sie ist ein wiederentdecktes Thema, das auf eine lange Tradition blicken kann, zugleich aber heute aktueller als je zuvor ist (vgl. Kap. 1.2.). Von Pestalozzi und seiner Forderung nach einer Pädagogik »Mit Kopf, Herz und Hand« über die »Erfahrungsfelder zur Entfaltung der Sinne« des Architekten und Künstlers H. Kükelhaus (1991) bis zur Feststellung einer »Entsinnlichung schulischen Lernens« durch den Erziehungswissenschaftler H. Rumpf (1981) reichen die Versuche, die Sinne in Alltagsleben und schulischem Lernen stärker zu berücksichtigen.

Sinnesschulung bei Geistigbehinderten

So gingen z. B. der französische Arzt Jean Itard (1965) und sein Schüler Seguin bereits zu Beginn des 19. Jahrhunderts davon aus, dass die Verarmung an Sinneserfahrungen das Lernen abstumpfe, die Persönlichkeit – insbesondere die Intelligenz – reduziere, bis hin zum Erscheinungsbild der Idiotie. Sie entwickelten daraufhin ein umfangreiches Sinnesmaterial, das auf Grund der extremen Abstumpfungen bei Geistigbehinderten hohe Reizqualitäten hatte. In ihren Experimenten mit geistig behinderten Menschen, die als bildungsunfähig eingeordnet wurden, bewiesen sie, dass diese zu einem großen Teil über eine systematische Sinnesschulung bildungsfähig waren. Maria Montessori übertrug dieses System auf die allgemeine Pädagogik. Dies sind die ersten systematischen Sinnesbildungsprogramme, die bis heute schulisches Lernen befruchten.

Rhythmik/ Ästhetische Erziehung/ Psychomotorik

Im Folgenden sollen solche Ansätze der Sinnesbildung aufgespürt und in ihren Grundzügen dargestellt werden. Notgedrungen muss dabei eine Auswahl vorgenommen werden. Dabei wurden einerseits historisch interessante Quellen herangezogen (Montessori- und Waldorf-Pädagogik), die heute als Modelle für eine spezifische pädagogische Ausrichtung von Kindergärten und Schulen stehen oder Grundlage einer Lebensphilosophie darstellen (H. Kükelhaus). Andererseits wurden aber auch neuere Ansätze der Einbeziehung sinnlicher Erfahrungen in die vorschulische Erziehung (Reggio-Pädagogik) und die Therapie Behinderter (Snoezelen) aufgenommen, da hier die Bildung der Sinne einen ausdrücklich hervorgehobenen Erfahrungsbereich darstellt. Zwar hätten auch die Rhythmik (Fink-Klein 1997, Peter-Führe 2001), die Ästhetische Erziehung (Bannmüller 1992, Matthies/Polzin/Schmidt 1987) oder die Psychomotorik (Kiphard 2001, 1989, Regel/Wieland 1984, Zimmer 2004d, 2005a) ebenfalls wichtige Ansätze zur sinnlichen Erfahrung ergeben, auf ihre Darstellung kann jedoch in diesem Rahmen nicht eingegangen werden. Zudem liegen hierzu bereits viele einschlägige Veröffentlichungen (s. o.) vor.

5.1. Die »Sinneserziehung« bei Montessori

Kind = geistig aktives Wesen

Bereits im vergangenen Jahrhundert erkannte die italienische Ärztin und Pädagogin Maria Montessori (1870–1952) die Sinnesbildung als wesentlichen Bestandteil der Erziehung von Kindern. Maria Montessori fasste das Kind als ein geistig aktives Wesen auf und sah die Sinnestätigkeit als grundlegend für die Persönlichkeitsentwicklung an.

Sie maß der Erziehung der Sinne »höchstes pädagogisches Interesse« (Montessori 1991, 159) bei und versuchte, in den von ihr eingerichteten Kinderhäusern mit spezifischem Material die Entwicklung der Sinne anzuregen und damit auch die geistige Entwicklung der von ihr betreuten Kinder zu unterstützen.

Um die Sinneserziehung Montessoris richtig einordnen zu können, muss man das Bild des Kindes, das Montessori vorschwebte, kennen: Sie betrachtet die Selbsttätigkeit als ein Grundbedürfnis des Kindes und sieht sie als eine wesentliche Grunderfahrung im Leben von Kindern an. Erwachsene dürfen aus ihrer Sicht nicht belehrend auf das Kind einwirken und damit den Selbstaufbau seiner Persönlichkeit gefährden, sondern sie müssen vielmehr eine Umgebung schaffen, in der es aktiv sein und sich frei entfalten kann.

Sinneserziehung beginnt in den ersten Lebensjahren

Sinneserziehung beginnt bei Montessori bereits in den ersten Lebensjahren, wenn das Kind – spontan-aktiv und unbewusst – Eindrücke und Bilder aus seiner Umwelt aufnimmt und verarbeitet. Sie sieht diese Sinneseindrücke aus der personalen, sozialen und materialen Umgebung als die Grundlage der kindlichen Vorstellung von der Realität und ebenso als Basis der Fantasieentwicklung. »Die Sinne sind ›Greiforgane‹ der Bilder der Außenwelt, die für den Verstand so notwendig sind wie die Hand als Greiforgan der für den Körper notwendigen materiellen Dinge. Doch beide – Sinne und Hand – können sich über solche einfachen Aufgaben hinaus verfeinern und dadurch immer wertvollere Gehilfen des großen inneren Motors werden, der sie in seinen Diensten hält.« (Montessori 1991, 165) Die Sinnesbildung hat bei Montessori jedoch nicht nur die Aufgabe einer Grundlegung der geistigen Entwicklung (intellektuellen Erziehung), sie ist gleichzeitig auch Sozialerziehung, da das Kind die Erwachsenen als soziale Modelle wahrnimmt. In diesem Sinne versteht Schmutzler die Bildung der Sinne nach Montessori als einen Teil der sittlichen Erziehung, »... denn so, wie wir uns dem Kind zuwenden, wie es uns mit allen seinen Sinnen fühlt und erlebt und damit auch emotional wertet, beeinflussen wir die sittliche Erziehung des Kindes. Soziale Grundgefühle wie Liebe und Hass, Furcht und Hoffnung, Vertrauen und Misstrauen, geliebt oder gehasst werden – all diese Grundgefühle entwickeln sich in den ersten 3 bis 6 Lebensjahren aus den Interaktionen und Erlebnissen, die das Kind mit uns macht. Somit ist der sinnliche Körperkontakt, die zärtliche Berührung und Ansprache wichtigster Teil der frühen Sinneserziehung« (Schmutzler 1991, 143).

Sinneserziehung ist auch Sozialerziehung

Die »vorbereitete Umgebung«

Möglichkeit zum selbstständigen Entdecken

Um selbsttätig werden zu können, bedarf es einer Umgebung, in der das Kind zum Handeln aufgefordert wird – die Umgebung darf das Kind jedoch nicht mit seinen Erfahrungen überfordern. Also muss sie gut vorbereitet sein und dem Kind schrittweise die Möglichkeit zum selbstständigen Entdecken der Welt geben. Im Alltagsleben sieht Montessori das Kind zu vielen, ungeordneten Reizen ausgesetzt, und deswegen hat sie spezielles Spiel- und Beschäftigungsmaterial entwickelt, das Kindern eine Ordnung der Eindrücke vermittelt. Nur durch äußere Ordnung kann das Kind auch zu einer inneren Ordnung finden. »Es ist nötig, für die Umgebung des Kindes Entwicklungsmittel vorzubereiten und dann das Kind frei zu lassen, damit es sich an diesen Mitteln entwickelt. Auf diese Weise trifft jedes Kind seine eigene Wahl und findet Gefallen an den Übungen mit einem wissenschaftlichen Material, das Schritt für Schritt die geistige Entwicklung begleitet« (Montessori 1968, 42)

»Sinnes-material«

Das »Sinnesmaterial« ermöglicht die Isolierung von Reizen, die zudem abgestuft und den Fähigkeiten des Kindes angepasst werden können und so auch die Motivation für wiederholtes Üben fördern.

»Polarisation der Aufmerksamkeit«

Ein wesentliches Ziel der Übungen mit den Sinnesmaterialien ist die so genannte »Polarisation der Aufmerksamkeit«. Es gilt, die Aufmerksamkeit zu fesseln und über die Konzentration und innere Sammlung »Herr« seiner selbst zu sein.

Das »Sinnesmaterial«

Zur Sinneserziehung setzte Montessori ein spezifisches Material ein, das eine Ordnung und Strukturierung der Sinneseindrücke leisten sollte. Die Auswahl des Sinnesmaterials basiert z. T. auf den Erfahrungen von Itard und Seguin.

Material soll Entwicklungsschritte auslösen

Das von Montessori entwickelte Material, das sie in seiner Gesamtheit als »vorbereitete Umgebung« bezeichnet, hat die Aufgabe, bei Kindern den »Prozess der Selbstentfaltung« zu unterstützen. Es löst Entwicklungsschritte aus, deren Richtung und Tempo die Kinder selbst bestimmen können und die dem Kind Hilfen für das Ordnen und Strukturieren der Umwelteindrücke geben.

Ordnung des Materials nach physikalischen Eigenschaften und materialer Beschaffenheit

Das Sinnesmaterial besteht aus einem System von Gegenständen, das nach bestimmten physikalischen Eigenschaften und ihrer materialen Beschaffenheit geordnet ist. Es sind Gegenstände zur Unterscheidung von Farben, Formen, Maßen, Klängen und Geräuschen, Oberflächenstrukturen, Gewichten, Gerüchen und Wärmeabstufungen. Hierzu gehören z. B. eine Reihe von Glöckchen, die unterschiedliche Töne wiedergeben, oder Farbtafeln mit verschiedenen, genau abgestuften Farbschattierungen. Mithilfe dieses Materials können spezifische Sinnesfunktionen geschult und eine Unterstützung der Konzentration ermöglicht werden.

Sinne sollen isoliert werden

Montessori weist darauf hin, dass die Sinne so weit wie möglich isoliert werden müssen, wenn einzelne Eigenschaften des Materials hervorgehoben werden sollen: »Ein Tasteindruck wird klarer bei einem Gegenstand, der keine Wärme leitet, der also nicht gleichzeitig Temperatureindrücke vermittelt, und wenn sich das Versuchsobjekt an einem dunklen und stillen Ort befindet, wo es also weder Seh- noch Gehöreindrücke gibt, welche die Tasteindrücke beeinflussen können. Der Isolierungsprozess kann also zweifacher Natur sein: Er kann sich auf den von jedem Umwelteinfluss isolierten Menschen beziehen und auf das Material, das eine einzige, graduell abgestufte Eigenschaft aufweist.« (Montessori 1991, 116)

»Isolierung der Schwierigkeiten«

Um dieses Ziel zu erreichen, sind die Materialien so beschaffen, dass zusammengehörige Gegenstände die gleiche Eigenschaft haben, wobei diese gleichmäßig abgestuft ist. Ansonsten sollten sie sich völlig gleichen, damit nicht schon an anderen Merkmalen zu erkennen ist, wie die Gegenstände zu gruppieren sind. Sollen z. B. die verschiedenen Töne der Tonleiter hervorgehoben werden, müssen die Klangquellen vollkommen gleich aussehen. Das Sinnesmaterial enthält daher für eine solche Aufgabe Glöckchen, die alle die gleiche Form und Größe haben und auf gleichen Ständern stehen. Sie werden mit einem kleinen Hammer angeschlagen und erzeugen verschiedene Töne, der einzige für die Sinne wahrnehmbare Unterschied (»Isolierung der Schwierigkeiten«).

Würden sich die Klangquellen auch bereits äußerlich durch verschiedene Größen (wie es z. B. bei Musikinstrumenten der Fall ist) unterscheiden, dann wäre das Auge das entscheidende Wahrnehmungsorgan bei der Differenzierung der Tonhöhen.

Jede Gruppe von Gegenständen, die sich durch Töne, Farben oder Größen auszeichnen, beinhaltet möglichst große Kontraste; die Serie umfasst an den beiden Enden ein Minimum und ein Maximum des jeweiligen Merkmals (also ein ganz rauer bzw. ein ganz glatter Stoff).

Anziehungskraft des Materials

Ein Kriterium bei der Auswahl des Materials ist die Anziehungskraft auf das Kind. Es ist in Farben und Formen so gestaltet, dass Kinder sich durch sie angezogen fühlen. Außerdem soll es die Tätigkeit des Kindes herausfordern, es zur Aktivität anregen. Jedes Ding muss umgestellt, benutzt und wieder an seinen Platz gebracht werden können (Montessori 1991, 118).

Anregung zur Aktivität

Zu den Besonderheiten des Materials gehört auch, dass so weit wie möglich eine »Fehlerkontrolle« eingeschlossen ist, sodass das Kind selbst überprüfen kann, ob es die Gegenstände richtig zugeordnet oder gruppiert hat.

Fehlerkontrolle

Schließlich soll das Material in seiner Menge begrenzt sein, um Ordnung in der Vorstellung und in den Eindrücken des Kindes entstehen zu lassen. (Das Chaos durch die Vielzahl der Eindrücke aus der Umwelt kann nur dann geordnet werden, wenn dem Kind durch Begrenzungen ein klarer Weg gezeigt wird.)

Zum Einsatz des Sinnesmaterials

Bei den Übungen mit dem Sinnesmaterial wird dem Kind eine Anzahl gleicher Gegenstände von unterschiedlicher, immer weniger wahrnehmbarer Abstufung vorgegeben, die das Kind zum differenzierten Einsatz der Sinne anleiten sollen.

Begonnen wird dabei mit ganz wenigen, kontrastierenden Reizen. Wird z. B. der Tastsinn angesprochen, beginnt man zum einen mit Material, das eine ganz glatte Oberfläche hat, und zum anderen mit solchem, das eine raue Oberfläche hat.

Abstufung der Materialeigenschaften

Bei einer doppelten Reihe von Gegenständen, die ungeordnet daliegen, können auch die paarweise zusammengehörenden ausgesucht werden (zwei gleich starke, zwei gleich schwache Geräusche).

Gegenstände in die richtige Ordnung bringen

Die Abstufungsübungen können damit abgeschlossen werden, dass eine Reihe gemischter Gegenstände in die richtige Ordnung gebracht wird, wie z. B. eine Serie gleicher Würfel, die zwar verschiedene Abmessungen, aber die gleiche Farbe haben.

Tastübungen und Geräuschübungen werden mit geschlossenen Augen durchgeführt: »Das Kind ... schließt die Augen gern oder verbindet sie sich, um das Licht auszuschalten, wenn es die Formen mit seinen Händen abfühlt; es ist auch bereit, sich im Dunkeln aufzuhalten, um zu versuchen, das kleinste Geräusch wahrzunehmen« (Montessori 1991, 116).

Kritik der Sinneserziehung

Viele der in dem Montessori-Sinnesmaterial enthaltenen Ideen zur Förderung der Sinneswahrnehmung sind auch Inhalt heutiger Sinnesförderung im Kindergarten. Allerdings ist die strenge Reihenfolge, die Festlegung der Handhabung und die Uniformiertheit des Materials kritisch zu sehen. In der »Einführung des Kindes in das Sinnesmaterial« werden häufig präzise Vorgaben gemacht, die die Handhabung bis ins kleinste Detail vorschreiben und dem Kind wenig Chancen zum Ausprobieren und Experimentieren lassen. So ist bei der Einführung in die Tastübungen zu lesen: »Obwohl sich der Tastsinn über die ganze Epidermis verteilt, beschränken sich die Einführungsübungen für Kinder auf die Fingerspitzen, und speziell auf die der rechten Hand. Diese Begrenzung wird durch die Praxis erforderlich. Sie ist auch eine erzieherische Notwendigkeit, da sie auf das Leben in der Umwelt vorbereitet, wo der Mensch den Tastsinn ja gerade mit diesen Stellen ausübt und gebraucht.« (Montessori 1991, 128)

Montessori sprach sich ausdrücklich dagegen aus, dass das Material für andere Dinge genutzt werde als für die vorgesehene Übung. Fantasie ist also – interpretiert man Montessoris Vorgaben streng – nur da erlaubt, wo sie im Rahmen der vorgesehenen Ziele auftritt.

5.2. Das Kind als »Sinnes- und Erfahrungswesen« in der Waldorf Pädagogik

In der von Rudolf Steiner (2004) begründeten Waldorf-Pädagogik wird die Sinnestätigkeit als Ansatzpunkt aller Bildung betrachtet. Bildung gilt hier als ein ganzheitlicher Vorgang, in dem Körper, Seele und Geist durch die Sinne miteinander verbunden werden. (Beck/Wellershoff 1993, 54) Die Gruppen – im Kindergarten wie in der Schule – sind bewusst relativ groß, damit eine Ausgeglichenheit verschiedener »Kräfte« gewährleistet ist und sich in ihr eine Eigendynamik entwickeln kann.

Grundlegendes Prinzip: Die Nachahmung

Eine wichtige Rolle spielt im Kindergartenalltag – im ersten Jahrsiebt – die *Nachahmung*. Das Kind ist nach Ansicht Steiners mit allen Sinnen sehr wach, »es ahmt nicht nur äußere Begebenheiten und Tätigkeiten nach, es ist mit Sensibilität auch fähig zu spüren wie der Erzieher ist« (Wydler-Weber 1986, 467). »Diese Wahrnehmungswelt muss die Kindergärtnerin kultivieren und jedem Kind zu einem Erlebnisreichtum verhelfen.« Eine wichtige Rolle spielt daher das »gelebte Beispiel« der Kindergärtnerin.

»Gelebtes Beispiel«

Die Sinnesbildung nimmt zwar in der Waldorf-Pädagogik einen hohen Stellenwert ein, allerdings ist hier nicht wie im Rahmen der Montessori-Pädagogik ein klares Programm mit bestimmten praktischen Aufgaben für die Kinder vorhanden. Es werden vielmehr Angebote gemacht (gemeinsames Kochen, Pflege von und mit Tieren), an denen jedes Kind sich auf seine Weise beteiligen kann – oder auch nicht, wenn es sich gerade mit etwas anderem beschäftigen will.

Das Prinzip der Nachahmung heißt konkret, dass darauf vertraut wird, dass jedes Kind sich das aussucht, was es für seine Entwicklung brauchen kann. Es ahmt nicht alles nach, sondern nur das, was es auf Grund seiner Entwicklung zu erfahren und zu erleben fähig und bereit ist. Das bedeutet für die Erzieherin, den Kindern ein breites Spektrum an Erfahrungsmöglichkeiten anzubieten, wobei sie aber jedem Kind Zeit lassen sollte, sich in seiner eigenen Art darauf einzulassen.

Jahreskreislauf und vier Elemente

Leben im Einklang mit der Natur

Einen wichtigen Schwerpunkt bildet im Waldorf-Kindergarten das Erleben des Jahreskreislaufs. Die Gegensätze zwischen hell und dunkel, zwischen Winter und Sommer, das Leben im Einklang mit der Natur bilden wesentliche Ansatzpunkte für die Kindergartenarbeit.

Sinnliche Erfahrungen in der Bewegung mit den Elementen

Das Erleben der vier Elemente Erde – Wasser – Feuer – Luft vermittelt dem Kind eine Reihe sinnlicher Erfahrungen: Die Erde regt an zu elementaren Spielen mit Sand, zum Gestalten mit Ton, zum Umgang mit der Gartenerde. Zum Spielen mit Sand und Erde gehört selbstverständlich das Wasser. Seine Feuchte erst macht das Gestalten und

Formen des Sandes möglich. Spielen mit Wasser umfasst auch das Legen von Wasserrohren. Außerdem lernen die Kinder – gemeinsam mit den Erwachsenen – das Feuer kennen – im Zusammenhang mit dem Erleben seiner Schönheit (Kerze) und seiner Gefahren. Der Wind kann auf vielfältige Art erlebt werden: Windrädchen im Herbst, Papierdrachen etc.

Die Kinder sollen Gelegenheit haben, das Zusammenwirken der Elemente auf spielerische Weise zu erleben und mit allen Sinnen wesentliche Zusammenhänge zu erspüren, die dann die Grundlage für das spätere Hineinwachsen in die Welt der Technik bilden.

Naturmaterial als Spielzeug

Fantasieanregendes, wenig ausgeformtes Spielzeug

»Weil das kleine Kind sich alle Sinneseindrücke einverleibt – alle Erlebnisse kommen über die Sinne –, hat alle Erziehung in diesem Alter Bedeutung für den gesunden Aufbau seines Leibes und schafft damit Grundlagen für das ganze Leben.« Das Kind wird im Waldorf-Kindergarten als »Sinnes- und Wahrnehmungswesen« (Internationale Vereinigung der Waldorf-Kindergärten e.V. 1990, 4) gesehen. Hier setzt man auf Nachahmung, nicht auf Belehrung. Die Fantasie des Kindes wird angeregt durch Spielmaterialien, die die Fähigkeit wecken, einfache Dinge wie Holzstücke, Kastanien, Tücher etc. zu wichtigen Gegenständen werden zu lassen. Das Holzstück wird zum Bügeleisen, zum Auto. Um die Fantasie zu pflegen, wird es im Waldorf-Kindergarten für notwendig erachtet, möglichst wenig Spielzeug zu haben, das zu seinem Zweck ausgeformt ist.

»Zum Aufziehen eines Uhrwerkes, zum Drücken eines Knopfes braucht es keine Fantasie, um Roboter herumlaufen zu lassen, braucht es nur Zuschauer.« (Internationale Vereinigung ... 1990, 12) Die Kinder sollen jedoch spielen, d. h. schöpferische Fantasie entfalten, und nicht nur Zuschauer sein.

Naturbelassene »echte« Dinge

Über die Sinneswahrnehmungen wird eine Verbindung mit Herkunft und Ursprung der Dinge angestrebt, wobei besonderer Wert auf die Qualität der Materialien gelegt wird. Naturbelassene, wenig ausgeformte »echte« Dinge werden bevorzugt. (Körbe mit farbigen Türchen, mit denen

Häuser gebaut werden und mit denen man sich verkleiden kann, Holzstücke aus zersägten Ästen, Muscheln, Kastanien, Puppen sind mit Wolle gestopft.) Zersägte Astklötze sind nach Ansicht der Waldorf-Pädagogen vielfältiger zu gebrauchen als Bauklötze.

»Andeutung« lässt Fantasie Spielraum

Besondere Bedeutung erhält der Gesichtspunkt der »Andeutung«, die durch die Fantasie des Kindes erst ihre Ausformung erhält. Ohne »anatomische Details« und ohne festgelegten Gesichtsausdruck kann eine Puppe sowohl Trauer als auch Freude, Zärtlichkeit und Tränen zeigen. Emotionale Äußerungen werden nicht bereits durch das Äußere der Puppe vorgegeben, sondern werden vom Kind in der Spielsituation entwickelt.

»Eine Knüpf- oder Knotenpuppe ist zu allen Lebensäußerungen fähig, kann schlafen und essen und gepflegt werden und ist immer weich und anschmiegsam.« Dies steht offensichtlich im Kontrast zu der »modernen« Puppe der heutigen Kindheit: die Barbie mit Campingausrüstung, im Sportdress oder im Ballkleid – jeweils ausgestattet mit dem entsprechenden Zubehör und dem passenden Gesichtsausdruck.

»Das Stillsitzen vor der faszinierenden Scheinwirklichkeit widerspricht dem ›handelnden‹ Wesen des Kindes, seinem Nachahmungsdrang, der Entwicklung der eigenen Fantasiekräfte an den Gegenständen der Umwelt.« (Internationale Vereinigung ... 1990, 15)

Gestaltung der Räume

Für Steiner sind die ersten sieben Lebensjahre entscheidend für die ganze weitere Entwicklung des Menschen. Bewusst wird nicht die Intelligenz und die geistige Entwicklung des Kindes gefördert, sondern seine Fantasie. Durch eine zu frühe Ansprache des Verstandes wird die Eigenaktivität des Kindes verdrängt. Vorgefertigte Spielmaterialien, auch Bilderbücher, verengen und verstellen die innere Bilderwelt des Kindes. Sie grenzen die Kraft der eigenen Fantasie ein. Auch die Gestaltung eines Raumes wirkt auf Kinder beruhigend oder beunruhigend. Der Raum wird als indirekter Erziehungsfaktor gesehen.

5.3. Das »Erfahrungsfeld der Sinne« (H. Kükelhaus)

Die Sinnesorgane wieder zu entdecken und dadurch Einblicke zu gewinnen, »wie das Leben lebt« – das war ein Anliegen des Künstlers, Pädagogen und Architekten Hugo Kükelhaus (1900–1984). Mit dem so genannten »Erfahrungsfeld der Sinne« schuf er Experimentierstationen für das Wahrnehmen und Wirken der eigenen Sinne, die auch heute noch Anlass und Gegenstand praktischer wie wissenschaftlicher Auseinandersetzung über die Bedeutung sinnlicher Erfahrungen sind (vgl. Zacharias 1994).

Angesichts des technischen Fortschritts sah Kükelhaus die Gefahr einer zunehmenden Einschränkung der Organ- und Sinneserfahrungen: »Das Leben wurde uns – industriell, technisch, kommerziell, sozial – zur Fertigware in Werbepackung: sie schiebt sich immer dichter vor die Nase. Man nimmt die Fertigware ›Leben‹, und nimmt sich damit – das Leben.« (Kükelhaus 1991, 15)

Die Ausschaltung der Sinnesorgane

»Negativer Stress« durch Unterdrückung und Ausschaltung der Sinne

Auf den Organismus ermüdend und die Fantasie lähmend wirkt die »Nicht-Inanspruchnahme der Möglichkeiten unserer Organe«, ihre Unterdrückung und Ausschaltung. Diese Entwicklung bezeichnet Kükelhaus als »negativen Stress«. Als aufbauend betrachtet er dagegen die Auseinandersetzung mit einer »mich im Ganzen herausfordernden Welt« (Kükelhaus 1991, 14).

Gleichförmigkeit ermüdet

Als Beispiel führt Kükelhaus die Zurücklegung eines Weges mit unterschiedlicher Beanspruchung der Sinnesorgane an: »Stellen wir uns vor ... wir bewegen uns mehrere Kilometer über die glatte ebene Fahrbahn einer Autostraße. Nichts liegt im Weg. Das Licht ist hell und ungetrübt. Haben wir die Strecke hinter uns gebracht, fühlen wir uns ermattet und ›wie gerädert‹. Die risikolose Gleichförmigkeit hat uns ›angeödet‹. Wandern wir die gleiche Strecke nebenan durch den Wald: der Pfad ist schmal, holprig, gewunden. Man muss aufpassen, um nicht über Wurzeln zu stolpern; Zweige können einem ins Gesicht peitschen. Mal hat der Pfad einen steinigen, mal einen schlüpfrigen Grund; sumpfige Stellen sind zu überqueren. Es duftet, man atmet tief. Insekten sind abzuwehren. Plätschern kündet einen Bach an. Auf einer schmalen Bohle ist er zu überqueren. Die Äste hängen tief. Man muss vorsichtig sein und überall umherschauen. Es knackt, man muss horchen, ob nicht ein Ast herunterfällt. Kurz: Der Weg steckt voller kleiner zu bestehender Abenteuer und Wagnisse, die mich voll mit allen Gliedern und Sinnen in Anspruch nehmen. Am Ende des Weges ist man rundherum erholt und erfrischt und dankbar, ihn gegangen zu sein.« (Kükelhaus 1991, 12f.)

Wiederbelebung der Sinne

Um seine Gedanken sichtbar und praktisch anwendbar zu machen, entwickelte Hugo Kükelhaus Geräte zur Sinneserfahrung, die erstmals 1967 bei der Weltausstellung in Montreal gezeigt wurden. In München wurde anlässlich der internationalen Handwerkermesse ein umfangreiches »Versuchsfeld zur Erfahrung der Sinne« mit 37 Stationen vorgestellt. Sie waren die Grundlage für eine Wanderausstellung, die auch heute noch an ständig wechselnden Standorten von vielen Menschen aufgesucht wird.

Durch das »Erfahrungsfeld der Sinne« sollen unterforderte oder ermüdete Funktionen der Menschen neu entdeckt, ihre Sinne wieder belebt werden.

Sinnliche Beschäftigung heißt, eine Pflanze z. B. nicht nur mit den Augen sehen, sondern auch mit den Ohren, der Nase, der Haut, mit den Händen und Füßen – grundsätzlich ganzheitlich empfindend und erkennend wahrzunehmen.

»Der ganze Mensch ist Sinnesorgan, und dazu gehört auch der Verstand, das ertastende Erfassen.« (Hohenauer in Zacharias 1994, 251)

Auseinandersetzung mit Phänomenen der Umwelt

Kükelhaus verbindet seine Vorstellungen zur Entfaltung der Sinne in Auseinandersetzung mit Phänomenen der Umwelt, wie beispielsweise das Pendelschwingen: Eine Schnur (Faden) wird um einen Stein geschnürt, sie schwingt gleichmäßig hin und her. Welche Fragen ergeben sich aus diesem Bild und aus der Erfahrung? Welchen Weg beschreibt der Stein?

»Gehen«

Kükelhaus beschäftigt sich z. B. auch intensiv mit dem Gehen. Übungen und Beispiele münden in der Aufforderung an den Leser (oder den Besucher der Ausstellung), mit eng geschlossenen Füßen zu stehen. Dabei entdeckt man schnell, dass man sich ständig bewegen muss, um stehen zu bleiben und nicht das Gleichgewicht zu verlieren. Die Muskelanspannung, mit der das Gleichgewicht im Stehen ausbalanciert werden muss, ist anstrengender als die schwungvolle Gehbewegung (Staudte 1993, 37). Das scheinbar ruhige Stehen ist auf die Dauer also schwieriger als das Gehen, Warten macht müde, ein Spaziergang erfrischt.

Die Beobachtung des eigenen Gehens macht auch erfahrbar, dass jede Bewegung ein gewisses Risiko (des nicht Abgestütztseins) einschließt.

»Dieses Wagnis erlebt jedes Kind, wenn es den ersten Schritt tut: denn dann muss es lernen, sich fallen zu lassen, ohne zu fallen. Jeder Schritt ist ein Fallen, und jeder weitere Schritt ein aufgefangener Fall.« (Kükelhaus 1979, 39)

Häufig verbindet Kükelhaus die Eindrücke und Beobachtungen, die an den Sinnesstationen gemacht werden können, mit Erinnerungen aus dem eigenen Alltag und fordert zu genaueren Beobachtungen der gewöhnlichen Umgebung auf. Er knüpft an Erfahrungen aus der Kindheit an:

»Als Kinder bereiteten wir uns mit Begeisterung das Vergnügen, über Eisenbahnschienen, Balken, Seile zu balancieren. Dabei ging es um die eigentümliche Erfahrung, dass das Gleichgewicht nur dann zu halten ist, wenn es gelingt – statt die Schiene anzustarren –, unverwandt die Ferne und Weite des Horizonts im Blick zu behalten, ungeachtet der Gefahr, dabei die Auftrittsstelle für den nächsten Schritt aus dem Auge zu verlieren. Bei einiger Übung konnte man auf diese Weise beliebig lange auf schmaler Spur gehen – auch und gerade über gefährliche Abgründe hinweg.« (Kükelhaus 1984, 43)

Alles ist nur dadurch das, was es ist, indem es in Beziehung und einem Verhältnis zu anderem steht. Licht ist nur deswegen Licht, weil es sich mit der Dunkelheit auseinander setzen muss. Die Weite ist nur weit durch die Enge, die Wärme nur durch ihr Verhältnis zur Kälte erklärbar, ein

Oben gibt es nur, wenn es auch ein Unten gibt, und der Berg braucht das Tal, um überhaupt als Berg wahrgenommen zu werden.

Das »Erfahrungsfeld der Sinne«

Wirkung der Schwerkraft erfahren

In den Anregungen zur Sinneserfahrung werden exemplarische Möglichkeiten geschaffen, in anschaulich erfahrbaren Zusammenhängen Wissen über die Natur, über sich selbst und über die Zusammenhänge zwischen Natur und Menschen kennen zu lernen. Es handelt sich um Geräte und Stationen, die auch Zugänge zu physikalischen Gesetzmäßigkeiten eröffnen und Zusammenhänge greifbar machen, wo der Alltag sie immer mehr vorenthält. So wird beispielsweise die Wirkung der Schwerkraft an Pendeln und an Schaukeln verdeutlicht und durch das eigene Tun erfahrbar gemacht. Zur Lippe (in Kükelhaus/zur Lippe 1984, 61) betont, dass die »Tätigkeiten unserer Sinne physiologisch und geistig-seelisch die Grundlagen auch für ein Verhalten und sogar Denken – wie neueste wissenschaftliche Forschung zeigt – in sinnvollen Funktionszusammenhängen« sind. Das Erfahrungsfeld soll Selbsterfahrung, Naturerkenntnis und soziale Haltung gemeinsam anregen, fordern, fördern und entwickeln helfen. Je nach Bedürfnissen und Voraussetzungen der Teilnehmer können die Stationen Erholungs-, Spiel-, Lern- und Therapiecharakter haben und stehen allen Altersgruppen offen.

»Versuchsfeld zur Organerfahrung«

Das »Versuchsfeld zur Organerfahrung«, wie Kükelhaus die Sinnesstationen auch nannte, »ist ausgestattet mit Geräten und Zurichtungen, die uns von Station zu Station mittels eigener Bedienung Auskunft darüber geben, unter welchen Bedingungen und auf welche Weise und mit welchem Erfolg die Glieder sich bewegen, die Haut fühlt, die Finger tasten, der Fuß greift, der Mund schmeckt, die Nase riecht, das Auge sieht, das Ohr hört, das Gehirn denkt, die Atmung atmet, das Blut pulst« (Kükelhaus 1991). Die sehr konkret beschriebenen Sinnesstationen sollen nicht nur zum Erproben, sondern auch zum Nachbauen anregen. Hier einige Beispiele aus den Erfahrungsstationen (vgl. Kükelhaus/zur Lippe 1984).

Die ersten Stationen beschäftigen sich mit dem aufrechten Gang und dem Gleichgewicht:

Kettensteg

Eine heute auf vielen Spielplätzen zu findende Hängebrücke, deren Balken, über die man geht, mit Ketten miteinander verbunden sind.

Trittsteine

Große flache Steine liegen in flachem Wasser dicht nebeneinander, sodass man behutsam von einem Stein auf den anderen treten kann. Das Empfinden für den guten Stand, den sicheren Schritt, den Wechsel im Gang führt dazu, dass man sich mehr oder weniger bewusst auf die Bewegung des ganzen Leibes konzentrieren kann und sie in Beziehung zur Wasseroberfläche, zum Ufer wahrnimmt.

Große Balancierscheibe

Die Balancierscheibe besteht aus einer Fläche, die sich nach allen Seiten senken kann. Wenn mehrere Benutzer auf der Scheibe stehen, wird mit der Bewegung jedes einzelnen die der anderen beeinflusst. Auf der Scheibe hat also jeder die Aufgabe, die Bewegungen der anderen auszugleichen, sich auf sie einzustellen und sich mit den anderen abzustimmen.

Kleine Balancierscheibe

Eine Vorstufe zur großen Balancierscheibe ist die kleine Scheibe, die jeweils allein oder zu zweit benutzt werden

Balancierscheibe

kann. Sie erfordert mehr Ausgleich von Gleichgewichtsschwankungen. Die Balance muss durch Gewichtsverlagerung verschiedener Körperteile zu halten gesucht werden, während dies auf der großen Scheibe durch die Bewegung des ganzen Körpers von einer Stelle zur anderen erreicht wird.

Schwingender Gesteinsblock

Diese Station macht die Pendelbewegungen zum Gegenstand der Erfahrung. Ein großer Gesteinsblock ist schwingend aufgehängt. Großer Kraftaufwand bringt ihn nicht in Bewegung, aber kleine Anstöße, im Rhythmus des sich ganz langsam in Bewegung setzenden Blockes, steigern das Schwingen. Ähnlich wie auf der großen Balancierscheibe kann hier das Zusammenwirken mehrerer Personen geübt und erfahren werden.

Partnerschaukel

Die Partnerschaukel ist so konstruiert, dass sich der Schwung einer Schaukel auf eine zweite ihr gegenüberliegende überträgt und deren Schwung wieder auf die erste zurückwirkt. So wird nicht nur das beim Schaukeln wirkende Prinzip des Pendels, bei dem Schaukelschwung nach oben und Erdanziehung nach unten in einem ständigen Wechsel zusammenwirken, erfahren. Hier ist der Benutzer selbst das Gewicht und spürt die Zugkräfte, gegen die ihn der Schwung emporhebt.

Pirouettenscheiben

An dieser Station werden die Zentrifugal- und die Zentripetalkräfte (Geschleudert-Werden und Angezogen-Werden) am eigenen Leibe erfahrbar gemacht. Der Benutzer steht auf einer rotierenden Scheibe, die zur Sicherheit mit einem Geländer versehen ist. Er hat in beiden Händen Gewichte. Werden die Arme eng am Körper gehalten (oder nach oben gestreckt) und die Beine geschlossen, entsteht der Pirouetteneffekt: Man dreht sich schnell. Werden die Beine gegrätscht und die Arme mit den Gewichten weit ausgestreckt, dreht er sich langsam. Während die Drehungen der Scheibe den Benutzer an den Rand drücken, versucht er, sich in der Mitte zu halten.

Tastgalerie

Eine Vielfalt von Formen und Oberflächenstrukturen soll durch Betasten bestimmt werden. Um mehr Konzentration auf das Fühlen mit den Händen zu lenken, werden die Materialien verdeckt (meistens in großen Tonkrügen) dargeboten. Die angebotenen Materialien sind nach polaren und komplementären Eigenschaften wie rau und glatt, hart und weich, starr und elastisch, dicht und locker etc. angeordnet.

Duftorgel

In 32 Rohren werden alle Grundcharaktere von Gerüchen und ihre Variationen zusammengefasst. Die Pole, zwischen denen sich die Gerüche befinden, reichen von Ätzend-Stechenden bis zum Fauligen. Die Duftorgel dient nicht nur dem Zugang zu allen Geruchsrichtungen, sondern macht auch auf systematische Unterschiede nach Grundtypen von Gerüchen aufmerksam.

Summstein

In einen großen Felsblock ist eine Höhlung eingehauen, die dazu auffordert, den Kopf hineinzustecken. Wird ein Ton darin erzeugt, dann wird dieser als Echo vielfach zurückgeworfen und verstärkt. Besonders intensiv werden die Schwingungen eines Summtons aufgenommen. Sie treffen auf das Trommelfell und auf den ganzen Kopf, sodass die Schwingungen sich spürbar durch den ganzen Körper bis in die Beine fortsetzen können.

Ausstülpung – Einstülpung

Die Oberfläche einer großen weißen Scheibe (d = 1 m) ist mit schwarzen Sichelkreisen bemalt, die ineinander verlaufen. Die Scheibe steht auf einem Stativ und ist mit einer Kugellager-Nabe befestigt, sodass sie gedreht werden kann. Zunächst erscheint die Oberfläche der Scheibe zweidimensional. Sobald sie sich langsam dreht, hebt sich die Figur ins Räumliche und erscheint als rotierender Kegel mit einem ebenfalls rotierenden Trichter.

Ausstülpung – Einstülpung

5.4. Sinnliche Begegnungen mit der Welt in Reggio Emilia

Reggio Emilia – der Name dieses Ortes in Norditalien ist verknüpft mit einem Konzept von Kindererziehung, das von Loris Malaguzzi und dessen Mitarbeitern entwickelt worden ist. Durch Ausstellungen wurde es in vielen Orten Europas bekannt und hat weit über Italien hinaus die Kindergartenpädagogik beeinflusst.

Kinder eignen sich ihre Umwelt über alle Sinne an

Die pädagogische Konzeption und die tägliche Praxis in den kommunalen Kindergärten und Krippen in Reggio ist bestimmt von der Erkenntnis, dass Kinder sich über alle Sinne ihre Umwelt aneignen, sich die Welt für sich persönlich neu »erschaffen«.

»Der Einsatz aller Sinne, wie Sehen, Hören, Tasten, Riechen und Schmecken, verstärkt das Erleben, Erforschen, Lernen und Verstehen. Für das Kind ist das Wahrnehmen ein In-Beziehung-Setzen zwischen Gegenstand, Menschen und persönlicher Erfahrung.« (Hermann u. a. 1993, 25)

Die Entwicklung der Wahrnehmung und die Verarbeitung des Wahrgenommenen ist nach Ansicht der Vertreter der Reggio-Pädagogik ein Prozess, der sehr früh beginnt und ein Leben lang fortdauert. Das Kind benötigt hierbei sowohl völlige Freiheit in der Wahrnehmung als auch bei der Gestaltung und Darstellung. Es braucht aber ebenso Anleitung und Hilfe zur Strukturierung der Wahrnehmung.

Freiheit und Anleitung

Diese beiden Aspekte – Freiheit und Anleitung – werden als Voraussetzung für die bewusste Förderung aller Sinne, für die geistige, persönliche und soziale Entwicklung des Kindes sowie für den Aufbau von Identität und die allmähliche Aneignung der es umgebenden Welt angesehen.

Aneignung und Gestaltung

Daher stehen die Prozesse der Wahrnehmung, Aneignung und Gestaltung im Mittelpunkt der pädagogischen Arbeit.

Wecken neuer Fragen und Interessen

Die in Reggio tätigen Erzieher und Erzieherinnen haben die Aufgabe, Kinder darin zu unterstützen, ihre Wahrnehmungsstrukturen zu entwickeln. Sie regen die Kinder an, Neues auszuprobieren, greifen ihre Bedürfnisse auf, wecken neue Fragen und Interessen und ermutigen und unterstützen ängstliche Kinder.

Ansatzpunkt der Pädagogik in den Kindertagesstätten von Reggio Emilia ist die Überzeugung, dass der Mensch – neben der gesprochenen Sprache – viele verschiedene Sprachen hat, um sich auszudrücken, und dass die gesprochene Sprache eben nur eine, wenn auch bei den Erwachsenen meistgebrauchte ist.

Die gesprochene Sprache ist nur eine der vielen Ausdrucksformen des Menschen

Anstatt nun dem Kind die Sprache der Erwachsenen aufzudrängen, werden in dem pädagogischen Konzept von Reggio Emilia Wege gesucht, sich auf die Sprache der Kinder einzulassen, auf ihr Bedürfnis, sich und die Welt ganzheitlich zu begreifen.

»Hundert Sprachen hat das Kind«

heißt daher auch eine Ausstellung, die »über einen Teil des Zusammenlebens von Kindern und Erwachsenen« erzählt, »ein Zusammenleben, das auf die Sprache der Kinder zentriert ist« (aus der Übersetzung der Texte zur Ausstellung). Die Sprache engt die Fantasie ein, eine Welt der Worte tritt an gegen fantasievollere Prozesse, die auf Erfahrungen basieren.

Die Kritik an der üblichen Kindererziehung richtet sich dagegen, dass sie fast ausschließlich durch Worte vermittelt wird. »Sie sind das einzige Werkzeug, das Lehrern und Eltern an die Hand gegeben wird.« (s. o.) Mit Worten wird unterrichtet, wiederholt, angeordnet, gepredigt, beschrieben etc. Damit wird der Austausch mit dem Kind, das eher »lebendige Wörter« und Handlungen, die anregen, vom Erwachsenen verlangt, begrenzt.

In Reggio werden dagegen die unmittelbaren kindlichen Erfahrungen und Eigenaktivitäten in den Mittelpunkt der Kindererziehung gestellt. Wissen wird aus aktivem Ausprobieren und Nachdenken gewonnen.

Schärfung der Wahrnehmung durch Wechselbeziehungen mit der Umwelt

Durch Experimente mit Licht und Schatten, mit Farben und Formen wird eine Sensibilisierung der kindlichen Wahrnehmungsorgane (insbesondere der Augen, Ohren und Hände) aktiviert. Die Wahrnehmung soll geschärft werden, indem ständige Wechselbeziehungen mit der Umwelt hergestellt werden.

Die Erzieherinnen machen den Kindern Angebote (Schattenspiele, künstlerische Tätigkeiten), überlassen es aber den Kindern, ob sie diese aufgreifen. Meist tun sie es und erforschen im Spiel Zusammenhänge und Abhängigkeiten. Geplante Angebote gehen über in freies Spielen, Fantasie und Neugierde lassen neue Aspekte entstehen, die von der Erzieherin gar nicht beabsichtigt waren, aber durchaus zu neuen Erkenntnissen führen.

»Kinder brauchen Freiheit, um etwas zu erforschen, auszuprobieren, Fehler zu machen und zu korrigieren. Sie müssen wählen können, wo und mit wem sie ihre Neugier, ihre Intelligenz, ihre Emotionen einsetzen: Um die unerschöpflichen Möglichkeiten der Hände, der Augen und der Ohren, der Formen, Materialien, Töne und Farben zu erspüren, sich bewusst zu machen, wie der Verstand, das Denken und die Fantasie ständig Verbindungen zwischen einzelnen Dingen herstellen und die Welt in Bewegung und Aufruhr versetzen.« (Malaguzzi, zit. in Sommer 1985, 382)

Spiegel

Besondere Aufmerksamkeit wird in Reggio der Identitätsentwicklung der Kinder gewidmet. In diesem Zusammenhang stehen auch die vielen Spiegel, die hier in den Kindertagesstätten zu finden sind. Durch sie werden Kinder angeregt, sich selbst zu betrachten, sich mit anderen zu vergleichen, vor dem Spiegel in andere Rollen zu schlüpfen, mit Mimik und Gestik zu experimentieren.

Aktives Ausprobieren und Nachdenken

Spielzeug

In Reggio gibt es kaum fertiges Spielzeug, aber eine Vielzahl von Dingen, deren Farben, Formen, Strukturen zum Betasten, Zuordnen, verändern reizt (Hermann u. a. 1993).

Muscheln und Steine sind wie kleine Kunstwerke zusammengestellt, laden zum Betasten und Anschauen ein. Ton regt zum Formen und immer wieder Neugestalten an, lässt Fantasie und Kreativität entstehen. Räume sind die Werkstätten der Kinder, hier wird mit einer großen Vielfalt an Material, Papier, Stiften und Farbe gearbeitet.

Räume

Die Wände werden genutzt zur Darstellung der pädagogischen Arbeit im Kindergarten (Fotos von Aktivitäten, Darstellung von Werken der Kinder). So erfahren die Eltern, wie ihre Kinder hier leben und was sie tun. Durch die laufenden Informationen wird auch der Austausch mit den Erzieherinnen angeregt.

Räume gelten in Reggio als dritte Erzieherin, die zwar stumm, aber nachhaltig auf die Kinder einwirkt. Sie sind hier in ihrer Dreidimensionalität betont: Durch Stufen, Podeste, Treppen und frei aufgestellte, große Spielgeräte ist den Kindern ein Spielen in der dritten Raumebene möglich.

»Forschungsaufgaben«

Kinder haben hier tagtäglich Gelegenheit zu »Gestaltern ihrer Fantasie« zu werden. Kleine »Forschungsaufgaben« (Was macht den Schatten länger, was macht ihn kürzer?) regen das Staunen der Kinder an. Aufgabe der Erzieherin ist es in Reggio, den Kindern zu helfen, mit der Welt zu kommunizieren, und zwar unter Einbeziehung ihrer Fähigkeiten, Stärken und Sprachen (Texte zur Ausstellung, S. 6).

Das Lernen lernen

Um das Lernen zu lernen, brauchen Kinder ein großes Maß an Freiheit. Freiheit zum Entdecken und Ausprobieren, zum Fehlermachen und zum Korrigieren von Fehlern, zum Ausleben ihrer Neugierde, ihrer geistigen Kräfte, ihrer Gefühle: »Sie brauchen Freiheit für das Begreifen und Würdigen der unendlichen Möglichkeiten ihrer Hände, ihres Seh- und Hörvermögens, verschiedener Farben und Geräusche.« (S. 7)

Nur so können Kinder verstehen lernen, wie ihr Spielen, Sehen, Hören, Handeln und Denken nach und nach zu Wissen wird.

Als Grundlage des Lernens wird gezieltes Erfahren und Suchen angesehen. »Eine gute visuelle Erziehung bewahrt Kinder vor einer passiven Haltung gegenüber einer als unveränderbar wahrgenommenen Welt. Sie dient gleichzeitig der Ausbildung eines beweglichen und produktiven, vernünftigen und bildhaften Denkens, das von einer entwickelten, reichhaltigen Emotionalität gestützt wird« (Texte zur Ausstellung, S. 9).

Visuelle Erziehung bewahrt vor passiver Haltung

Mit den Augen sehen und verstehen

Die Aufzeichnung von Gesprächen zwischen drei- bis sechsjährigen Kindern verdeutlicht, wie reich ihre Fantasie in der Wahrnehmung ihrer Welt ist, wie sie Phänomenen wie Licht und Schatten auf den Grund gehen und welch plausible Erklärungen sie für die Bedeutung des Sehens haben. Ein Beispiel, wie Kinder ihre Umwelt erforschen und wie scharfsinnig sie über Dinge, die von den Erwachsenen als Selbstverständlichkeit angesehen werden, nachdenken, liefert folgendes Gespräch zwischen vierjährigen Kindern über die Bedeutung der Augen:

Erklärungen für die Bedeutung des Sehens

– Die Augen sind wichtig, aber auch die Hände und die Ohren. – Aber die Augen verstehen alles zuerst, vor allen anderen. – Die Augen sehen – und basta! – Aber sie verstehen auch! Ich merke doch, dass sie verstehen! Und die Ohren verstehen auch. – Nein, die Ohren verstehen nichts, sie hören – und damit basta! – Das Gehirn und die Augen verstehen und hören. – Du, Luca, womit verstehst du, mit den Augen, hm? Sag mir, womit du verstehst! – Schluss mit dem Krach! Ich verstehe nur mit dem Gehirn. – Aber wenn du die Dinge nicht mit den Augen siehst, was verstehst du dann? – Hinter den Augen ist das Gehirn, das macht den Verstand. – Hauptsächlich dient das Auge dazu, dass man sieht, wohin man mit den Füßen geht. Um zu entscheiden, wohin du gehst, hast du das Gehirn, das denkt darüber nach. Wenn dir in den Sinn kommt, das Fahrrad zu nehmen, dienen dir die Füße zu gehen und die Augen zum Betrachten. – Die Augen dienen zum Betrachten und Denken. Während man betrachtet, kann man gleichzeitig an etwas denken, was man tun will. – Aber das Gehirn ist das Oberhaupt des ganzen Körpers. – Alles ist wichtig, der Mund und die Nase lassen dich atmen. Aber es ist das Auge, das dem Gehirn alles sagt, und das Gehirn denkt und sagt den

Händen, dass sie zum Beispiel einen Schmetterling fangen sollen. (Aus der Übersetzung der Texte zur Ausstellung, S. 9f.)

In Reggio Emilia können die Kinder ihr Da-sein auf verschiedene Arten erleben. In gezeichneten und erzählten Geschichten, in Spiegel- und Schattenspielen erleben und entdecken sie sich und die Welt. Sie haben Spaß am Verändern und werden selber von den Dingen verändert.

5.5. Snoezelen – Sinnesanregung mit therapeutischer Wirkung

»Snoezelen« – meinte einer seiner Urheber scherzhaft bei einer Informationstagung der Einrichtung »De Hartenberg« in Ede, Niederlande, »Snoezelen kann man nicht erklären, man muss es erfahren. Am besten, man lässt das Wort langsam mit geschlossenen Augen auf der Zunge zergehen. Dann hat man einen Vorgeschmack.« (zit. nach Brehmer 1994)

Zugang zu Menschen mit schwerer Behinderung finden

Snoezelen (sprich: snuselen) ist entstanden in der praktischen Arbeit mit geistig behinderten und mehrfach behinderten Menschen. Als Freizeitangebot wurde es vor allem in Holland in Behinderteneinrichtungen bekannt. Grundlegend war die Feststellung, dass viele Behinderte trotz schwerer zerebraler Beeinträchtigung zu tiefen sinnlichen Erfahrungen, die sie auch in ihrem emotionalen Erleben stark ansprechen, fähig sind. Durch die grundlegende Anregung der Sinne versuchte man, neue Zugangsweisen zu Menschen zu finden, die sich auf Grund ihrer schweren geistigen Beeinträchtigung meist nicht selbstständig äußern konnten.

»Schnuppern« und »dösen«

Der Begriff Snoezelen ist eine Kombination aus »snuffelen«, das heißt schnüffeln, schnuppern, und »doezelen«, das heißt dösen, schlummern. In einer stimmungsvollen Atmosphäre (gedämpftes Licht, evtl. leise Hintergrundmusik) werden alle Sinne in einer ganz spezifischen Weise angesprochen, um Entspannung und Wohlbefinden zu vermitteln.

Hulsegge und Verheul (2000) beschreiben die Bedeutung des Begriffs »Snoezelen« folgendermaßen:

- »Unter Snoezelen verstehen wir das bewusst ausgewählte Anbieten primärer Reize in einer angenehmen Atmosphäre.
- Snoezelen ist eine primäre Aktivierung schwer geistig behinderter Menschen, vor allem auf sinnliche Wahrnehmung und sinnliche Erfahrung gerichtet, mithilfe von Licht, Geräuschen, Gefühlen, Gerüchen und dem Geschmackssinn.
- Snoezelen ist das Schaffen authentischer Erlebnismöglichkeiten von Umwelt für die, die anders sind.«

Wenn auch in dieser Darstellung die Zielgruppe deutlich auf die der Geistigbehinderten beschränkt bleibt, ist doch eine Übertragung der erwünschten Effekte, nämlich Beruhigung und Anregung der Sinne, zugleich auch auf die Arbeit mit Kindern möglich. Viele der durch das »Snoezelen« angesprochenen Sinneserfahrungen sind – wenn auch mit etwas anderen Zielsetzungen – im Kindergarten oder in »Sinnesräumen« eines Horts oder sogar einer Schule realisierbar. Im Folgenden sollen daher einige Grundüberlegungen über den Einsatz des Snoezelens, über die räumliche Ausstattung und einige Praxisbeispiele dargestellt werden.

Warum Snoezelen für ein wichtiges Freizeitangebot gehalten wird

Konzentration auf einzelne Sinne

Für Menschen mit geistigen oder auch mit Mehrfachbehinderungen (und sicherlich auch für viele Kinder) ist die Umwelt oft undurchschaubar. Sie scheint voller Reize, die sie kaum richtig einordnen, voneinander unterscheiden, bewusst wahrnehmen können. In einer Welt voller Reizüberflutungen wirkt es beruhigend und entspannend, wenn einmal einzelne Sinnesorgane angesprochen werden, wenn man sich auf einen Sinn konzentrieren kann, wenn nicht andere Reize (z. B. das Sehen) ablenken und dadurch störend wirken. Außerdem sind mit dem Snoezelen keinerlei Anforderungen, keine Erwartungen, kein Stress verbunden, sondern im Vordergrund steht einfach nur das Erleben von Freude.

Erleben von Freude

Der Alltag der Behinderten ist häufig von ebenso großer Hektik und Unruhe gekennzeichnet wie der der Nicht-Behinderten: Therapie- und Beschäftigungsangebote wechseln häufig und sind nicht immer dem individuellen Tempo des Behinderten angepasst. Wechselnde Betreuungspersonen, organisatorische Maßnahmen (strenge Essenszeiten, zeitlich festgelegte Freizeitangebote) drängen den Behinderten oft einen Rhythmus auf, dem sie sich notgedrungen anpassen müssen.

Demgegenüber steht die beruhigende, entspannende Wirkung des Snoezelen-Raumes, in dem sich der Besucher ganz auf die sinnlichen Erfahrungen einlassen kann, denen er den Vorzug gibt und die ihm etwas bedeuten.

Von Brehmer (1994) werden folgende Wirkungen des Besuchs eines Snoezelen-Zentrums bei behinderten Erwachsenen berichtet:

Beobachtete Wirkung des Snoezelens

- ➔ Ansteigen der Fähigkeit, sich zu entspannen;
- ➔ Abnahme aggressiven und autoaggressiven Verhaltens;
- ➔ Zunahme der Ausdauer, bei bestimmten Aktivitäten zu verharren;
- ➔ größere Eigeninitiative;
- ➔ bessere Kontaktfähigkeit.

Voraussetzungen der therapeutischen Wirkungen des Snoezelens

Um die positiven Wirkungen des Snoezelens wirklich optimal zu nutzen, müssen folgende Voraussetzungen erfüllt sein (vgl. Hulsegge/Verheul 2000):

Angenehme Atmosphäre des Raumes

Sowohl von der räumlichen Gestaltung als auch von der Betreuung her sollte eine *angenehme Atmosphäre* vorhanden sein. Hierzu gehört eine entsprechende Ausstattung des Raumes (z. B. Licht, verwendete Materialien, Temperatur und Bodenbelag), aber auch das Verhalten der Betreuungspersonen sollte Geborgenheit und emotionale Zuwendung signalisieren.

Freie Entscheidung des »Besuchers«

Die Auswahl der Aktivitäten in einem Snoezelen-Raum wird vom Besucher und nicht von der Betreuungsperson bestimmt. Es ist *seine Entscheidung,* womit er sich beschäftigt, was er schön findet, womit er sich befassen will. Die Initiative muss also vom Besucher des Raumes selber ausgehen.

Dabei darf er auch nach seinem eigenen Tempo handeln. Er muss Zeit haben, Reize aufzunehmen, neue Erfahrungen zu erschließen, sich mit ihnen auseinander zu setzen.

Dies schließt auch ein, dass ruhige Übergänge zum Snoezelen geschaffen werden.

Gerade behinderte Menschen erleben die reizüberflutete Umwelt oft als chaotisch, daher werden ausgewählte Reizangebote von ihnen als beruhigend empfunden.

Snoezelen – spezielles Angebot oder alltägliche Gelegenheit zur Sinnesempfindung?

Die Begründer des Snoezelens weisen darauf hin, dass Snoezelen eigentlich nichts völlig Neues ist, sondern nur ein bewussteres Umgehen mit einer Reihe von Erfahrungen darstellt, die auch im alltäglichen Umgang mit Behinderten eine Rolle spielen. Viele sensorische Erfahrungen, die sich durch das Snoezelen ergeben, können auch im alltäglichen Umgang mit Behinderten (und auch mit Kindern, die Verf.) aufgegriffen werden. Dazu gehören z. B. ein Schaumbad mit Seifenblasen-Pusten, das Schaukeln in einer Hängematte oder das Spielen und Baden im warmen Schwimmbad.

»Sensorische Cafeteria«

Bekannt wurde das Snoezelen jedoch nicht durch die Betonung der alltäglichen Gelegenheiten zur Beanspruchung der Sinne, sondern durch die so genannten »Snoezelen-Räume«, eigens für diesen Zweck hergerichtete Räume, in denen in einer stimmungsvollen Umgebung ein ausgewähltes Angebot an sensorischen Erfahrungen zur Verfügung steht. In einer Art »sensorischer Cafeteria« werden dem Teilnehmer am Snoezelen sinnliche Reize angeboten, aus denen er nach Belieben aussuchen und bei denen er entsprechend seinen Bedürfnissen verweilen kann.

Zum Snoezelen erscheint folgende Grundausstattung in möglichst mehreren Räumen sinnvoll:

Anregungen für den Tastsinn

Raumausstattung

Wichtiges Inventar zum Fühlen ist in einem Snoezelen Raum ein weicher Boden. Der Boden wird als großes Sitzkissen gestaltet, sodass man überall im Raum Platz nehmen und sich niederlassen kann. Dieser weiche Boden ist die Basis, von der aus der Besucher des Raumes seine Umgebung erlebt. Viele der behinderten Besucher bewegen sich kriechend oder liegend in dem Raum, die Tastobjekte müssen in erreichbarer Höhe angebracht werden, damit sie sich selbstständig mit ihnen auseinander setzen können und nicht auf die fortwährende Hilfe ihrer Betreuer angewiesen sind.

Tastobjekte sind so angebracht, dass der Besucher unmittelbar mit ihnen konfrontiert wird. In einem langen Flur hängen z. B. Vorhänge, auch Wollstränge, Plastikstreifen, Bänder mit Glöckchen etc. von der Decke. Ein solcher »Dschungel« aus Tastobjekten fordert dazu auf, sich mit ihnen zu beschäftigen, wenn man durch den Flur geht.

Wasserbett

Musik wird vibratorisch erfahren

Zur Standard-Einrichtung eines Snoezelen-Raumes gehört u. a. ein Wasserbett, das zudem noch als »Musik-Wasserbett« konstruiert sein kann. Auf der temperierten Wassermatratze liegend, kann man meditative Musik nicht nur hören, sondern auch vibratorisch erfahren.

Fühlbehälter

Tasten und fühlen

In Kästen mit Grifföffnungen werden verschiedene Materialien gefüllt, die sich zum Ertasten eignen. Teilweise werden die Fühlkästen auch so groß gebaut, dass man Öffnungen in verschiedenen Höhen anbringen kann. So sind Tasterfahrungen im Liegen, Sitzen oder Stehen möglich, und ebenso können mehrere Besucher gleichzeitig das Innere des Kastens erfühlen. Auch durch einen Handschuh, in den der Fühlende seine Hand stecken muss, wenn er in den Kasten greift, kann das Fühlerlebnis verändert werden.

Tastwände

Tastobjekte werden zum Teil auch direkt auf die Wand montiert oder auf einem Brett, das an der Wand aufgehängt wird, angebracht.

Einsatz von Licht- und Toneffekten

Lichtorgeln

Geräusche können sichtbar gemacht werden durch so genannte Lichtorgeln. Hier werden Bässe z. B. durch dunkle Farben (Blau oder Grün), Mitteltöne durch Rot oder Violett und Obertöne durch Gelb oder Orange wiedergegeben. Auf diese Weise kann man Musik visuell wahrnehmbar machen.

Vibrationsboden

Geräusche sind nicht nur über das Gehör wahrzunehmen, sondern auch über den Tastsinn. Behinderte sind häufig von allem fasziniert, was vibriert.

Snoezelen – eine Schule der Wahrnehmung?

Entspannen und abschalten

Die rasche Verbreitung des Snoezelen auch in Deutschland und die Öffnung der Snoezelen-Zentren auch für nicht-behinderte Menschen führte zu der Frage, inwieweit Snoezelen unter Umständen als eine besondere Form der Meditation gelten kann. Brehmer (1994, 19) schreibt hierzu: »Snoezelen kann zur Meditation führen, zu einer Schule der Wahrnehmung werden, wenn man bereit ist, den Willen still werden zu lassen.« Für Erwachsene ist es eher eine Frage des Sich-Einlassens, ob es gelingt, Gefühle der Entspannung und des Abschaltens vom Tagesstress in sich zu wecken. Kindern und Behinderten fällt es leichter, sich von den von außen kommenden Reizen »davontragen« zu lassen, sich auf die innere Wahrnehmung zu konzentrieren.

Zwar scheinen die sensorischen Angebote in einem Snoezelen-Raum auf den ersten Blick völlig unabhängig von der Alltagswelt seiner Besucher zu sein und die Sinne isoliert und ohne Zusammenhang zu der Lebenssituation der Betroffenen angesprochen zu werden; der Angebotscharakter macht es jedoch möglich, dass sich der Besucher genau die Stationen aussucht, die seiner Stimmung entsprechen und auf die er sich einlassen kann.

6. Projekte zum Spielen und Lernen mit allen Sinnen

Die Förderung der sinnlichen Wahrnehmungsfähigkeit ist kein Tagesprogramm, das – einmal durchgeführt – abgehakt und zur Seite gelegt werden kann. Da unsere Sinne unser alltägliches Dasein fortwährend begleiten, verdienen sie es durchaus, einmal im Mittelpunkt zu stehen, um dann vielleicht auch im Alltag hin und wieder bewusster beachtet zu werden. So kann man z. B. in einer Ecke des Kindergartens oder des Klassenraumes eine »*Wahrnehm-Bar*« eröffnen, die gemeinsam mit den Kindern hergerichtet wird und dann – je nach Lust und Bedürfnis – besucht werden kann. In dieser Wahrnehm-Bar gibt es Dinge, die sind hör-bar, sicht-bar, fühl-bar, beweg-bar, schmeck-bar, riech-bar (vgl. hierzu Beck/Wellershoff 1993).

Wahrnehm-Bar

Im Folgenden werden zwei Projekte vorgestellt, die ebenfalls die längerfristige Beschäftigung mit den Sinnen zum Thema haben.

Die »Spiele mit Licht und Schatten« könnten z. B. im Rahmen einer Projektwoche ein fachübergreifendes Arbeiten (und vor allem Spielen) ermöglichen, und beim zweiten Beispiel wird die sinnliche Wahrnehmung sogar in den Mittelpunkt eines Festes, dem »Festival der Sinne« gerückt. Beide Projekte setzen eine längerandauernde Auseinandersetzung mit den Sinnen voraus.

6.1. Spiele mit Licht und Schatten

Schatten faszinieren die Kinder und fordern sie zu Spielen heraus.

Natürliche Schatten (bei Sonnenlicht) und solche, die künstlich erzeugt werden, können die zauberhafte Wirkung des Lichts nahe bringen.

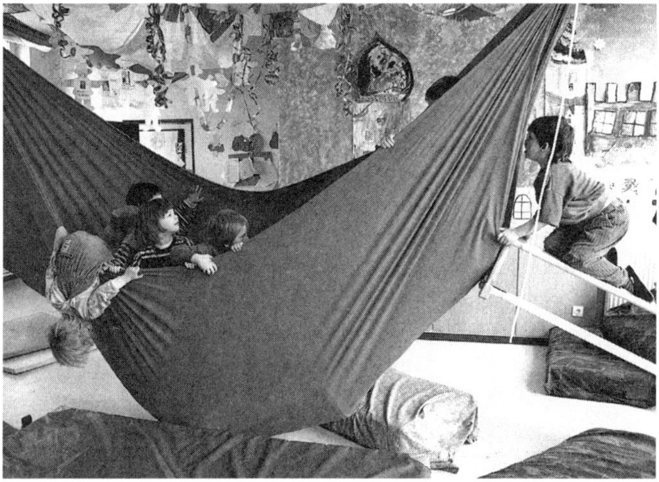

Das Schaukeltuch im »Sinnesraum«

Beobachtung des eigenen Schattens

Den eigenen Schatten im Sonnenlicht beobachten: Wann wird er größer, wann wird er kleiner? Wann wird er länger, wann kürzer? Ist der Schatten von der Tageszeit abhängig?

Bäume oder Gegenstände können in ihrem Schatten beobachtet werden, den Schatten eines Gegenstandes kann man draußen mit Kreide auf den Boden aufzeichnen. Wo ist der Schatten eine Stunde später? Warum wandert der Schatten? Beobachtung des Sonnenlichtes – wo steht die Sonne am Himmel?

Mit künstlichen Lichtquellen (Taschenlampe, Deckenlampe, Kerze, Diaprojektor etc.) werden Spiele mit dem Schatten auch im Raum und unabhängig von der Tages- oder Jahrszeit möglich.

Je dunkler der Raum ist, umso besser kann man mit der künstlichen Lichtquelle experimentieren und desto mehr Spielideen lassen sich mit den Kindern erfinden.

Experimente mit künstlichen Lichtquellen

Auch kann mit dem Schatten experimentiert werden: Wie verändert sich der Schatten, wenn man näher an die Lichtquelle herangeht bzw. wenn man sich weiter von ihr entfernt?

Man kann ein Blatt Papier unter den Schatten einer Figur legen und versuchen, ihn abzuzeichnen.

Legt man zwischen Lampe und Figur ein dünnes farbiges Papier, verändert sich die Farbe des Lichteinfalls, es entstehen Farbschatten. Auch mit solchen Lichtexperimenten (farbiges Glas verwenden oder mehrere farbige Pergamentpapiere übereinander legen, sodass sich die Farben mischen) können Kinder Versuche machen. Um die Entstehung von Schatten nachvollziehbar zu machen, ist es interessant, neben dem durchsichtigen farbigen Pergamentpapier auch lichtundurchlässiges Tonpapier hinzuzunehmen; durch welches Papier geht der Schatten hindurch?

Spiele und Experimente mit Licht und Schatten sind auch in den Kindertagesstätten von Reggio Emilia (vgl. Kap. 5.4.) wichtige Gelegenheiten, durch die Kinder sich die Welt aneignen.

»... er (der Schatten; d. Verf.) ertrinkt nicht, wenn du Wasser über ihn schüttest; er ist etwas, das wir in uns selbst tragen, und er kommt aus unseren Füßen heraus. Aber auch die Sonne macht ihn morgens, und nachts stirbt er« (Texte zur Ausstellung »Hundert Sprachen hat das Kind«, S. 24).

Kinder haben bestimmte Theorien über den Schatten, wie er entsteht und wann er sich verändert. Dies zeigen Gespräche von Kindergartenkindern aus Kindertagesstätten von Reggio Emilia, die im Spiel mit dem Schatten experimentierten:

Wie entsteht der Schatten und was tut er?

»An den Füßen holen wir ihn ein, aber am Kopf nicht.«

»Wenn wir weiterlaufen, geht er immer weg, weil er nicht will, dass wir auf ihn treten.«

Ein Papiervogel, der auf die Fensterscheibe geklebt war, gab Anlass für viele Überlegungen und Mutmaßungen:

Den Schatten kann man nicht festhalten

Die Kinder versuchten, den Schatten des Vogels einzufangen; auf Grund der wandernden Sonne gelang es ihnen nicht, der Schatten ließ sich trotz vieler Versuche einfach nicht festhalten. In folgendem Gespräch versuchen die Kinder zu ergründen, warum der Schatten des Vogels nicht stehen bleibt, nicht einzufangen ist: »Wir schaffen es nicht, den Vogel festzuhalten: Wir haben schon Tesa draufgeklebt, und er ist nicht dageblieben; wir haben ihm Krümel gegeben, und er ist nicht dageblieben. Dann haben wir ein Häuschen gebaut, und der Vogel ist nicht drinnen geblieben ...« (Texte zur Ausstellung, S. 29).

Schattenspiele

Mit einfachen Mitteln (benötigt wird eine Lichtquelle und ein großes Leintuch) kann bei Kindern die Lust am Spiel mit Schattenfiguren oder auch mit dem eigenen Körperschatten geweckt werden.

Aktive und passive Spielrollen

Zuschauer- und Spielerrollen können dabei wechseln. Kein Kind hat – wenn es das will – eine nur passive Rolle, sondern kann selbst beim Spiel aktiv werden. Aber auch beim Zuschauer wird die Fantasietätigkeit angeregt. Die Zweidimensionalität des Schattenspiels (es gibt nur ein oben und unten, ein rechts und links, aber kein hinten und vorne), die Reduzierung der Perspektive auf die Fläche, lässt bestimmte Merkmale besonders hervortreten (das Profil, der Haarzopf), andere rücken in den Hintergrund.

Aufheben der Raumtiefe

Durch die Aufhebung der Raumtiefe sind Tricks möglich, die Kinder faszinieren (als Spieler und als Zuschauer).

Ein Beispiel ist die »Operation« ein oft gespieltes Schattentheaterstück: Auf einem Tisch liegt ein »Patient«. Der Arzt tritt zu ihm und schneidet mit einem langen Messer (oder einer Schere, die zunächst groß projiziert wird) den Bauch auf. Dann holt er aus dem Bauch alle möglichen Gegenstände heraus, die in Wirklichkeit auf dem Tisch hinter dem Patienten liegen.

Da der Spieler (Darsteller) beim Schattenspiel nicht als ganze Person, sondern nur in seinen Umrissen zu sehen ist, wird auch viel von seiner Persönlichkeit verborgen. Er spielt eine Figur oder eine Rolle, und auch die Zuschauer können besser von seiner Person abstrahieren, als es z. B. bei einem Theaterstück der Fall ist.

Die Reduktion der Räumlichkeit stellt eine Verfremdung der Wahrnehmung dar: Kinder sehen Gestalten plötzlich anders, als sie es gewohnt sind.

Technische Voraussetzungen

Lichtquellen

Als Lichtquelle besonders geeignet sind: Taschenlampen, Stehlampen, Filmleuchten, Scheinwerfer, Tageslichtprojektoren oder Diaprojektoren. Je schwächer die Lichtquelle ist, umso stärker muss die Verdunkelung sein, damit auf der Projektionsfläche das Objekt oder die Figur in ihren Umrissen deutlich zu sehen ist.

Je punktförmiger die Lichtquelle (Strahler) ist, umso schärfer werden die Umrisse des Schattens. Je größer sie ist, umso ungenauer wird die Abbildung.

Farbeffekte

Auch durch den Abstand zwischen der Lichtquelle und der Projektionsfläche kann die Helligkeit verändert werden.

Wenn farbige Lichtquellen (farbige Glühbirnen, getöntes Glas oder Folien, Dias) verwendet werden, können zusätzliche Farbeffekte das Spiel verändern und damit eine bestimmte Stimmung (Abend, Dämmerung, Urwald oder Unterwasserlandschaft) erzeugen. Am leichtesten ist es, die normalerweise weiß ausgeleuchtete Fläche – das Umfeld des Schattens – farbig zu machen (s. o.).

Schwieriger wird es, wenn der Schatten selbst in Farbe erscheinen soll: Hierfür sind mindestens zwei Lichtquellen erforderlich, wobei eine von hinten leuchtet, eine von der Seite (z. B. die hintere gelb, die seitliche weiß). Der Schatten erscheint nun gelb, wenn der Spieler selbst mit der weißen Lampe von der Seite angestrahlt wird.

Eine zweite Möglichkeit ist, die Leinwand von hinten mit weißem Licht, von vorne (von der Zuschauerseite) mit farbigem Licht anzustrahlen. Der Schatten erscheint nun in der Farbe, die vor der Leinwand zu sehen ist.

Die Projektionsfläche

Normalerweise reicht für das Schattenspiel mit Kindern ein großes weißes Leintuch (Bettlaken) aus. Das Tuch kann man mit Wäscheklammern an einer quer durch den Raum gespannten Leine befestigen (Haken an der Wand erleichtern das Anbringen der Leine). Sollen viele Darsteller hinter der Leinwand agieren, empfiehlt es sich, zwei Bettlaken zu nehmen, sie aneinander zu nähen oder mit Sicherheitsnadeln zusammenzustecken.

Noch praktischer ist es, das Leintuch an der oberen Seite einmal umzunähen, sodass eine Öffnung entsteht, durch die man eine Bambusstange oder einen langen Stab hindurchschieben kann. Das Tuch wird nun mit dem Stab aufgehängt. So hängt es glatt und wirft keine Falten (evtl. an zwei Kartenständern aufhängen oder – sofern die Decke im Raum nicht zu hoch ist – zwei Haken an die Decke schrauben, durch die die Stange geschoben wird).

Vor und hinter der Projektionsfläche sollte ausreichend Platz sein, einmal für die Darsteller, die sich ungehindert vor der Lampe bewegen können sollen, aber auch für die Zuschauer, die das Spiel vor der Leinwand verfolgen.

An der Seite kann die Projektionsfläche mit einem undurchsichtigen Tuch (Decke o. Ä.) abgehängt werden. Sie wirkt als »Blende« und gibt den Spielern die Möglichkeit, aus dem Spiel herauszutreten bzw. beim Warten auf ihren Auftritt nicht gesehen zu werden.

Anordnen von Lichtquelle und Projektionsfläche

Lichtquelle und Projektionsfläche sollten so angeordnet sein, dass dazwischen ausreichend Raum für die Darstellung bleibt: Ist die Lichtquelle so aufgestellt, dass die Spieler hinter ihr herumgehen können, ist ein Szenenwechsel leichter möglich; sie werden, hinter der Lichtquelle stehend, nicht mehr gesehen.

Verfremdung durch technische Effekte

Schatten von Objekten oder Spielern kann folgendermaßen erzeugt werden (vgl. Canacakis u. a. 1986, 48):

- Auf dem Tageslichtprojektor oder Diaprojektor: Hier können Gegenstände hingelegt und damit groß auf die Leinwand projiziert werden (z. B. Hände oder Füße erscheinen überlebensgroß auf der Leinwand, eine Büroklammer wird zu einem Riesengebilde).
- Im Raum zwischen Projektor und Projektionsfläche: Hier können sich Personen bewegen, Szenen werden dargestellt. Die Verzerrung des Schattens ist umso geringer, je näher die Personen oder Gegenstände an die Projektionsfläche kommen.
- Unmittelbar an der Projektionsfläche: Hier ist der Schatten am deutlichsten und am dunkelsten. Hier kann daher eine »Kulisse« angebracht werden: Ein Zweig mit Blättern kann einen Wald, Pappsilhouetten können Möbel andeuten. So erhält das Spiel eine spezifische Atmosphäre, aber der Raum zwischen Leinwand und Lichtquelle bleibt zum Spielen erhalten.

»Fantastische« Darstellungen

Durch die Kombination der verschiedenen Projektionsbereiche sind fantastische Bilder möglich; auch die Darstellung von Situationen, die außerhalb der Realität liegen (vgl. Canacakis u. a. 1986, 51). Beispiele:

- Auf dem Projektionstisch liegt eine Flasche. Vor der Projektionsfläche agiert ein Spieler in der Flasche (Flaschengeist).

- Ein Drahtgeflecht auf der Projektionsfläche erscheint als riesiger Käfig (ein wildes Tier).
- Ein Wollfaden wird zum dicken Tau.

Spielideen

Wichtig beim Spiel mit dem Schatten ist es, die Kinder zunächst einmal vor und hinter der Wand frei experimentieren zu lassen.

Sie sollten nach Möglichkeit selbst herausfinden, dass Schatten größer werden, wenn sie weit weg von der Lichtquelle sind, und kleiner (aber schärfer) werden, wenn sie nah dran sind. Ein guter Einstieg in das Schattenspiel sind auch Fingerspiele vor einer Lampe, die auf eine Wand gerichtet ist.

Spielvorschläge für den Einstieg

Nach der Experimentierphase können folgende Aufgaben gestellt werden:

Um das Wechseln von Zuschauer- und Spielerrollen zu regeln und auch die Kinder zu beteiligen, die sich zunächst scheuen, sich vor der Leinwand zu präsentieren, bietet sich folgendes Spiel an:

Alle gehen im Kreis um die Leinwand herum, sodass sie mal als Schatten zu sehen sind, mal die Leinwand von vorne und damit die Schatten der anderen betrachten können.

Dabei werden folgende Aufgaben gestellt:

- Gehen wie eine feine Dame auf Stöckelschuhen;
- Schleichen wie eine Katze auf Mäusejagd;
- zwei schwere Einkaufstüten tragen;
- einen Hampelmann darstellen;
- eine »lange Nase« machen;
- eckig und abgehackt wie ein Roboter gehen;
- ein schreckliches Monster darstellen.

Die Hälfte der Kinder sitzt als Zuschauer vor der Leinwand, die andere Hälfte »spielt«: Die Zuschauer sollen raten, wer zu dem Schatten gehört, der auf der Leinwand zu sehen ist oder wessen Profil zu sehen ist.

Verfremdung

- Verfremdung mit Verkleidungsutensilien

  Jeder Spieler sucht sich einen Gegenstand aus, der die eigene Gestalt verfremdet: Ein Hut wird aufgesetzt, ein Kissen unter den Pullover gesteckt, ein Stock als Krücke benutzt. Die Verkleidung verändert nicht nur die

Silhouette sondern auch die Bewegungen. Sind die Spieler trotzdem von den Zuschauern zu erkennen?

- ➔ Gegenstände erkennen, die vor die Lampe oder vor den Overheadprojektor gehalten werden (Büroklammer etc.): Die Gegenstände sollen von den Zuschauern erkannt und benannt werden.
- ➔ Raten, was ein Spieler hinter der Wand macht: Boxen, auf einem Bein springen, sich die Haare kämmen.
- ➔ Hydra:
  Eine beliebte Schattenfigur, die auch schon Kinder darstellen können, ist Hydra, die vielarmige und vielköpfige Gestalt einer Göttin aus der griechischen Mythologie:
  Mehrere Kinder stellen sich so hintereinander, dass ihre Körper nur einen Schatten werfen. Die Arme sind zur Seite ausgebreitet und werden in verschiedener Höhe gehalten. Sie bewegen sich auf und ab, und auch die Köpfe können hin und her bewegt werden, sodass das Schattenbild einer mehrköpfigen und vielarmigen Gestalt entsteht.

Gruppenaufgabe

- ➔ Spiele von Szenen und Geschichten:
  Über die Experimentier- und Spielideen hinaus kann das Schattenspiel natürlich auch in größere Spielszenen eingebunden werden.
  So kann die Erzieherin/Lehrerin z. B. vor der Projektionsfläche eine Geschichte vorlesen (oder erzählen), während hinter der Wand einige Kinder einzelne Szenen daraus spielen.

Szenen und Geschichten

- ➔ Ausgangspunkt einer von den Kindern erdachten Spielhandlung kann auch ein Gegenstand sein, um den herum eine Spielidee entwickelt wird (ähnlich der »Operation«), wie z. B. der Kampf um einen Stuhl: Zwei Personen wollen sich darauf setzen, drängen sich gegenseitig weg; als beide stehen und sich streiten, wird der Stuhl um dessen Bein ein Seil befestigt ist, plötzlich wie von Geisterhand weggezogen.

Bei den Spielszenen kann auch gesprochen oder Musik eingespielt werden.

Das Wichtigste am Schattenspiel ist nicht, vorgegebene Ideen zu übernehmen, sondern die fantasieanregenden Wirkungen des Spiels zu nutzen und die Kinder eigene Spielideen finden zu lassen.

Daraus kann auch einmal eine kleine Aufführung für Eltern oder vor einer größeren Kindergruppe entstehen. Allerdings sollte diese nicht mit langen Übungs- und Vorbereitungsphasen verbunden sein, sondern eher als Produkt eines Spielprozesses aufgefasst werden.

Hier ist kein Perfektionismus erforderlich, die Zuschauer sind auch durch einfache Spielhandlungen beeindruckt, ja selbst das Anschauen der Silhouette eines Kinderkopfes oder die verfremdete Wirkung eines vergrößerten Gegenstandes oder eines Stoff- oder Papiermusters schafft Interesse und Freude.

Der faszinierende Zauber des Spiels mit Licht und Schatten greift auch auf die Zuschauer über, und meistens endet eine Aufführung damit, dass die Zuschauer selber einmal hinter der Leinwand ausprobieren wollen, wie bestimmte Effekt zu Stande gekommen sind.

6.2. Ein Festival der Sinne

Begeben wir uns einen ganzen Tag lang ins Reich der Sinne und lassen dabei möglichst viele unserer Sinne zur Geltung kommen: Mit Händen und Füßen »sehen«, das Gleichgewicht verschaukeln, am Klangbaum experimentieren, das Schnupperkarussell erkunden, die Geschmacksbar besuchen, in der Riesenhängematte entspannen – dies alles und noch viele andere Sinn-sationen gibt es für Kinder und Eltern beim »Festival der Sinne« zu erleben.

Zum Abschluss dieses Buches soll ein Anlass vorgestellt werden, bei dem die Sinne und das Spiel mit der sinnlichen Wahrnehmung zum Thema eines Festes (Sommerfest, Spielfest, Straßenfest) werden können, das Aufregung und Entspannung zugleich verspricht. Bei einem solchen Anlass können auch die Eltern dazu eingeladen werden, sich gemeinsam mit ihren Kindern auf sinnliche Erlebnisse einzulassen.

Im freien Fall

Die Vorbereitungen für das Fest werden mit den Kindern gemeinsam getroffen. Bereits das Planen und Vorbereiten der Festaktivitäten, die Zusammenstellung der Angebote und das Herrichten der Räume gibt den Kindern viele Gelegenheiten zum sinn-vollen Tun. Die Möglichkeit, diese Spielvorbereitungen dann auch den Eltern präsentieren zu können und sie einzuladen, an den Sinneserlebnissen teilzuhaben, wird ihre »Arbeitsbereitschaft« besonders anspornen.

Das Sinnesfest kann jedoch auch Ergebnis eines Projektes »Mit allen Sinnen leben« sein, das über einen größeren Zeitraum mit den Kindern durchgeführt wurde.

Die Stationen und Spielsituationen sollen einerseits das lustvolle Erleben mit allen Sinnen ermöglichen, darüber hinaus aber auch die Chance bieten, leicht verständliche Sachinformationen über die Bedeutung der Sinne zu erhalten.

So können z. B. Symbole verdeutlichen, welche Sinne an den einzelnen Stationen im Vordergrund stehen, oder Plakate mit Informationen über die einzelnen Sinnesorgane und ihre Funktion und Bedeutung aufgehängt werden (ähnlich wie bei einem Waldlehrpfad: jeder Besucher kann selbst entscheiden, ob er beim Spaziergang Informationen über die Pflanzen, Bäume, Sträucher erhalten, oder ob er sich einfach an dem Spaziergang erfreuen und die Natur genießen will).

Bei den folgenden Vorschlägen für ein »Festival der Sinne« werden sowohl der Außenspielbereich des Kindergartens oder der Schulhof miteinbezogen als auch die Innenräume. Viele Spielangebote sind am besten im Freien zu verwirklichen, außerdem ist ein Fest im Sommer natürlich immer mit der Hoffnung auf gutes Wetter verbunden. Aber auch überdachte, wetterunabhängige Orte und Räume im Innenbereich der Gebäude sollten in das Fest einbezogen werden, da sie das Spektrum der Sinneswahrnehmungen erheblich erweitern können und auch die Konzentration erleichtern.

Die folgenden Beispiele für »sinnreiche« Spiele bei einem Sommerfest beschränken sich auf Spielstationen, die ohne Erklärungen und Regeln auskommen und ein spontanes Zusammenspiel von Eltern und Kindern ermöglichen.

Tasten – Fühlen – Begreifen
Taktiles System
Organ: Haut, Hand, Mund
Fähigkeiten: Berührungsempfindungen, Erkennen von Formen und der Oberfläche von Gegenständen, Temperaturempfinden (weich, hart, rau, warm, kalt, feucht usw.)

Fuß-Taststraße

Ein möglichst kurviger Weg wird mit verschiedenen Materialien (die sich auch wiederholen können) belegt (das Material sollte ca. 1 bis 3 m umfassen). Geeignet sind z. B. Kies, Moos, Sand, Torf, Sägespäne, Sägemehl, Fußmatten aus verschiedenem Material (Gummi, Kokos, Nadelfilz), Schaumstoffplatten oder -schnipsel, Steine, Holzbretter, Heu oder Gras, Teppichbodenreste, Seile oder Schnüre und evtl. (je nach Wetter) eine Wasserwanne.

Evtl. kann das Material auch in flachen Behältern (Obstkisten, flachen Wannen) aufgestellt werden, allerdings ergibt sich dabei kein nahtloser Übergang von einem Untergrund zum anderen, es kann auch störend sein, von einer Kiste in die andere steigen zu müssen.

Wenn immer möglich, sollte die Taststraße natürlich barfuß begangen werden. Nur so kann das unterschiedliche Material, können die weichen und harten Beläge, die spitzen und samtigen Flächen, wirklich erfühlt werden.

Besonderen Spaß macht der Fuß-Fühlweg, wenn er von Kindern und Eltern paarweise begangen wird, wobei jeweils ein Partner die Augen geschlossen hat (vor allem die Eltern sollten sich von den Kindern führen lassen).

Bürstenwand

Auf einer großen Spanplatte (ca. 2 m x 2 m) werden verschiedene Borsten und Bürsten angebracht (Massagebürsten, Schuhbürsten in unterschiedlichen Härtegraden, Haarbürsten, weiche Besen, Schrubber, Spülbürsten, Rasierpinsel). Die Befestigung kann beispielsweise so erfolgen, dass in die Spanplatte kleine Löcher gebohrt werden und die Bürsten mit einer Schnur daran befestigt werden (an der Rückseite der Platte verknoten).

Zwischen den Bürsten können Fellreste oder weicher, samtiger Stoff aufgeklebt werden (damit der Kontrast zu den Bürsten deutlicher ist und außerdem die Befestigungslöcher verdeckt werden). Nun können Kinder und Eltern gleichzeitig oder nacheinander ausprobieren, wie sich die verschiedenen Bürsten und Pinsel anfühlen – am Gesicht, am Rücken, an den Händen etc. Was kratzt, was streichelt, was kitzelt?

Tastkartons

Kartons in der Größe von ca. 1 m x 1 m werden folgendermaßen präpariert:

In alle 4 Seiten wird ein Loch geschnitten – so groß, dass eine Hand hineingreifen kann. Das Loch wird von innen mit einem Stück Stoff zugehängt (an der inneren Seite festkleben). Die Kartons werden mit verschiedenen Materialien gefüllt: Heu, feuchtes Moos, Tannengrün, ein großer, schön geformter Stein, nasse Schwämme, Kuscheltiere, mehrere eiskalte Kühlkissen usw. (Bei den feuchten Materialien sollte der Karton vorher mit einer Plastikfolie ausgekleidet werden.)

Zur Vereinheitlichung ihres Äußeren können die Kartons mit Tapetenresten oder farbigem Papier beklebt werden.

Da mehrere Fühlöffnungen vorhanden sind, können Eltern und Kinder gleichzeitig tasten und zu erraten versuchen, was sich in dem Karton befindet.

Hören
Auditives System
Organ: Ohr
Fähigkeiten: Geräusche, Töne, Klänge wahrnehmen und unterscheiden

Klangbaum
An den Ästen eines nicht allzu hohen Baumes werden verschieden klingende Materialien angebracht, die mit einem Bambusrohr oder einem Holzstab angeschlagen werden können. Als Klangkörper geeignet sind z. B.: Blechdosen, Kochtöpfe, Pfannen, Topfdeckel.

Vielleicht lässt sich an den Materialien eine Tonleiter herausfinden oder sogar eine einfache Melodie spielen?

Telefonleitung
Einige lange Plastikrohre (Leerrohre aus dem Baustoffhandel) werden an ihren Enden mit Jogurtbechern verbunden (in die Becher ein Loch schneiden und auf das Rohrende aufsetzen). Liegt ein Ende des Rohrs z. B. in einem Gruppenraum und wird es durch ein Fenster nach draußen geleitet, können Eltern und Kinder von drinnen nach draußen miteinander telefonieren.

Flaschenxylophon
An einem Geländer oder einer tiefen Reckstange werden verschiedene Flaschen mit einem Seil befestigt. Bereits bei der Vorbereitung der Station mit den Kindern sollten sie herauszufinden versuchen, welche Flaschen tiefer und welche höher klingen. Entsprechend wird dann auch die Reihenfolge der Flaschen gewählt.

Hör-Memory
Getränkedosen werden mit unterschiedlichem Material gefüllt, dabei kommt in jeweils 2 Dosen der gleiche Inhalt (Sand, Kies, Reis, getrocknete Erbsen, Büroklammern, Glasmurmeln, Stifte, Radiergummis usw.). Das Material der Dosen überträgt die Geräusche besser als ein Plastikgefäß oder ein Glas. Allerdings lassen sich nur kleine Gegenstände durch die Öffnung der Getränkedosen stecken, und man kann nicht hineinschauen, um sich zu vergewissern,

welches Material das Geräusch verursacht hat. Die Öffnung der Dosen kann mit einem Heftpflaster oder mit Folie zugeklebt werden.

Sehen
Visuelles System
Organ: Auge
Fähigkeiten: Wahrnehmung der äußeren Gestalt von Personen und Gegenständen, Informationen über die Lage, Form und Bewegung von Gegenständen, Unterscheidung von Farben, Größen, Helligkeit usw.

Verzerrbilder
Auf eine große Papptafel wird Spiegelfolie geklebt. Wird diese nach innen bzw. nach außen gebogen, entstehen verzerrte Spiegelbilder (vgl. Kap. 3.1.5.).

Spiegelungen
In einer Ecke eines Raumes angebrachte rechtwinklige Spiegel (oder mit Spiegelfolie beklebte Pappwände) vervielfachen und verfremden das eigene Spiegelbild.

Farbenspiele
Auf großen Malwänden (an einer Hauswand angebrachte Tapetenrollen oder Rückseiten alter Plakate) oder auf Maltischen können die Kinder Farben mischen und sehen, welche Farbe daraus entsteht.

Kaleidoskope
liegen auf einem Tisch bereit und regen Kinder und Eltern zum Ausprobieren an.

Riechen
Geruchssinn
Sinnesorgan: Nase, Nasenhöhle
Fähigkeiten: Aufnehmen von Gerüchen (faulig, blumig, brenzlig, würzig usw.)

Riechkarussell
Gläser mit Schraubverschluss werden mit verschiedenem Inhalt (Gewürze, Aromen etc) gefüllt: Essig, Zimt, Kaffee,

Käse, Knoblauch, einem parfümgetränkten Wattebausch, Curry, Oregano, Orangen. Evtl. kann ein dünner Stoff (Gardine oder Tüll) über das Glas gezogen werden, damit der Inhalt nicht bereits mit dem Auge erkannt werden kann. Der Deckel muss zum Schutz der Düfte trotzdem auf das Glas geschraubt werden, wenn es nicht benutzt wird.

Hier gilt es zu erkennen, um welchen Duft es sich handelt. Evtl. kann an der Unterseite des Deckels oder des Glases ein Schild angebracht werden, auf dem der Inhalt vermerkt ist.

Eine andere Form des Experimentierens mit dem Geruchssinn ermöglicht der

Riechbaum

Ein starker Zweig wird in einen mit Sand gefüllten Eimer gestellt. An den Ästen hängen kleine Stoffsäckchen, die mit unterschiedlichem duftenden Material gefüllt sind (s. o.). Die Säckchen sind nummeriert, sodass man in einem »Riechführer« nachsehen kann, ob man den Geruch richtig erkannt hat.

Das riecht nach ...

An einem Stand wird ein stark duftendes Gebäck (z. B. Waffeln, besser noch Zimtwaffeln) hergestellt (und natürlich auch gegessen).

Auf ein Plakat kann aufgeschrieben werden, welche Assoziationen der Geruch hervorruft, woran er die Besucher erinnert (das ist wie Weihnachten, ... auf dem Jahrmarkt).

Schmecken

Geschmackssinn
Organ: Gaumen, Zunge, Mundhöhle
Fähigkeiten: Geschmacksintensität der Nahrung
(süß, salzig, sauer, bitter)

Geschmacksbar

Süßes, Salziges, Bitteres und Saures wird in kleinen Schalen – klein geschnitten und aufgespießt auf Zahnstochern, sodass man nicht auf Anhieb erkennen kann, was es ist – zum Schmecken angeboten: saure Gurkenstückchen, Salzmandeln oder Pistazien, Salzlakritze etc.

Natürlich kann auch ein Kuchenbüfett die Geschmacksnerven ansprechen, hier wird der Geschmackssinn aber nicht in der differenzierten Weise angesprochen, wie es kleine, geschmacklich unterscheidbare Häppchen erreichen können.

Bewegen

Kinästhetisches System; Bewegungssinn
Organe: Rezeptoren in den Gelenken, Sehnen, Muskeln
Fähigkeiten: Wahrnehmung der Muskelspannung, Stellung der Gelenke und Körperteile zueinander, der Kraft des eigenen Körpers, des Gewichtes von Gegenständen usw.
(Gewicht, Kraft, Druck)

Tennisballmassage

Auf einer weichen Unterlagen (Turnmatte mit Decke o. Ä.) werden die Eltern – auf dem Bauch liegend – von ihren Kindern mit einem Tennisball massiert. Vor allem der Rücken ist dankbar für die Massage.

Hindernisparcours

Bevor sie die Hindernisbahn (z. B. Kartons, die überstiegen werden sollen, Seile, unter denen man sich hindurchwinden muss) betreten, werden Eltern und Kindern Sandsäckchen auf Kopf, Arme, Schultern, Handrücken gelegt. Sie sollen nun die Bahn überwinden, ohne dass sie die Sandsäckchen verlieren.

Gleichgewicht

Vestibuläres System
Organ: Vestibularapparat, Bogengänge (im Ohr)
Fähigkeiten: Lage im Raum, Drehbewegungen, Körpergleichgewicht, Beschleunigung des eigenen Körpers

Gleichgewicht

Zwei Personenwaagen stehen nebeneinander. Auf jeder Waage soll ein Fuß aufgesetzt und dann das Gewicht so ausbalanciert werden, dass auf beiden Waagen das gleiche Maß angezeigt wird.

Wippen und Balancierbalken
Über mehrere Autoreifen oder Autoschläuche werden Bretter gelegt, die zum Balancieren auf wackeligem Untergrund auffordern.

Trampolinspringen
2 bis 3 kleine Trampoline werden nebeneinander aufgestellt. Eltern und Kinder können versuchen, gleichzeitig darauf zu federn oder aber von einem Trampolin auf das andere zu springen.

Ähnliche Effekte wie ein Trampolin hat auch ein großer, dick aufgepumpter Autoschlauch, der jedoch vor allem die Kinder zum Springen und Federn auffordern wird.

Wackelbrett
Unter ein großes, stabiles Brett oder eine Spanplatte (ca. 1 m x 2 m) wird jeweils an den Endseiten und in der Mitte eine halbrunde dicke Holzschiene angeschraubt. So entsteht ein Wackelbrett, auf dem man sogar mit mehreren Kindern gleichzeitig versuchen kann, das Gleichgewicht zu halten.

In Tonnen und Autoreifen rollen
Eine große Plastiktonne (Wasserfass o. Ä.) wird zum Rollen um die eigene Körperachse benutzt. Ist ein schräger Abhang auf dem Kindergartengelände vorhanden (Wiese), dann kann mithilfe der Eltern (die die Rollbahn beaufsichtigen sollten) auch dieser zum Rollen benutzt werden.

Auch ein großer LKW- oder Treckerreifen eignet sich – aufrecht stehend – zum Rollen und Wälzen.

Sprungtuch
Für diese Station benötigt man viele Eltern, die fest zupacken können. Sie verteilen sich um einen Fallschirm oder ein großes Schwungtuch herum, rollen es am Rand so weit ein, dass eine runde Fläche von ca. 2 m im Durchmesser entsteht. Nun darf sich ein Kind auf das Tuch legen, es wird zunächst einmal sanft hin- und hergeschaukelt und dann – leicht – hochgeworfen. Das Kind sollte selbst angeben können, wie hoch es geschleudert werden will. Vor allem muss darauf geachtet werden, dass die Kinder sich in

Sinn-sationen

Rückenlage oder im Sitzen befinden (keine Drehungen ausführen, da sonst die Gefahr einer falschen Landung auf dem Tuch besteht).

Bei diesem letzten Beispiel werden alle Sinne – außer dem Sehsinn – gleichzeitig angesprochen.

Geisterstadt
Ein ganz abgedunkelter Gruppenraum wird als »dunkle Stadt« hergerichtet: An einem Seil können sich die Besucher einen Weg durch die Stadt bahnen, dabei müssen sie sich über viele auf dem Boden ausgelegte Hindernisse hinwegbegeben (Seile und Schnüre, die lose auf dem Boden liegen, Schaumstoffelemente, raschelndes Papier etc.). Von der Decken hängen lange dünne Stoff- oder Papierbahnen, die den Besuchern über die Haut streifen. Hinzu

kommt, dass in der Stadt viele unterschiedliche Geräusche zu hören sind: Auf Kassette werden Autogeräusche, Bremsen, Hupen, Gespräche etc. aufgenommen, durch die eine laute Geräuschkulisse entsteht). Eine Duftlampe verbreitet einen angenehmen Duft.

Günstig ist ein Raum, der zwei Türen hat, da dann mehrere Besucher nacheinander sich an dem Seil entlangtasten können und keine allzu langen Warteschlangen entstehen.

Und wenn das Fest zu Ende ist ...

Nach Beendigung des Sinnesfestivals können einige der Spiel- und Erfahrungsangebote, die in den Räumlichkeiten von Kindergarten und Schule aufgebaut wurden, auch weiterhin bestehen bleiben (Tastwand auf dem Flur oder Riechkarussell in der Ecke eines Gruppen- bzw. Klassenraumes), sodass sie den Kindern im täglichen Spiel zur Verfügung stehen.

Auch wenn ein »Fest für alle Sinne« nur eine einmalige Aktion zu sein scheint, kann dieser Anlass doch dazu beitragen, dass die »sinnenreichen Spiele« vielleicht zu Hause fortgesetzt werden oder dass Erwachsene mehr Verständnis für viele der auf den ersten Blick sinnlos erscheinenden Spiele der Kinder und ihre körperlich-sinnlichen Bedürfnisse haben.

Mit allen Sinnen spielen ist meistens auch sinnvolles Spielen, es heißt, »sich in die Welt zu begeben« und sich mit ihr auseinander zu setzen. In einer Zeit des Fern-sehens, Fern-hörens, Fern-schreibens, Fern-sprechens, in der alles – egal wie weit entfernt – gleichermaßen erreichbar, sichtbar, hörbar ist, brauchen Kinder auch das Greifbare, eine Welt, die man anfassen, fühlen und riechen, in der man sich bewegen kann.

Kinder brauchen heute mehr denn je die Gelegenheit, die Welt unmittelbar wahrzunehmen, sich in ihr zu spüren, die Grenzen zwischen sich und der Welt am eigenen Körper zu erfahren. Der Umgang mit der Welt muss ihnen die Aneignung der Wirklichkeit ermöglichen.

Literatur

Ackermann, L./Urfer, R./Müller, B.: Sinnsalabim. Müllheim 2005

Affolter, F.: Wahrnehmungsprozesse, deren Störung und Auswirkung auf die Schulleistung, insbesondere Schreiben und Lesen. In: *Zeitschrift für Kinder- und Jugendpsychiatrie* 1975, S. 3

Aissen-Crewett, Meike: Zu Sinnen kommen. Musisch-Ästhetische Erziehung in der Grundschule. In: *Grundschule* 1990, 9, S. 60–62

Amt Für Kindertagesstättenarbeit in der EKIBB (Hrsg.): Räume und Sinne. Berlin 1991

Aristoteles: Politik. Übersetzt von O. Gigon. Zürich/Stuttgart 1998

Arnheim, R.: Wir denken zu viel und sehen zu wenig. In: *Psychologie heute* 6 (1979) 4, S. 22–29

Augustin, A.: Beschäftigungstherapie bei Wahrnehmungsstörungen. Dortmund 1986

Ayres, A. J.: Bausteine der kindlichen Entwicklung. Berlin 2002

Bannmüller, E.: Ästhetische Erziehung in der gegenwärtigen Unterrichtspraxis des Schulsports in der Grundschule. In: *Polzin, M. (Hrsg.)*: Bewegung, Spiel und Sport in der Grundschule. Frankfurt 1992, S. 98–103

Bäuml-Rossnagl, M. A.: Wie die Kinder leben lernen. Band 1 und Band 2. Donauwörth 2000 und 1999

Bäuml-Rossnagl, M. A.: Zur Anthropologie der Sinne nach Hugo Kükelhaus. In: *Zacharias, W. (Hrsg.)*: Sinnreich. Essen 1994, 263–278

Beck, J.: Die Dinge und die Sinne in der Bildung. In: *Zacharias, W. (Hrsg.)*: Sinnreich, a.a.O. 1994, S. 88–91

Beck, J./Wellershoff, H.: SinnesWandel. Die Sinne und die Dinge im Unterricht. Frankfurt 21992

Beudels, W./Lensing-Conrady, R./Beins, H. J.: Das ist für mich ein Kinderspiel. Dortmund 2003

Brand, I./Breitenbach, E./Maisel, V.: Integrationsstörungen. Würzburg 1997

Brehmer, Ch.: Snoezelen. In: *Zeitschrift für Heilpädagogik*. 1 (1994)

Breitenbach, E.: Material zur Diagnose und Therapie auditiver Wahrnehmungsstörungen. Würzburg 1995

Brüggebors, G.: Einführung in die holistische Sensorische Integration. Dortmund 1996

Bücken, H.: Kimspiele. München 1996

Canacakis, J./Haehnel, G./Sauerland, G./Söll, F.: Wir spielen mit unserem Schatten. Reinbek 1986

Cornell, J.: Mit Kindern die Natur erleben. Mülheim 1999

Doering, W. u. W.: Sensorische Integration. Dortmund 1999

Dornes, M.: Der kompetente Säugling. Frankfurt 2001

Dudel, J.: Allgemeine Sinnesphysiologie, Psychophysik. In: *Schmidt, R.F. (Hrsg.):* Grundriss der Sinnesphysiologie. Berlin 1985

Eggert, D.: Theorie und Praxis der psychomotorischen Förderung. Dortmund 2005

Eggert, D./Peter, T.: DIAS. Diagnostisches Inventar auditiver Alltagshandlungen. Dortmund 2005

Faller, A.: Der Körper des Menschen. Stuttgart 2004

Fink-Klein, W.: Rhythmik im Kindergarten. Erlebnisreiche Spielformen mit Musik – Bewegung – Sprache. Freiburg, 1997

Fröhlich, A. (Hrsg.): Wahrnehmungsstörungen und Wahrnehmungsförderung. Heidelberg 2005

Frostig, M./Lockowandt, O.: Frostigs Entwicklungstest der visuellen Wahrnehmung. Weinheim 2000

Gibson, J.: Die Sinne und der Prozess der Wahrnehmung. Bern, Stuttgart 1982

Grimm, H.: ABC mit allen Sinnen. Lichtenau 2002

Harlow, H. F.: The nature of love. American Psychologist. 13 (1958), S. 673–685

Hermann, G. u. a.: Das Auge schläft, bis es der Geist mit einer Frage weckt. Berlin 1993

Höhne, O.: Sehtraining und ganzheitlicher Anspruch. Hamburg 1994

Holle, B.: Die motorische und perzeptuelle Entwicklung des Kindes. München, Weinheim 2000

Homfeldt, H. G. (Hrsg.): Sinnliche Wahrnehmung, Körperbewusstsein, Gesundheitsbildung. Weinheim Verlag 1993

Hohenauer, P.: Stadt, Natur und Spiel. In: *Zacharias, W. (Hrsg.)* a.a.O. 1994, S. 249–257

Hulsegge, J./Verheul, A.: Snoezelen – eine andere Welt. Bundesvereinigung Lebenshilfe für geistig Behinderte, Marburg 2000

Internationale Vereinigung der Waldorf-Kindergärten 1990, Zeitschrift

Irmischer, T.: Ursprünge. In: *Irmischer, T./Fischer, K. (Red.):* Psychomotorik in der Entwicklung. Schorndorf 1993, S. 9–18

Itard, J.: Victor, das Wildkind von Averyron. Zürich, Stuttgart 1965

Janisch, H.: Salbei und Brot – Gerüche der Kindheit. Wien 1992

Kamper, D./Wulf, Ch.: Das Schwinden der Sinne. Frankfurt 1984

Kaufmann-Hayoz, R.: Entwicklung der Wahrnehmung – kein Thema für deutschsprachige Entwicklungspsychologen? In: *Schweizerische Zeitschrift für Psychologie.* 47 (1988), S. 193–202

Keidel, W. D.: Kurzgefasstes Lehrbuch der Physiologie. Stuttgart 1975

Keller, H. /Meyer, H. J.: Psychologie der frühesten Kindheit. Stuttgart 1982

Kesper, G. (Hrsg.): Sensorische Integration und Lernen. München 2002

Kesper, K./Hottinger, C.: Mototherapie bei sensorischen Integrationsstörungen. München 2002

Kiesling, U.: Sensorische Integration im Dialog. Dormund 2001

Kiphard, E. J.: Motopädagogik. Dortmund 2001

Kiphard, E. J.: Mototherapie, Teil 2. Dortmund 1995

Kipling, R.: Kim. München 1999

Kleber, E. W.: Erfahrungsräume für ein neues Verhältnis Mensch: Lebenssystem unseres Planeten. In *Zacharias, W. Hrsg.)* a.a.O. 1994, S. 145–163

Klivington, K. A.: Gehirn und Geist. Heidelberg, Berlin 1992

Kükelhaus, H.: Dennoch heute. Heidenheim 1956

Kükelhaus, H.: Fassen Fühlen Bilden. Köln 1991

Kükelhaus, H.: Mit den Sinnen leben. Oldenburg [2]1993

Kükelhaus, H. /Zur Lippe, R.: Entfaltung der Sinne. Frankfurt 1984

Kurz, D.: Der siebte Sinn. In: Arbeitskreis »Kirche und Sport in der EKD«: Leben mit allen Sinnen – Kinder und Jugend in Kirche und Sport. Hannover 1996, S. 108–128

Lensind-Conrady, R.: Von der Heilsamkeit des Schwindels. Borgmann 2001

Liebrich, K./Schubert, H.: Auf den Schwingungen der Bewegung und Fantasie. Donauwörth 2002

Lindenberg, Ch.: Die Vollzahl der Sinne. In: *Steiner, R.* a.a.O. 2004, S. 133–151

Löscher, W.: Riech- und Schmeckspiele. München [3]1989

Löscher, W.: Hör-Spiele. München [4]1992

Löscher, W. (Hrsg.): Vom Sinn der Sinne. München 2001

Lück, G.: Handbuch der naturwissenschaftlichen Bildung. Freiburg 2003

Matthies, K./Polzin, M./Schmitt, R. (Hrsg.): Ästhetische Erziehung in der Grundschule. Frankfurt 1987

Merkle, S. : Ein Exkurs in die Geschichte der Pädagogik und Didaktik. In: *Grundschule.* 5 (1991), S. 54–57

Mertens, K.: Lernprogramm zur Wahrnehmungsförderung. Dortmund 2002

Mertens, K.: Körperwahrnehmung und Körpergeschick. Dortmund 1999

Montagu, A.: Körperkontakt. Die Bedeutung der Haut für die Entwicklung des Menschen. Stuttgart 2004

Montagu, A.: Die Haut. In: *Kamper, D./Wulf, C.:* a.a.O. 1984, S. 211–224

Montessori, M.: Grundlagen meiner Pädagogik. Heidelberg 1968

Montessori, M.: Die Entdeckung des Kindes. Freiburg 1991

Oberholzer, A./Lässer, L.: Gärten für Kinder. Stuttgart 2003

Oerter, R./Montada, L.: Entwicklungspsychologie. München, Weinheim 2002

Olbrich, I.: Auditive Wahrnehmung und Sprache. Dortmund 2002

Passolt, M. (Hrsg.): Hyperaktive Kinder. Psychomotorische Therapie. München 2003

Peter-Führe, S. : Rhythmik für alle Sinne. Freiburg 2001

Piaget, J.: Das Erwachen der Intelligenz beim Kinde. Stuttgart 2002

Piaget, J.: Theorien und Methoden der modernen Erziehung. Frankfurt 1978

Pfluger-Jakob, M.: Ein Kind fällt auf! In: *Kindergarten heute* 14 (1994), 1–2, S. 16–23

Regel, G. (Hrsg.): Psychomotorik im Kindergarten II. Rissen 1988

Regel, G./Wieland, A. J. (Hrsg.): Psychomotorik im Kindergarten. Rissen 1984

Reinartz, E.: Visuelles Wahrnehmungstraining und psychomotorische Förderung als prophylaktische Maßnahme gegenüber Lernschwächen in der Schule. In: *Reinartz, A./Reinartz, E./Reiser, H. (Hrsg.):* a.a.O. 2005, S. 41–67

Reinartz, A./Reinartz, E./Reiser, H. (Hrsg.): Wahrnehmungsförderung behinderter und schulschwacher Kinder. Berlin 2005

Rousseau, J. J.: Emile oder Über die Erziehung. Übersetzt u. hrsg. von L. Schmidts. Ditzingen 1998

Rumpf, H.: Die übergangene Sinnlichkeit. München 1981

Schäfer, G.E.(Hrsg.): Bildung beginnt bei der Geburt. Weinheim 2003

Schärli, O.: Werkstatt des Lebens. Durch die Sinne zum Sinn. Aarau 1991

Schaffner, K.: Die Welt ist schön. Band 1 und 2. Celle 1995 und 1996

Schmidt, R. F.: Grundriss der Sinnesphysiologie, Berlin 1985

Schmidt, R.F. und Schaible, H. G.: Neuro- und Sinnesphysiologie. Berlin 2001

Schmidt, R. F./Thews, G. (Hrsg.): Physiologie des Menschen. Berlin 2005

Schmutzler, H.: Fröbel und Montessori. Freiburg ^{2}1994

Seitz, R. (Hrsg.): Spiele mit Licht und Schatten. München 1984

Seitz, R.: Tast-Spiele. München ^{5}1991

Seitz, R.: Seh-Spiele. München 1995

Shantz, C.: Das sich entwickelnde Gehirn. In: *Spektrum der Wissenschaft* 11 (1992), S. 44–52

Singer, W.: Das Gehirn: Ein biologisches Lernsystem, das sich selbst organisiert. In: *Klivington, K.:* a.a.O. 1992, S. 174–178

Sinnhuber, H.: Optische Wahrnehmung und Handgeschick. Dortmund ^{3}1993

Sommer, B.: Spiegel, Folien, Licht und Schatten. In: *Welt des Kindes.* 63 (1985), S. 377–382

Stadler, M./Seeger, F./Raeithel, A.: Psychologie der Wahrnehmung. München 1975

Staudte, A.: Mit allen Sinnen lernen. In: *Die Grundschulzeitschrift,* 17 (1987) S. 4f.

Staudte, A.: Pendelschwingungen zu Hugo Kükelhaus heute. In: *Zacharias, W. (Hrsg.):* a.a.O. 1994, S. 279–288

Steiner, F. und R.: Die Sinne. Linz 2003

Steiner, R.: Zur Sinneslehre. Stuttgart 2004

Stemmermann, Ch./Wopp, Ch./Zechner, F.: Festival der Sinne. Oldenburg 1998, S. 10–19

Stemmermann, Ch./Wopp, Ch./Zechner, F.: Selbstbau von Sinnesstationen. Oldenburg 1999, S. 20–25

Strauß, E.: Vom Sinn der Sinne. Berlin, Heidelberg 1956

Tisserand, M.: Die Geheimnisse wohlriechender Essenzen. Aitrang ^{15}1993

Texte zur Ausstellung »Hundert Sprachen hat das Kind«. Berlin 1991

Vester, F.: Denken, Lernen, Vergessen. München 1998

v. Weizsäcker, V.: Gesammelte Schriften 4. Der Gestaltkreis. Theorie und Einheit von Wahrnehmen und Bewegen. Stuttgart 1997

Wydler-Weber, E.: Zeig mir, wie es geht! In: *Welt des Kindes.* 64 (1986), S. 465–470

Zacharias, W. (Hrsg.): Sinnreich. Kulturpolitische Gesellschaft. Hagen 1994

Zimbardo, P. G.: Psychologie. Berlin 2004

Zimmer, K.: Das Leben vor der Geburt. München 1990

Zimmer, K.: Das Leben vor dem Leben. München 1996

Zimmer, K.: Das wichtigste Jahr. München 2003

Zimmer, R.: Motorik und Persönlichkeitsentwicklung bei Kindern im Vorschulalter. Schorndorf 1996

Zimmer, R.: Bewegung und Entspannung. Freiburg: Herder 2002a

Zimmer, R.: Schafft die Stühle ab. Freiburg 2002b

Zimmer, R.: Was Kinder stark macht. Fähigkeiten wecken – Entwicklung fördern. Freiburg: Herder 2003

Zimmer, R.: Handbuch der Bewegungserziehung. Freiburg 2004a

Zimmer, R.: Sinneswerkstatt. Projekte zum ganzheitlichen Lernen. Freiburg 2004b

Zimmer, R.: Toben macht schlau. Bewegung statt Verkopfung. Freiburg 2004c

Zimmer, R.: Kreative Bewegungsspiele. Psychomotorische Förderung im Kindergarten. Freiburg 2004d

Zimmer, R.: Bewegungsförderung. Kursbuch: Unsere gesunde Kita. München: Don Bosco 2004e

Zimmer, R.: Handbuch der Psychomotorik. Freiburg 2005a

Zimmer, R.: Mit allen Sinnen die Welt erfahren. Wunderfitz Arbeitsheft. Freiburg 2005b

Zimmer, R./Cicurs, H.: Psychomotorik. Schorndorf 1999

Zimmer, R./Hunger, I.: Wahrnehmen, Bewegen, Lernen. Kindheit in Bewegung. Schorndorf 2004

Zinke-Wolter, P.: Spüren – Bewegen – Lernen. Dortmund 2005